经济管理学术文库·经济类

智力资本的资本成本效应研究

Research on Cost-of-capital Effects of Intellectual Capital

苏 明／著

图书在版编目（CIP）数据

智力资本的资本成本效应研究/苏明著. —北京：经济管理出版社，2017.4
ISBN 978-7-5096-4847-6

Ⅰ.①智…　Ⅱ.①苏…　Ⅲ.①企业管理—智力资本—研究　Ⅳ.①F272.92

中国版本图书馆 CIP 数据核字（2016）第 315182 号

组稿编辑：杨　雪
责任编辑：赵喜勤
责任印制：黄章平
责任校对：王淑卿

出版发行：经济管理出版社
（北京市海淀区北蜂窝 8 号中雅大厦 A 座 11 层　100038）
网　　址：www.E-mp.com.cn
电　　话：（010）51915602
印　　刷：北京玺诚印务有限公司
经　　销：新华书店
开　　本：720mm×1000mm/16
印　　张：15
字　　数：293 千字
版　　次：2017 年 4 月第 1 版　2017 年 4 月第 1 次印刷
书　　号：ISBN 978-7-5096-4847-6
定　　价：52.00 元

·版权所有　翻印必究·

凡购本社图书，如有印装错误，由本社读者服务部负责调换。
联系地址：北京阜外月坛北小街 2 号
电话：（010）68022974　邮编：100836

前　言

知识经济时代，智力资本在企业价值创造过程中发挥着越来越重要的作用，与投资者自身的利益也日益密切。在此背景下，研究智力资本与资本成本之间的关系则具有极为重要的意义。

资本是企业发展的基础，所以资本成本水平的高低对一个企业，甚至一个地区或国家的经济发展皆具有至关重要的影响。从宏观层面而言，资本成本是政府进行行业调控、税收管制以及对企业进行绩效考评的重要依据；从微观层面而言，资本成本是企业进行投融资决策的基准。无论是宏观层面还是微观层面，资本成本水平的合理估算都是其作用有效发挥的一个重要前提。这就需要我们澄清一个非常重要的问题——影响企业资本成本的因素到底是什么？资本成本作为现代财务学中的第一要义概念，其应用在目前学术界及实务领域都非常广泛。在围绕着资本成本进行的众多研究中，"究竟谁影响了企业的资本成本"则始终是争议不断的一个话题。

企业并非单纯的物质资本的集合体，而是物质资本与智力资本相融合的一种组织形式。由于不同历史发展阶段的社会生产力水平具有差异性，使得不同资本在同一时期的价值创造能力有差别，并且同一资本在不同时期对企业的贡献率也不尽一致。进入知识经济时代，作为一种能够为企业带来竞争优势的、以知识为基础的隐形资产，智力资本逐渐成为企业实现盈利的主要驱动因素，因此可以为企业投资者报酬率的实现提供更有力的保障，智力资本的开发与应用也可以为企业提供更"便宜"的资金，从而有利于企业价值最大化目标的实现。

而目前关于资本成本影响因素方面的研究文献中，智力资本鲜有涉及，智力资本是否对资本成本具有效应、如何产生效应、效应是否受企业内外部环境的影响等一系列问题尚未得到应有的关注与解决。本研究将试图揭开"智力资本是否以及如何影响企业资本成本"的黑箱。

相比以往的研究，本书具有以下特点：

一是视角新颖。本书突破传统上主要从企业短期绩效角度考虑智力资本的开发与管理策略的研究框架，提出从资本成本视角审视企业的智力资本开发与管理问题。

现有研究多是以短期绩效指标而非以可持续的绩效指标去研究智力资本的价值。资本成本是现代财务理论中的第一概念，有了这个基准，企业才能做出理性的对投资者的回报策略，真正实现投资者要求的最低报酬率，从而吸引、稳定投资者。从资本成本角度研究企业的智力资本价值问题则有利于从企业长期发展的角度审视企业的经营活动。

二是样本全面。目前多数学术研究将金融业、ST以及*ST类企业排除在研究范围之外，研究其实具有一定的片面性。本书在研究过程中，采用先研究全部A股上市公司，然后逐步剔除金融业、ST以及*ST类企业，使我们对不同上市公司的智力资本之于企业资本成本的效应形成更具体的认识。

三是提出综合资本成本观念。企业资本成本水平不仅受股权资金的影响，而且受债务资金的约束。但长期以来，国内外尤其是我国关于资本成本的研究，主要集中于股权资本成本方面，债务资本成本方面的研究较少。这主要是因为长期以来，银行借款是企业债务融资的主要来源渠道。在不同融资主体贷款利率差异化较小且相对稳定的情况下，投资者对债务资金的报酬率即或存在异质性，但并不能产生实质性的重要影响。而企业资本成本是企业股权和债务综合作用的结果。但本书考虑到随着我国利率的逐步市场化，以及企业债务资金来源渠道的不断拓宽（如融资租赁、超过正常信用条件延期购买长期资产业务、债券融资等），债权人拥有更多权利通过资本市场将资金投到能满足其报酬率要求的企业，债务资本成本在不同企业的差异势必扩大。故除了股权资本成本外，本书将债务资本成本也作为研究的主要内容，并探讨了智力资本对两者影响的差异，基于综合资本成本观念视角揭示了智力资本对企业资本成本的影响程度。

本书的主要内容包括：①梳理国内外常用的资本成本估算方法、智力资本估算方法，分析其适用性，从而对我国上市公司资本成本及智力资本现状做出合理评估。②梳理有关智力资本对资本成本作用机理的相关研究文献，对目前的研究现状及存在的问题进行分析。③数理分析并实证检验智力资本与资本成本的关系，包括智力资本对资本成本影响的总效用、直接还是间接效应、调节效应等，揭示智力资本对资本成本的作用机理。④基于资本成本视角提出完善我国企业智力资本投资方面的建议，并就如何通过改善企业有关内外部环境及自身条件以促进智力资本对资本成本效用的发挥提出解决的方向及措施。

本书是在本人的博士论文基础上形成的。在此，我要感谢我的博士生导师首都经济贸易大学会计学院的汪平教授，导师在我写作过程中给予了殷切关怀与指导。同时，还要感谢首都经济贸易大学会计学院的杨世忠老师、付磊老师、崔也光老师、王海林老师、栾甫贵老师、马元驹老师、袁光华老师、于鹏老师，山东财经大学公共管理学院的李国峰老师、河南财经政法大学统计学院巩红利老师等以及我的同门师兄弟李桂萍、霍晓萍、魏刚、张志等在本书写作过程中给予的关怀与帮助。与同学张悦、韩岚岚、崔新婷、陈波、唐玮等在学习讨论的过程中也得到了很多有益的启发,在此一并感谢!

受时间与精力所限,本书难免存在疏漏与不足,恳请各位读者朋友们批评指正!

目 录

1 绪论 ·· 1

1.1 研究背景与意义 ··· 1
1.1.1 研究背景 ··· 1
1.1.2 研究意义 ··· 3
1.2 相关概念 ··· 3
1.2.1 智力资本 ··· 3
1.2.2 资本成本 ··· 7
1.3 研究思路与内容安排 ··· 8
1.3.1 研究思路 ··· 8
1.3.2 内容架构 ··· 9
1.4 特色与创新 ··· 11

2 文献述评 ·· 13

2.1 智力资本竞争优势研究 ··· 13
2.1.1 相关理论学说的研究 ··· 13
2.1.2 相关文献的实证检验——智力资本与企业绩效 ··········· 20
2.2 智力资本、会计信息披露质量与资本成本 ······························· 21
2.2.1 信息披露理论 ··· 21
2.2.2 智力资本与会计信息披露质量 ······································· 22
2.2.3 会计信息披露质量与资本成本 ······································· 23
2.3 企业生命周期、智力资本与资本成本 ······································· 29
2.3.1 企业生命周期理论 ··· 29
2.3.2 企业生命周期与智力资本 ··· 31
2.3.3 企业生命周期与资本成本 ··· 32
2.3.4 企业生命周期、智力资本与资本成本 ··························· 34
2.4 本章小结 ··· 35

3 我国上市公司智力资本现状：估算与分析 ... 39

3.1 引言 ... 39
3.2 估算方法研究 ... 40
3.2.1 国内外智力资本估算方法述评 ... 40
3.2.2 VAIC模型指标选择及应用的一些特殊问题 ... 43
3.3 本章估算所需有关参数的具体说明 ... 47
3.4 估算结果与分析 ... 47
3.4.1 整体情况 ... 47
3.4.2 行业分析 ... 58
3.4.3 地区分析 ... 65
3.5 本章小结 ... 69

4 我国上市公司资本成本现状：估算与分析 ... 72

4.1 引言 ... 72
4.2 估算方法研究 ... 72
4.2.1 股权资本成本估算模型 ... 72
4.2.2 债务资本成本估算模型 ... 78
4.2.3 加权平均资本成本估算模型 ... 79
4.3 本章各种模型估算所需参数的具体说明 ... 80
4.3.1 股权资本成本 ... 80
4.3.2 债务资本成本 ... 81
4.3.3 加权平均资本成本 ... 81
4.4 估算结果与分析 ... 82
4.4.1 PEG、OJ、GLS三种股权资本成本方法的相关度分析 ... 82
4.4.2 资本成本特征——兼与智力资本比较 ... 85
4.5 本章小结 ... 89

5 智力资本对资本成本的总效应研究 ... 90

5.1 引言 ... 90
5.2 理论分析与研究假设 ... 91
5.2.1 企业智力资本整体水平对资本成本的影响 ... 91
5.2.2 智力资本价值的不同组成部分对资本成本的影响 ... 92

5.3 研究设计 ... 94
5.3.1 样本选择 ... 94
5.3.2 变量设计 ... 95
5.3.3 研究模型 ... 101
5.4 实证检验与分析 ... 104
5.4.1 描述性统计 ... 104
5.4.2 单因素方差分析 ... 108
5.4.3 相关性分析 ... 110
5.4.4 多变量回归分析 ... 114
5.5 稳健性检验 ... 120
5.5.1 剔除全部金融业后的检验 ... 120
5.5.2 剔除金融业、ST、*ST 企业后的检验 ... 124
5.5.3 以市账差作为智力资本总水平的代理变量进行的检验 ... 128
5.6 本章小结 ... 128

6 中介效应研究：智力资本、会计信息披露质量与资本成本 ... 131
6.1 引言 ... 131
6.2 中介效应的检验方法 ... 132
6.3 理论分析与研究假设 ... 134
6.3.1 智力资本与会计信息披露质量 ... 134
6.3.2 智力资本、会计信息披露质量与资本成本 ... 135
6.4 研究设计 ... 138
6.4.1 样本选择 ... 138
6.4.2 变量设计 ... 138
6.4.3 研究模型 ... 141
6.5 实证检验与分析 ... 142
6.5.1 描述性统计和单因素方差分析 ... 142
6.5.2 相关性分析 ... 147
6.5.3 回归分析 ... 152
6.6 稳健性检验 ... 156
6.6.1 剔除全部金融业后的检验 ... 156
6.6.2 剔除金融业、ST、*ST 企业后的检验 ... 158
6.6.3 二等级分类法下的检验 ... 161

6.6.4 以市账差作为智力资本总水平的代理变量进行的检验 …………… 162
 6.7 本章小结 …………………………………………………………………… 167

7 一个调节效应：企业生命周期、智力资本与资本成本 ……………… 170
 7.1 引言 ………………………………………………………………………… 170
 7.2 理论分析与研究假设 ……………………………………………………… 170
 7.3 研究设计 …………………………………………………………………… 172
  7.3.1 样本选择 ………………………………………………………… 172
  7.3.2 变量设计 ………………………………………………………… 172
 7.4 研究模型 …………………………………………………………………… 175
 7.5 实证检验与分析 …………………………………………………………… 175
  7.5.1 描述性统计和单因素方差分析 ………………………………… 175
  7.5.2 相关性分析 ……………………………………………………… 181
  7.5.3 回归分析 ………………………………………………………… 181
 7.6 稳健性检验 ………………………………………………………………… 186
  7.6.1 剔除全部金融企业后的检验 …………………………………… 186
  7.6.2 剔除金融业、ST、*ST 企业后的检验 ………………………… 189
  7.6.3 以市账差作为智力资本总水平的代理变量进行的检验 …… 192
  7.6.4 CAPM 模型下的检验 …………………………………………… 193
  7.6.5 加入会计信息披露质量变量后的检验 ………………………… 195
 7.7 本章小结 …………………………………………………………………… 198

8 结论、启示与展望 ……………………………………………………………… 201
 8.1 研究结论 …………………………………………………………………… 201
 8.2 启示与建议 ………………………………………………………………… 202
 8.3 局限性和未来研究方向 …………………………………………………… 203

参考文献 …………………………………………………………………………………… 206

后记 ………………………………………………………………………………………… 228

1 绪 论

1.1 研究背景与意义

1.1.1 研究背景

随着知识经济的兴起,基于传统的财务资产和负债的经营管理已很难确保企业的竞争优势(Tseng 等,2013),智力资本以各种形式快速渗透并作用于经济、管理、技术、社会等各个领域,也日益构成企业在市场经济中的关键、核心竞争资源。在知识经济时代,智力资本在企业价值创造过程中发挥着越来越重要的作用(Guthrie 等,2012;Zéghal 和 Maaloul,2011)。智力资本在增强企业的竞争力,完成经营目标方面具有至关重要的作用(Guthrie 和 Petty,2000)。2014 年 10 月 27 日,中央全面深化改革领导小组第六次会议审议了《关于加强中国特色新型智库建设的意见》。习近平同志提出,要从推动科学决策、民主决策,推进国家治理体系和治理能力现代化、增强国家软实力的战略高度,把中国特色新型智库建设作为一项重大而紧迫的任务切实抓好。李克强同志在 2015 年《政府工作报告》中也特别指出,要实施"中国制造 2025",坚持创新驱动、智能转型、强化基础、绿色发展,加快从"制造大国"转向"制造强国"。

资本成本是投资者要求的最低报酬率也是现代财务理论中的核心概念。资本成本之于投、融资双方都具有重要的意义:对融资者而言,资本成本是企业各项财务政策制定的基础;对投资者而言,资本成本是其投资的基准,是一种机会成本。当投资的实际报酬率大于要求报酬率时,投资者目标得以实现,企业价值与投资者财富同时增加;而当其实际报酬率小于要求报酬率时,投资者便可以通过公司治理的退出机制来保护其利益。

从资本成本角度研究智力资本价值有利于从长期发展角度审视企业的经营活动。资本成本是现代财务理论中的第一概念(汪平,2008)。一切财务活动均始于企业的融资行为。考察智力资本对资本成本的作用,有利于合理评估企业的资本成本。有了这个基准,企业才能做出理性的对投资者的回报策略,真正实现投资者要求的最低报酬率，从而吸引投资者，企业发展也才会有稳定的资金来源，最终获取长期的竞争优势，从而促进企业可持续发展。

很多文献表明，智力资本具有价值相关性（Mosavi 等，2012；Hsu 和 Wang，2012；Aboody 和 Lev，2000；Crook，2011）。相关智力资本理论如 SCP 范式理论、Porter 竞争战略理论、资源基础理论、能力基础理论、知识基础理论、人力资本理论、创新理论、交易成本理论的研究表明智力资本具有竞争优势，是企业获取超额利润的源泉。故此，智力资本同传统的物质资本一样，可以作为投资者未来投资报酬率的保障和基础，也因而具有融资功能，可以增强投资者的投资信心，引导社会资金的流向，对企业的资本成本具有重要影响。但现有文献尚未明确地将智力资本与资本成本纳入统一的研究框架之内，智力资本对资本成本的影响效应问题因而未被明确地揭示出来。

现有一些文献表明，智力资本对企业会计信息披露质量具有显著影响，但有不同的意见，如 Bozzolan 等（2003）、曾洁琼和张婷（2014）、Tseng（2013）认为企业智力资本水平的提高能有效改善企业的会计信息质量，而 Aboody 和 Lev（2000）针对 1985～1997 年美国企业的一项研究发现，研发密集型企业比非研发密集型企业具有更高的内部收益，信息不对称程度更高。诸多研究都表明会计信息披露质量的提高有利于降低企业的资本成本，如汪炜和蒋高峰（2004）、Botosan 和 Plumlee（2002）、Armstrong 等（2011）、Barth 等（2013）、Hwang 等（2013）、Li（2015）、Talbi 等（2014）、El Ghoul 等（2011），但也有文献有不同的观点，如 Eckles（2013）、El Ghoul 等（2011）、Botosan 和 Plumlee（2002）、Ebihara 等（2012）、邓永勤和张水娟（2010）、冯阳（2015）等。智力资本不同方面的信息披露对资本成本的影响也具有差异性。但整体上表明，智力资本与会计信息披露质量、会计信息披露质量与资本成本具有密切的关系。会计信息披露质量有可能是智力资本对企业资本成本影响的一个重要途径。而目前的文献尚未以会计信息披露质量作为中介变量去研究企业智力资本之于资本成本的效应。

智力资本作用的发挥也受到企业特征的影响，如 Hormiga 等（2011）认为，在初创企业，短期内结构资本很难产生明显效应。李冬伟和李建良（2012）也发现仅在成熟期关系资本对企业绩效有显著提升作用。Kamath（2007）的研究也证实智力资本作用的发挥效用在不同性质的企业和企业发展的不同阶段具有差异性。可见企业生命周期可能对智力资本的价值创造性具有重要影响。

综上所述，关于智力资本于企业资本成本影响效应的研究目前相对匮乏，效应的不明晰及作用机理的模糊将导致投资者不能合理确定自己的最低要求报酬率，从而使投资决策出现失误，社会资源配置效率低下。因此，本书拟构建三个主要理论框架进行研究：一是智力资本对资本成本的总效应研究，分析智力资本是否对资本成本产生效应；二是会计信息披露质量对智力资本与资本成本效用发挥的中介效应研究，分析智力资本对资本成本是直接影响还是间接影响；三是企业生命周期对智力资本与资本成本效用发挥的调节效应研究。

1.1.2　研究意义

本书的研究具有以下理论及实践意义：

第一，虽然研究智力资本与资本成本两者之间关系的文献相对较少，但已有诸多文献从侧面表明智力资本对于企业的资本成本具有重要意义。本书进一步丰富和发展了现有资本成本估算理论，为政府、投资者和企业基于资本成本的各项宏观、微观政策的制定提供新的视角。

第二，有助于提高投资者对企业智力资本的重视程度，从而合理评估自身的投资风险，促进资本配置效率的提高。

第三，本书通过研究智力资本对于企业资本成本的影响，可以为企业进一步降低其资本成本，为提高其市场价值提供努力的方向。在传统行业，物质资本具有重要地位。但随着知识经济的到来，智力资本日益彰显其重要地位，其无论数量还是收益都逐渐超越了物质资本。尤其是在高科技时代，市场效率日益提高的今天，物质资本具有较强的可复制性，其重要性与智力资本是无法比拟的。

第四，本书通过对中国上市公司目前的智力资本水平进行研究，明确我国上市公司在智力资本投资方面的不足，为企业投资政策的优化提供有益的参考。

第五，资本成本是政府对企业进行绩效考核的主要依据，本研究有利于政府通过考虑智力资本因素，科学合理估计企业的真实资本成本水平，以此作为行业政策、产业政策、投资政策制定的依据。

1.2　相关概念

1.2.1　智力资本

1.2.1.1　智力资本的含义

学界普遍认为美国学者 John Kenneth Galbraith 是最早提出"智力资本"概念的人，他于 1969 年给《经济学人》杂志主编 Michael Kaleek 的信中指出，智力资本并非仅是静态的知识，而是运用知识创造价值的一种形式或者说是能力。

Stewart 于 1991 年在美国《财富》杂志上发表《脑力——智力资本正在逐渐变成

公司最有价值的资产和最锋利的竞争武器——挑战将会使你发现你拥有什么，要利用它们》一文，文中系统地给出了智力资本的定义，并将智力资本的定义从个人上升到组织层面，即个人存在智力资本，组织也存在智力资本。文中指出每个公司都在逐渐增加对专利、工艺流程、管理技术、技能、客户与供应商信息、传统的经验的依赖性，这种知识即为智力资本，换言之，智力资本就是公司中所有成员知晓的、能为企业在市场上获得竞争优势的事物之和。Steward（1997）的观点是智力资本为能被用于创造价值财富的知识、信息、知识产权和经验等智力材料。此后的知识财产管理集会（Intellectual Capital Management Gathering，ICM Gathering）曾将智力资本视为"能够转化为利润的知识"。Stewart（1991）、Steward（1997）和 ICM Gathering 的定义将智力资本概念的核心均放在了能带来竞争优势或利润的资源方面，偏重于从静态的角度理解智力资本。

此后的 Edvinsson 和 Malone（1997）将智力资本的界定重新上升到动态的角度，认为智力资本是通过对知识、组织技术、实际经验、专业技能以及顾客关系的掌握，使组织具有市场上的竞争优势。即将智力资本的定义重点落在有关资源的掌握方面，与 John Kenneth Galbraith（1969）相同，都是一种动态的智力资本观，且表达更为系统全面，也是目前得到普遍认可的智力资本的一种定义表达方式。

综观各种定义，虽然表达方式不同，但仍具有共性：即智力资本必须能够为企业带来竞争优势。知识经济时代，智力资本越来越被视为一种以知识为基础的资产，该资产能够作为企业可持续竞争能力的驱动器（Sydler 等，2014；Curado 等，2011）。但由于知识等资源具有静态性，比较容易复制，其价值极易丧失，且对于不同的个人或组织而言，其自身对知识的运用能力并不相同，因而知识在不同的环境下价值创造力亦有所差异。因此，从动态的角度去理解企业的智力资本无疑具有更为深刻的意义，即智力资本是一种动态的能力，该能力使得企业具有市场上的竞争优势，能够为企业在未来创造超额收益。由于能力会发生变化，提高或丧失，因此会激励组织成员不断学习，积极进取，从而更长久地保持其竞争优势。

1.2.1.2　智力资本的分类

智力资本的具体分类，主要有两分法与三分法。

（1）两分法。早在1989年，瑞典学者 Karl Erik Sveiby 在其《无形资产的资产负债表》一书中，将智力资产的构成分为人力与结构两部分。该方法此后得到广泛运用。曾任瑞典 Skandia 公司智力资本负责人的 Leif Edvinsson 于1993年所创造的斯堪迪亚价值方案（Skandia Value Scheme）也采用了两分法，即智力资本包括人力资本和结构资本两类。结构资本之下又细分为客户资本、创新资本、流程资本，后两类构成了企业的组织资本,流程资本为组织掌握既定策略如何执行,创新资本则代表组织影响未来成功的因素。Roos 和 Roos(1997)与 Roos(1998)都采用了类似的分法,只不过名称稍有不同。Roos 和 Roos(1997)将智力资本首先分为人力资本和结构资本,结构资本可进一步分为流程资本、研发资本、关系/客户资本,流程资本与研发资本又属于组织资本,做一个形象的比喻:人力资本犹如人的大脑,而结构资本则是公司在员工晚间离开后所余下的东西。Roos(1998)分别在结构资本下再具体细分出关系资本、组织资本和创新与发展资本,并明确人力资本是员工的知识、技术和经验,关系资本系与外界互动的资本、组织资本的作用在于提升企业内部运作效率,创新及发展资本与组织未来密切相关。

(2)三分法。Edvinsson 和 Malone(1997)根据企业市场价值不同的创造来源对智力资本进行划分,将顾客资本与结构资本并列,智力资本划分成人力资本、顾客资本与结构资本三部分。这里的结构资本实际为二分法下的组织资本。Sveiby(1997)将结构资本分别分为企业内部结构资本和企业外部结构资本,智力资本共包括个人能力、内部结构资本、外部结构资本三部分。个人能力即人力资本;内部结构资本囊括了诸如组织文化,包括正式文化与非正式文化,以及专利权、数据库、内部系统等方面的内容;外部结构资本则是组织与外部相关利益各方的关系。

顾客资本是否可以从结构资本中分离出来,要看结构资本的具体含义。Edvinsson 和 Malone(1997)认为结构资本是支持人力资本发挥作用的基础。Bontis(1998)表达了基本相同的意思,即结构资本是组织的机制或结构,这些机制或结构有助于员工获取最优的智力资本业绩以及最优的企业业绩水平。Bontis 等(2000)认为结构资本包括数据库、程序文件、策略、路径等,换言之,就是一切储存于员工身外的那些知识。Díez 等(2010)认为结构资本包括诸如基础设施、流程和企业文化、代表企业创新能力的元素以及以受保护形式存在的创新结果如智力产权、商业权力等。由此可见,结构资本是依附于组织存在的,且为人力资本作用的发挥提供条件。作为顾客或关系资本,虽然属于与企业外部相关利益者之间的关系,但这种关系还是依附于组织才有的,与 Roos 和 Roos(1997)所指结构资本是"晚间离开后所余下的东西"的结构资本之说也并不矛盾。而若将顾客资本独立出来,则有违于 Edvinsson 和 Malone(1997)关于结构资本是支持人力资本作用发挥的基础之说,因为顾客资本同样要依附于人存在,顾客关系的好坏同样影响到人力资本作用的发挥,性质应属于结构资本。因此,本书赞同将结构资本划分为内部结构资本与外部结构资本,这样与前面的二分法其实并无实质性区别。

还需确定的一个问题是，反映与企业外部利益相关者之间关系的结构资本文献称谓并不统一，"客户/顾客资本"与"关系资本"这些概念同时存在。本书赞同李冬琴（2004）的观点，认为客户/顾客仅是企业外部利益相关者的一方，并不能代表全部利益相关者，从这方面而言，使用关系资本一词更为合适。但是客户关系又是企业外部利益者中极为重要的关系，因此从某种程度上而言，客户资本水平几乎可以代表企业关系资本的高低，称为客户资本突出了企业外部结构资本中客户的重要性，有利于企业将重点放在加强客户关系方面以改善企业的外部结构资本，且鉴于其他外部利益相关者的界定范围每个企业并不能明确，因此客户资本的概念也具有一定的合理性与实践意义。本书以下涉及之处均采用"客户资本"这个概念。

Pulic（2000）从智力资本估算的角度提出了智力资本估算的增值系数法，进一步拓宽了智力资本价值的内涵，认为企业超额收益取决于企业综合运用物质资本、人力资本和结构资本三方面的能力，故企业智力资本总水平由这三方面增值能力之和代表①。

1.2.1.3 智力资本的特征

智力资本通常具有以下特征：

（1）非物质形态。根据前述有关智力资本的定义，智力资本与人的经验、知识、能力以及有助于人力资本作用发挥的组织文化、数据库、程序文件、策略、路径、专利、工艺流程、管理技术、客户与供应商信息等概念相联系，是人的一种智力活动的体现，因而不具有实物形态。

（2）不易模仿或复制。人的经验、知识、能力由于存储于人的身体之内，因此他人不易模仿，除非通过个人传授以及经历相当时间的学习，也不易被人复制。结构资本必须依附于企业才能存在，如组织文化、客户关系通常需要经过相当长时间才能形成，数据库、程序文件、策略、路径、专利、工艺流程、管理技术等通常对企业而言具有保密性或受到法律保护，也不易被模仿或复制。所以这一特征决定了智力资本可以为企业带来长期的竞争优势。

（3）难以交易。智力资本不易被模仿或复制决定了智力资本具有专用性，即仅服务于特定的企业。由于其不方便传播，因此缺少可供交易的市场，其价值很难估定，这为智力资本的交易带来了诸多困难。

（4）可增值性。随着时间的推移，人的经验、知识与能力都会逐渐增加，企业的组织文化、制度、技术、客户关系等结构资本也会不断规范和完善，技术创新成果会越来越多，因此，智力资本是可以实现不断增值的。

---

① 本书3.2.2.1节对Pulic增值系数法的具体估算方法进行了更为详尽的分析。

1.2.2 资本成本

在马克思政治经济学中,资本是能带来剩余价值的价值。按照现代经济学的观点,资本泛指用于生产的各种基本要素,包括人力、物力等各方面的有形或无形资源。按照资本所有者的不同,资本又分为股东投入的资本和债权人投入的资本,因而企业的资本成本又分为股权资本成本和债务资本成本。

资本成本的概念萌芽于宏观经济学方面的研究。马歇尔曾使用"利息率"一词来描述制帽业"机器使用的边际效用"的大小,利息率成为最朴素、最原始的一种关于资本成本的表达方式。Hotelling(1925)较早从经济学的角度对资本服务的租金价格进行了估算。费雪指出资本的价值是收入折现后的价值,即以贴现率表示企业资本的使用成本。凯恩斯(Keynes,1936)提出了"使用者成本"的概念,将其与资本品价格本身相区别,认为"使用者成本"是企业支付给其他提供产品的雇主,以及企业因使用机器设备,不让其闲置而牺牲的价值。从经济学角度对资本成本的界定基于资本作为一种企业的生产要素而发生的使用成本,是立足于资本使用者而言的一种成本,是因资本的使用而付出的一种代价。

自20世纪中叶起,资本成本的概念应用逐渐从宏观的经济学领域转向微观的金融领域。目前,资本成本已经成为财务学上应用非常普遍的一个概念,被作为投资决策的一个重要依据。Solomon(1955)从资本预算角度认为,资本成本估算法是提供一个客观、公正的标准,管理者根据该标准决定是否接受资本预算的决策,因而资本成本是最低要求报酬率,或者是资本预算的临界利率。作为现代财务理论诞生标志的Modigliani和Miller(1958)指出,在企业理性投资的情况下,应使得企业的预期回报大于企业的资本成本,即市场利息率,最终市场会推动企业的边际投资收益率等于市场利息率。Miller和Modigliani(1966)又从企业所有者的角度认为,资本成本是假定所有者对企业进行实物资产投资可以获取的最低收益率,投资者根据该收益率决定是否值得投资,企业会不断地调整它的股权比例直到它进一步投资(或撤资)的边际报酬率等于资本成本,资本成本简单来说就是市场利息率。"投资者要求的最低报酬率"之说已为学术界广泛认可。

经济学中资本成本的含义与财务学中资本成本的含义既有区别又有联系。经济学中的资本成本是从资金占用角度而言,资本的具体形式表现为流动资本(如货币资金、原材料等)和固定资本(如固定资产、无形资产等)。在财务学中,资本成本指的是投资者要求的最低报酬率,是从资金来源角度而言的。企业募集的资金总是要转化成不同形式的流动资本、固定资本,根据资金占用=资金来源,财务学和经济学中关于资本成本的概念实质上是一样的,只不过估算的角度不同而已。无论从经济学的角度还是从财务学的角度去解释资本成本的概念,其实都反映出资本成本的实质是一种机会成本,这也是资本成本理念在现代金融领域中的重要意义之所在。

1.3 研究思路与内容安排

1.3.1 研究思路

本书研究思路具体为:

首先,通过文献分析,明确智力资本对资本成本影响的理论依据及存在可能性。直接效应主要通过对智力资本相关竞争优势理论的分析以及相关实证对智力资本的价值创造性方面的研究文献进行分析;由于会计信息是投资者对自身投资风险进行评估的主要依据,因此中介效应的相关文献分析主要通过查阅智力资本与会计信息披露质量、会计信息披露质量与资本成本方面的文献进行;智力资本本身具有较强的动态性,因此从企业生命周期角度去进行分析具有颇为重要的意义。故调节效应的相关文献分析主要通过查阅基于企业生命周期角度的智力资本与资本成本关系的研究文献进行。

其次,在通过文献分析明确智力资本对资本成本影响的理论可行性之后,进一步通过我国上市公司智力资本与资本成本水平现状的对比,从数据方面初步揭示两者之间可能存在的逻辑关系。

最后,也是本书的核心内容,通过实证分析,来验证智力资本对资本成本的影响效应:总效应、以会计信息披露质量为中介变量的中介效应、以企业生命周期为调节变量的调节效应。鉴于股东与债权人的特点不同,验证过程中对智力资本对于股权资本成本、债务资本成本的影响进行了对比分析。鉴于物质资本与智力资本特点的差异,以及代表智力资本水平的不同方面也具有不同的特征,因此研究过程中从智力资本总水平、物质资本增值效率、人力资本增值效率、结构资本增值效率多个方面对资本成本的影响进行了比较,这样有利于企业发现不同资本的资本成本效应差异,从而有甄别地加强对不同资本的管理。本书具体研究思路如图1-1所示。

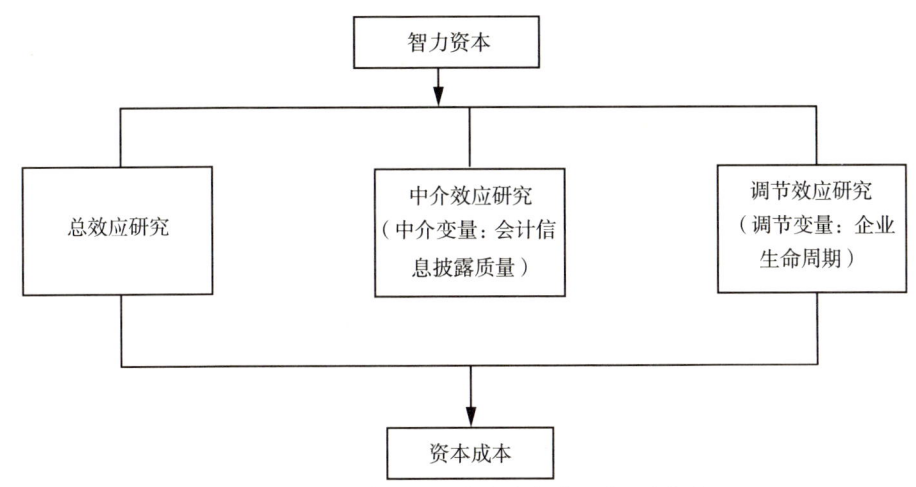

图 1-1 智力资本影响资本成本的理论研究框架

1.3.2 内容架构

本书内容共分八章，具体如下：

第 1 章，绪论。这一章主要分析了本书的选题背景、研究意义，对相关的基础概念如智力资本、资本成本的内涵及特征进行了分析，对全书的研究框架体系结构、研究的主要内容做一安排，并指明了本书的研究特色及创新点。

第 2 章，文献述评。这一章通过对国内外有关智力资本与资本成本的文献进行梳理，初步构建了总效应（是否具有效应）、直接效应还是中介效应、调节效应逻辑研究框架。直接效应的文献分析主要通过有关智力资本的竞争优势理论研究，以及相关实证对智力资本的价值创造性的研究文献，从理论上初步得出智力资本水平高的企业具有较强的市场竞争优势，因而能吸引投资者，降低企业的资本成本水平。通过查阅国内外有关智力资本与会计信息披露质量、会计信息披露质量与资本成本方面的研究文献，认为会计信息披露质量有可能在智力资本对资本成本影响的过程中起着非常重要的中介作用。国内外关于企业生命周期方面的一些研究，表明智力资本对资本成本的影响会受到企业生命周期的调节作用。通过本章研究，初步确定了智力资本对资本成本的总效应研究（第 5 章）、以会计信息披露质量为中介变量的中介效应研究（第 6 章）、以企业生命周期为调节变量的调节效应研究（第 7 章）的研究内容。

第 3 章，我国上市公司智力资本现状：估算与分析。本章通过文献研究，选择了应用较为普遍、适用性较强的 VAIC 法估算了企业的智力资本水平，并对不同年度、行业、地区的智力资本水平差异进行了详细的分析，以明确我国在智力资本投资方面的现状与不足。

第4章，我国上市公司资本成本现状：估算与分析。本章通过梳理国内外有关资本成本估算的文献研究，分析了不同股权资本成本、债务资本成本及加权平均资本成本估算方法的研究现状、估算原理及适用性，并根据本书研究对象的特点及有关资本成本估算方法在现有研究中的适用性及普遍性原则确定了本研究中所使用的资本成本估算方法。在此基础上对我国资本成本的现状从年度、行业、地区三个维度进行了分析，并与第3章智力资本的估算结果进行比较，以期进一步发现智力资本与资本成本的内在逻辑联系，为后文的研究做了进一步铺垫。

第5章，智力资本对资本成本的总效应研究。本章对如下问题进行了研究：智力总水平对资本成本的影响，包括企业整体资本成本水平、股权资本成本及债务资本成本；对物质资本、人力资本、结构资本的增值能力对资本成本的影响进行了比较，明确了人力资本增值效率在降低企业资本成本方面的核心作用；智力资本对股权资本成本、债务资本成本的影响差异性检验，分析不同投资者在进行投资时考虑因素的差异性及存在的问题。

第6章，中介效应研究：智力资本、会计信息披露质量与资本成本。本章主要围绕以下问题展开研究：会计信息披露质量在智力资本总水平对资本成本的影响过程中的中介效应检验；会计信息披露质量在物质资本、人力资本、结构资本三方面的增值效率对资本成本影响过程中的中介效应检验。本章主要明确了智力资本是直接还是间接影响企业资本成本的问题，同时为企业基于智力资本角度如何加强对企业会计信息披露的管理提供思路及研究方向。

第7章，一个调节效应：企业生命周期、智力资本与资本成本。本章主要涉及以下实证检验：以企业生命周期为调节变量，对企业生命周期在智力资本总水平对资本成本的影响过程中的调节效应进行分析；企业生命周期在物质资本、人力资本、结构资本三方面的增值效率对资本成本影响过程中的调节效应分析；智力资本对股权资本成本和债务资本成本的效应受企业生命周期调节影响的差异度研究。该章的研究为企业如何在不同发展阶段基于资本成本加强对智力资本的开发与管理以及投资者如何针对企业不同发展阶段基于企业智力资本情况确定自身的必要报酬率提供实证资料。

第8章，结论、启示与展望。本章对全书进行了归纳与总结，并基于本书的研究结论对如何加强企业的智力资本开发与管理、信息披露建设、生命周期管理等方面的问题提出相应的建议，最后对本书的研究不足与未来值得继续研究的方向进行了分析。

全书的逻辑框架如图1-2所示。

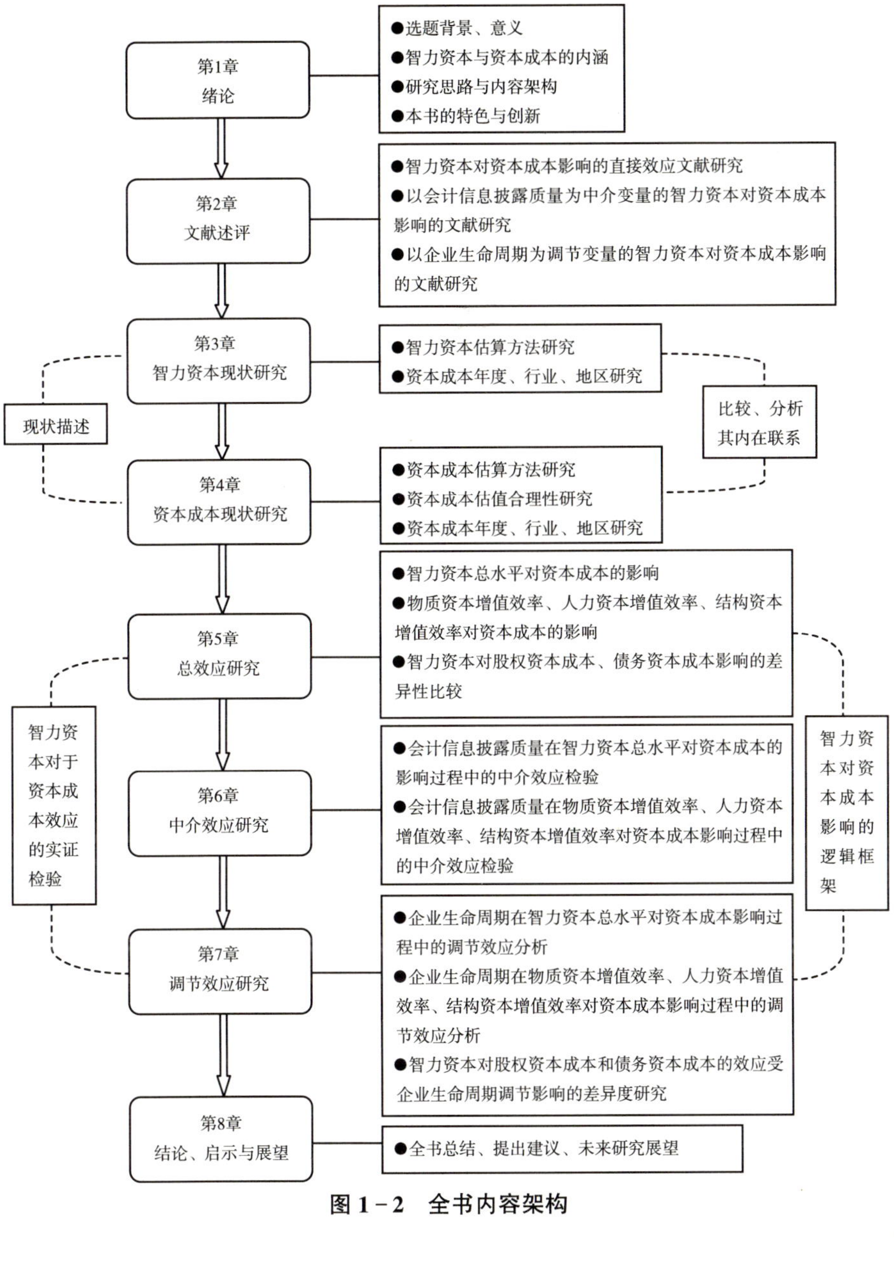

1 绪 论

```
┌─────────┐      ●选题背景、意义
│ 第1章   │ ───▶ ●智力资本与资本成本的内涵
│ 绪论    │      ●研究思路与内容架构
└─────────┘      ●本书的特色与创新
     │
     ▼
┌─────────┐      ●智力资本对资本成本影响的直接效应文献研究
│ 第2章   │ ───▶ ●以会计信息披露质量为中介变量的智力资本对资本成本
│ 文献述评│        影响的文献研究
└─────────┘      ●以企业生命周期为调节变量的智力资本对资本成本影响
                   的文献研究
     │
     ▼
┌──────────────┐  ●智力资本估算方法研究
│ 第3章        │─▶●资本成本年度、行业、地区研究
│ 智力资本现状研究│
└──────────────┘                                   比较、分析
     │                                              其内在联系
  现状描述
     ▼
┌──────────────┐  ●资本成本估算方法研究
│ 第4章        │─▶●资本成本估值合理性研究
│ 资本成本现状研究│  ●资本成本年度、行业、地区研究
└──────────────┘
     │
     ▼
┌─────────┐      ●智力资本总水平对资本成本的影响
│ 第5章   │ ───▶ ●物质资本增值效率、人力资本增值效率、结构资本
│ 总效应研究│      增值效率对资本成本的影响
└─────────┘      ●智力资本对股权资本成本、债务资本成本影响的差
                   异性比较
     │
智力资本                                             智力资
本对于                                               本对资
资本成                                               本成本
本效应    ┌─────────┐  ●会计信息披露质量在智力资本总水平对资本成本的   影响的
的实证   │ 第6章   │─▶  影响过程中的中介效应检验                     逻辑框
检验     │ 中介效应研究│  ●会计信息披露质量在物质资本增值效率、人力资本   架
         └─────────┘    增值效率、结构资本增值效率对资本成本影响过程中
                         的中介效应检验
     │
     ▼
┌─────────┐      ●企业生命周期在智力资本总水平对资本成本影响过
│ 第7章   │ ───▶   程中的调节效应分析
│ 调节效应研究│    ●企业生命周期在物质资本增值效率、人力资本增值
└─────────┘        效率、结构资本增值效率对资本成本影响过程中的调
                   节效应分析
                 ●智力资本对股权资本成本和债务资本成本的效应受
                   企业生命周期调节影响的差异度研究
     │
     ▼
┌──────────────┐
│ 第8章        │─▶●全书总结、提出建议、未来研究展望
│ 结论、启示与展望│
└──────────────┘
```

图 1-2 全书内容架构

1.4 特色与创新

本书的特色与创新点包括：

第一，将智力资本引入公司资本成本影响因素的研究框架体系之内。目前国内外有关研究中，尚鲜见将智力资本因素纳入资本成本影响因素范畴的研究。而在当

前的知识经济时代，智力资本在企业价值创造方面势必发挥日益重要的作用，也因而会对企业的资本成本产生深远的影响。此处的资本成本不仅指股权资本成本，还包括债务资本成本。随着我国金融市场化程度的不断深化，尤其是债务资本市场的日臻完善，债务资本成本估算的意义将日益提升。本书的研究有利于促进企业资本成本的合理评估，丰富和发展企业估值理论。

第二，将智力资本与资本成本关系的内在机理进行系统的归纳与整理、研究构建了智力资本对资本成本影响的总效应（是否具有效应）、直接还是中介效应、调节效应逻辑框架。本书不仅关注智力资本是否影响企业的资本成本，更深入地研究了智力资本如何影响企业的资本成本。通过现有文献的梳理与本书的进一步实证研究，认为智力资本可以直接影响企业的资本成本，会计信息披露质量间接影响企业的资本成本，并且智力资本与资本成本两者之间的关系会受到企业生命周期的调节影响。本书的研究初步构建了一个智力资本对资本成本的作用机理框架，为未来该方面的深入研究搭建了一个基础平台。

第三，基于资本成本视角提出完善我国企业智力资本投资方面的建议。本书突破了传统上主要从企业短期绩效角度考虑智力资本的开发与管理策略的研究框架，提出从资本成本视角审视企业的智力资本开发与管理问题。资本成本估算的合理性关系着企业投融资决策的正确性，也影响到政府宏观经济政策的制定与调控。而目前许多企业在经营活动中还普遍存在"资本成本观念"缺位的现象，或者是仅关注财务报表上的有形成本，而忽略了资本成本的机会成本实质。资本成本意识的淡薄或理解偏差将不可避免地导致企业决策偏误现象的发生，企业投资者尤其是股东的利益得不到有效保护，这将使得投资者逐渐退出，企业未来的融资约束增加，从而制约企业的可持续发展。因此，本书认为，从资本成本角度研究企业的智力资本开发与管理，更有利于从动态角度审视企业的发展问题，有利于促进企业长期竞争力的提升。

2 文献述评

2.1 智力资本竞争优势研究

2.1.1 相关理论学说的研究

智力资本是否为企业竞争优势的来源？企业的竞争优势又体现在哪里？新古典经济学中，将企业被视为一个"黑箱"，企业是同质的，在完全竞争市场条件下，任何企业都不可能获取超额利润，也就无所谓竞争优势。但在现实中，企业之间在进行各项财务活动时的确存在着竞争能力的差异，这种差异源自哪里？这方面的研究使得我们不得不突破完全竞争市场条件的约束，学者们相继从企业外部和内部分别探寻企业竞争优势的来源，分别形成了竞争优势的外生理论和内生理论。

2.1.1.1 SCP 范式理论与 Porter 竞争战略理论

Mason-Bain 范式理论的代表人物 Mason 教授与其弟子 Bain 是产业经济学方面哈佛学派的重要代表人物。因其主要研究市场结构（Structure）、企业行为（Conduct）与企业业绩（Performance）之间的关系，故又被称为 SCP 范式研究。他们强调，产业进入障碍、市场集中性、产品异质性三者，是市场结构的关键要素，是企业绩效差异的关键因素，是企业竞争优势的主要源泉。

Porter 竞争战略理论在 SCP 范式研究的基础之上，与企业战略理论相结合，提出了"五力"竞争力模型，"五力"包括供应商的议价能力、采购方的议价能力、新进入者的竞争威胁、现有竞争者之间的竞争、替代产品的竞争威胁。但是 Porter 认为企业的竞争优势最终取决于产业结构，产业结构的优势使得企业比其竞争对手有更强的处理"五力"方面的能力。

Mason-Bain 范式理论与 Porter 竞争战略理论均对企业的市场能力给予了高度的关注，体现了智力资本中客户资本的意义。但 Mason-Bain 范式理论与 Porter 竞争战略理论均将企业的核心竞争优势归于企业外部因素，如市场机会与市场结构，将关注焦点放在企业外部的产业特征，而忽略了企业内部的异质性问题，后来诸多学者证明同一行业内的企业绩效也存在较大的差异，使得研究者们进而从企业内部挖掘企业核心竞争力之所在。

2.1.1.2 资源基础理论

资源基础理论源于被西方学术界誉为"资源理论之母"的英国约翰·霍普金斯大学教授Penrose的观点。她对新古典经济学中的"黑箱"理论提出质疑,她在1959年出版的《企业成长理论》一书中指出,企业资源包括:一是有形物品,这些有形物品为企业出于使用目的而生产、购买或者租借;二是雇员,雇员使得企业资源得以高效运作。而企业则是一系列具有不同潜在效用的资源的集合体,企业是异质的。异质资源观点为分析企业竞争优势的来源提供了新的思路和视角。

1984年,美国学者Birger Wernerfelt博士发表《企业的资源基础论》一文,标志着资源基础理论的正式诞生。Birger Wernerfelt博士开篇指出,资源和产品犹如一个硬币的两面,大多数产品的生产需要几种不同的资源,而大多数资源可以用于不同产品的生产。企业确定了在不同产品市场上的份额之后,可以估算其最低需要消耗多少资源。相反,如果事先确定企业有多少资源,则可以估算出其产品竞争市场上的最优市场份额。Birger Wernerfelt博士提出从企业内部资源而不是从企业产品竞争角度去审视企业,这将会使企业有不同的策略选择。资源基础理论将企业的竞争优势焦点从企业的外围转向企业内部。此后,Barney、Peteraf等也都为资源基础理论的发展做出了重要贡献。

资源基础理论拓宽了传统上关于"资源"概念的认识,认为资源不仅包括企业的有形资产,还包括企业的无形资产,将人力、知识、品牌等智力资本的内容纳入资源范畴。其主要观点为:首先,资源的异质性为企业竞争优势的源泉所在。Barney(1991)认为并非所有的资源都具有可持续的竞争优势,具备这种优势的异质资源需要满足如下四个特征:①具有价值,该价值使得企业能在所处的环境中发现或利用机会,减少威胁;②在目前或潜在的竞争中具有稀缺性;③不能被完全模仿;④不能够被那些虽然具有价值但既不稀有也可以被完全模仿的资源所替代。智力资本则同时兼具这四个方面的特征,使得其在经营过程中处于优势,也因而得以吸引投资者。其次,资源的不可模仿性和难以交易的特征使企业得以保持长期的竞争优势。Peteraf(1993)将企业的资源分为不能完全流动(Imperfectly Mobile)的资源和完全不能流动(Perfectly Immobile)的资源两类。不能完全流动的资源除非是为了满足企业特定目的的需要,是可以自由交易流动的①;不可交易的资源即属于完全不能流动的资源,产权模糊以及无法明确记录的资源均属于此类。智力资本通常与拥有它的企业共生共存,具有较高的专用性,因此也难以自由交易。也正是因为智力资本具有此类特征,使得其他企业难以复制和模仿,也使得智力资本得以成为投资者对企业

---

① 如企业生产的存货若用于国家特准储备物资需要则属于特定目的的需要的资产,故根据Peteraf(1993)的分类存货属于不能完全流动的资产。

进行估价时的一项重要依据。最后,企业间绩效存在差别的主要原因是资源的异质性而非产业结构,资源优势远胜于市场优势。Rumelt(1982) 曾实证研究表明:行业内企业长期利润率的差异化程度要比行业间的大得多,并在 Rumelt(1991)中指出企业获取经济租金的重要原因是企业的个体差异,行业的重要性相对较低,公司的行业"出身"并不重要。

在企业资源基础理论下,将企业间竞争的焦点从有形的物质资本转移到人力、知识、品牌等方面,与智力资本的管理内容接近一致,亦即在资源基础理论下,智力资本为核心竞争力的源泉。此外,资源基础理论强调资源的异质性,这对外部结构资本,即客户资本提出了要求,企业间必须加强优势互补,进行合作联盟,共担风险,才能实现双赢,获取更大的收益。

事实上,单纯的资源战略并不必然给企业带来竞争优势。资源基础理论的一个重要缺憾是未能回答下面一个重要的疑问:当市场处于公平竞争状态时,企业通过市场可以获得数量基本相同的同质资源,那么企业的竞争优势差异到底源自哪里?

2.1.1.3 能力基础理论

Penrose 教授对企业能力基础理论的形成也有着重要的奠基作用。她在《企业成长理论》一书中构建了一个企业资源和企业能力相结合的企业成长理论框架。企业的成长是由每个企业自身的独特力量,即由使用资源所产生的服务与能力所推动。该观点为资源基础理论缺陷的解决指明了新的方向。

能力基础理论认为:利用企业资源实现企业经营目标的能力是企业竞争优势的基础。资源随着时间的推移、环境的变化会逐渐减少或消失殆尽。但能力却通常可以长久保持或提高,故能力是企业可持续发展的基础。

相同或类似的资源在不同的企业也会创造出不同的价值,因此资源与企业的竞争优势未必存在着必然的联系,能力基础理论强调了人对资源的开发和利用,比资源基础论从静态资源的角度去研究企业的竞争优势在发挥企业的主观能动性方面更具有意义,也使得我们针对经济发展过程中出现的一些普遍现象,如同一个企业在不同的管理者手中会表现出不同的业绩、企业要对同一工种的工人支付不同水平的薪酬的解释有了理论基础。

能力基础理论又分为核心能力观和动态能力观。

(1)核心能力观。核心能力观由美国学者 Prahalad 与英国学者 Hamel 于 1990 年

---

① 此为 Rumelt 在其 1982 年的一篇工作论文的研究结果,题目为"How Important is Industry in Explaining Firm Profitability"。Rumelt 在其 1987 年的另外一篇论文"Theory, Strategy, and Entrepreneurship"里曾提及并引用了 1982 年的这项研究成果。"Theory, Strategy, and Entrepreneurship"一文见 Rumelt R. P. Theory, Strategy, and Entrepreneurship [C] //Handbook of Entrepreneurship Research [A]. Springer US, 2005: 11 - 32。

首次提出，认为虽然从短期看，企业可以依赖当前产品的价格/业绩取胜，但从长期而言，企业的竞争优势来自于核心能力的培植，这种能力是能比竞争对手以更低的成本、更快的速度生产出意想不到的产品。所谓核心能力是指企业组织一种积累性的学识，尤其是对多样化产品技能的协调以及不同技术学派的整合方面的学识。Prahalad 与 Hamel 做了一个形象的比喻，公司犹如一棵大树，主要的树干是企业的核心产品，较小的树枝是企业部门，叶、花、果实是其最终产品，而提供营养、使大树可以持续、稳定生存的根系才是其核心能力所在。核心能力不会因使用而丧失，而物质资本却会腐朽。企业应重点发展其核心能力。埃里克森和米克尔森（1996）指出核心能力应具有以下特点：①具有价值。核心能力可以使企业在价值创造与成本降低方面比竞争对手做得更好。②异质性。核心能力可以使企业比其竞争对手们更有效地利用其各种资源。③完全不能被仿制。否则企业的核心能力难以持久。④难以替代性。这使得企业核心能力的价值能得到有效的保护。以上条件同时具备的情况下，才会形成企业持续的、稳定的竞争优势。

（2）动态能力观。由于核心能力在企业中一旦形成，则可能在企业的经理人员潜意识之中形成核心刚性（Core Rigidity）的思维，而企业处在一个不断变化的动态环境之中，企业的核心能力可能随着环境发生改变，否则如果经理人员坚持核心能力刚性，企业不仅不能保持，反而可能会丧失其竞争优势。核心能力观在企业发展的过程中逐渐显现出其缺陷。"核心刚性"一词由 Barton（1992）最早提出。Barton 指出，核心刚性是指不合时宜的知识集，是核心能力的另一面，并非一个中性的含义；当核心刚性为旨在创造产生新的、非传统的能力的项目带来麻烦时，核心刚性可能会影响到所有的项目，包括那些基于目前核心能力定位所设计的所有项目。

核心刚性的概念奠定了动态能力理论的基础，使我们意识到企业的核心能力并非具有永久性，企业必须不断开拓、创新，以新核心代替旧核心，才能保持长期、稳定的竞争优势。

20 世纪 90 年代，随着创新速度的加快以及经济的日益全球化、国际化，企业核心能力观不断受到质疑，在此背景下，Teece 和 Pisano 于 1994 年提出了企业竞争优势的动态能力观的分析框架，强调企业竞争优势的来源是企业的"动态能力"。其中"动态"是指环境特征具有变化性，策略需随市场择机而变，这是至关重要的；"能力"则强调针对改变的外部环境恰当调整、整合、重新配置内外部组织技术、资源、功能等方面的能力。该理论的代表人物是爱德华·德-博诺（Edward De Bono），他于1994 年出版的《超越竞争》一书进一步指出，竞争是为了生存；若要成功，需要通过超越竞争实现价值垄断；超越竞争不是与别人争，而是超越别人同自己争。这更体现了一种即时变化的动态能力观。

能力基础理论一个卓越的贡献即是强调了对企业资源的利用能力而非资源本身对企业价值创造的重大意义。资源通常是静态的，只有通过使用其内在价值才能体现出来，故能力基础理论虽未明确，但实际上间接强调了人在利用资源能力方面的异质性为企业创造的竞争优势，而人力资本正是智力资本中至关重要的内容。能力基础理论中的动态能力核心观则反映出了企业的不断创新对于企业长期竞争优势的意义。

2.1.1.4 知识基础理论

继能力基础理论之后，学者们又普遍思考如下问题：既然能力是企业竞争优势的源泉，如何保持企业的能力持续稳定，企业的能力从何而来？随着知识经济的到来，人们越来越深刻意识到知识在经济发展过程中的作用，逐渐产生了"知识基础理论"。Penrose 教授不仅在资源基础理论、能力基础理论方面具有不可替代的贡献，在知识基础理论方面也具有先见卓识。早在 1959 年 Penrose 在其《企业成长理论》一书中已意识到了知识积累的作用，为知识基础理论的发展奠定了重要基础。

知识基础理论的主要观点为：①知识是企业取得竞争优势的重要源泉。Grant（1996）特别强调了企业将个人所具有的知识整合成产品或服务方面的作用，管理者的主要任务就是对知识的整合与协调；知识观下，知识是企业最重要的战略资源。Marie 和 Deeds（1999）认为，知识的产生、积累和应用是企业超额利润的来源。企业存在的目的就是为了创造、分享、资本化它们的知识，尊重知识可以使企业获取竞争优势。该文针对生物行业做了一项实证研究，结果表明，企业间的知识差异对企业间业绩差异具有重要影响。企业的知识决定了企业的能力，知识基础理论可以对为什么企业存在、企业为何具有异质性、企业内部为什么要进行相互协调进行有效的解释（余光胜，2000）①，这表明知识是相较于企业能力取得竞争优势的更深层次原因。②企业核心竞争力的来源主要是企业的隐性知识。传统上认为知识是同质的，但那只是显性的知识，而非隐性的知识。隐性知识难以意会，很难通过语言来表达和传递，需要通过个人的亲身实践才能掌握，例如人的知觉、预感等。并且隐性知识只能为特定情境中的人或团体所拥有，对环境具有一定的依赖性。因此，隐性知识不易为他人所复制或模仿，因而可以成为企业竞争优势的来源，不断更新的知识则是企业竞争力得以持续的保障。

人与知识的有效结合是智力资本价值的重要形成机制，知识的溢价能力也一定

---

① 余光胜解释，个人知识有限且专业化，生产活动需要不同类型的知识，这就需要一种组织将个人集结成一个团队，进行知识的交流与生产协作，这个团体即是企业。企业所吸纳的人员知识背景具有差异，从而使得企业最终由团队知识所凝聚的企业能力也有所差异，企业因而具有异质性。企业内部成员的知识具有内隐性、专业性和分布性特征，使得企业知识一体化相对困难，因而需要组织内的协调。

程度上决定了企业智力资本水平的高低。在知识经济时代，知识逐渐成为一种重要的生产要素，构成了企业智力资本中不可或缺的部分，在企业价值创造过程中发挥着日益重要的作用。

2.1.1.5 人力资本理论

美国经济学家 Irving Fisher 在其 1906 年出版的《资本的性质与收入》一书中，较早地提出了"人力资本"的概念。Irving Fisher 认为资本是所有能为企业带来收益的财富，人可以创造财富，因而包括在资本之列。诺贝尔经济学奖获得者、被誉为"人力资本之父"的美国经济学家 Thodore W. Schults 于 1960 年发表了题为"人力资本投资"的演说，首次系统地提出了人力资本理论，并得到了广泛的认可。

德国和日本在"二战"后经济奇迹般的恢复速度使很多经济学家迷惑不解，人力资本理论即是在这一背景下产生的，以 Thodore W. Schults 思想为代表的人力资本理论观点主要包括：①人力资本是体现于人的身上，以人的知识、技术能力、健康状况进行表现的价值总和。人力资本具有稀缺性。②人力资本必须通过投资才能形成。现代经济的发展已不能再单纯依靠自然资源与人的体力劳动，必须更大程度上依赖人的智力能力，而人的智力的形成需要教育投资，教育投资对一国经济的发展起着重要的作用。③人力资本投资回报率要高于物质资本，人力资本才是经济增长的主要源泉。人力资本收益率与物质资本收益率相等时，为投资最佳点。人力资本收益率大于物质资本收益率，表明人力资本投资不足，反之为物质资本投资不足。美国经济的发展表明已进入人力资本投资不足状态。Audretsch 和 Feldman（1996）也指出，一个行业，拥有的熟练工人越多，知识溢价也就越大。Schults 在其《教育和经济增长》一文中曾针对美国 1929~1957 年的经济增长和教育投资之间的关系进行了研究，发现国民收入增长额中，约有 33% 归功于人力资本中由教育投资所形成的部分。随着社会经济的发展，教育投资额必定要不断增加至非人力方面的投资之上。④人力资本投资比物质资本投资的消费更具有经久耐用性。

人力资本理论提出了在经济发展过程中的"人力资本核心观"，将人力资本看作一项投资，而非单纯的消费品，这对于企业人才的培育、激励、企业的可持续发展无疑具有重要的意义，尤其是知识经济时代。对于投资者而言，也意味着保证其必要收益率的不再仅是传统的物质资本，更重要的是企业的人力资本。

2.1.1.6 创新理论

19 世纪中后期，资本主义的发展遇到前所未有的困扰，经济危机周期性地频发、社会矛盾尖锐。诸多经济学家围绕资本主义的生存、发展等问题从不同方面进行了分析研究。在此背景下，美国经济学家熊彼特（J. A. Schumpeter）提出了创新理论。其在 1912 年出版了《经济发展理论》一书，指出对旧的生产手段进行新的组合即是创新。熊彼特认为：①经济发展的实质即是创新。经济发展与经济增长不同，经济发展必须是引起质的变化，故人口与资本所起的经济变化只能称之为经济增长，而由创新所引起的经济进步则为经济发展。即创新为企业带来的是质的变化。②创新具有内生性。在资本主义的发展过程中，不断打破旧的均衡、实现新的均衡主要是来自内部力量的缘故，这种内部力量主要就是创新。③创新具有突变性。创新并不是稳定、连续地出现在企业发展过程中的时间序列之上。创新能为企业带来超额利润，但是创新会引起大量的模仿行为，在此过程中超额利润会逐步减少甚至消失，从而企业必须进入下一次创新才能获得新的超额利润。④企业家的一切行为应以"创新"为准则。企业家是推动企业创新的主要力量，对新技术、新工艺的推广实施具有至关重要的作用。发明与创新不同，发明只是新工具、新产品等被开发出来，如果没有被运用到实际中去，便不会带来任何经济价值，如何将其运用到实际生产过程之中并产生效用，需要具有完全不同能力的"企业家"方能实现。

熊彼特的创新理论从激励企业发挥主观能动性、不断改革、不因循守旧、勇于进取的角度而言，具有积极的意义，这是企业能够长期保持活力的前提和基础。虽然对企业家的作用有些夸大，但也反映出了人力资本对于企业的重要意义，这和人力资本的思想具有一定的默契。一个朝气蓬勃、充满创新活力的企业无疑对投资者具有一定的吸引力。

2.1.1.7 交易成本理论

1991年诺贝尔经济学奖获得者Coase于1937年提出了交易成本理论。交易成本理论的重要贡献之一是对企业的本质问题进行了诠释。Coase（1937）指出市场运行是有成本的，通过建立一个组织，或者允许某一个权威（比如企业）来支配市场上的这些资源，虽然不能完全避免，但是可以节省一些成本。企业家可以以更低的价值购入生产要素，因为他不必再与企业内部的每一个交易对象逐个签订契约，只需同企业外部的交易商签订契约即可。价格机制下所产生的交易成本通常包括发现价格的成本、交易和谈判的签约成本等。Dahlman（1979）指出交易成本包括寻找信息查找成本、签约成本、谈判和决策成本、监督和执行成本等，这些成本可以归结为一种由于信息不对称所导致的资源浪费的成本。Williamson（1985）进一步把交易成本区分为事前交易成本和事后交易成本，事前成本包括契约的制定、签订成本和保障成本，事后成本包括契约不适应所致的成本、交易双方因适应不良进行调整而致的商讨成本、为获取对方信任而致的成本、为解决交易双方争端而致的成本。威廉姆森（Williamson）在其《市场与层级制——分析与反托拉斯含义》一书中进一步指出，由于人们行为的有限理性、决策的不确定性及复杂性、机会主义、少数人优势条件、信息阻塞、气氛等原因而致的市场失灵使得交易成本的存在成为一种必需。

根据交易成本理论，企业的存在不能完全避免但可以降低交易方面的成本。交易成本是市场运行的极大阻力，使市场运行的效率低下。企业通过建立合作伙伴联盟可以稳定交易关系和便于监督，把市场低效率问题通过内部化解决。客户资本对于企业的重要性在此不仅得到明显的体现，而且这也反映了一个组织效率之于企业价值影响的问题。

2.1.2 相关文献的实证检验——智力资本与企业绩效

已有的众多文献讨论了智力资本与企业绩效之间的关系，从而使智力资本作为企业的核心竞争力的优势得到实证上的检验。国外的一些研究中，Aboody 和 Lev（2000）研究发现智力资本不仅对企业当前而且对企业未来的盈余具有显著影响，研发投资（创新资本的构成内容）可使企业未来经营利润倍增。Mosavi 等（2012）以 2006~2010 年在荷兰上市的 80 家伊朗公司为样本，研究发现人力资本对企业的财务业绩（资产利润率、权益净利率、收入增长率）具有显著的影响。Crook 等（2011）对 66 个人力资本与企业绩效之间关系研究文献进行了 Meta 统计分析，也显著支持人力资本对企业绩效具有显著正向影响。Clark 等（2011）以 2004~2008 年澳大利亚上市公司为样本，以资产利润率、权益净利率、收入增长率、员工生产率代表财务业绩，研究发现不仅当年，而且上年的企业智力资本总体水平与企业财务业绩均显著正相关。

我国有关智力资本与企业绩效的文献也较为丰富，王曙和程李梅（2013）以 2007~2010 年 36 家成长型上市公司为样本，实证研究发现：人力资本与财务绩效（资产利润率、资产主营业务利润率）、市场绩效（托宾 Q）均显著正相关；但结构资本与市场绩效关系较弱。李海洪和王博（2011）研究了我国 45 家 A 股高新技术企业，构建了 12 项财务绩效指标，包括偿债能力、资产利用率、营运能力、盈利能力和企业发展能力五个方面，利用因子分析法分析得出人力资本、结构资本均与财务绩效显著正相关的结论。赵海林（2014）、杨晓明（2010）、李冬伟和汪克夷（2009）等也都分别用不同方法对智力资本与企业绩效之间的关系进行研究，绝大多数研究都支持智力资本对企业绩效的正向作用。

上述研究表明了智力资本具有提升企业绩效的竞争优势，智力资本构成项目中的大多数也在诸多检验中得出了相同或类似的结论。智力资本虽然不如实物资产具有较强的可抵押性，但其为企业带来的竞争优势却是不容忽视的，甚至超越了企业的物质资本，这无疑改善了企业的融资条件和环境。智力资本的竞争优势无疑会提高企业对投资者的吸引力，因而降低企业的资本成本。

2.2 智力资本、会计信息披露质量与资本成本

2.2.1 信息披露理论

2.2.1.1 信号传递理论

信号传递理论最初属于信息经济学的范畴。信息经济学起源于 20 世纪 40 年代。随着信息经济学的发展，大概 20 世纪 70 年代，基于投资者逆向选择问题逐渐形成了比较系统的信号传递理论。企业与投资者之间信息不对称问题的存在，导致了"柠檬（Lemon）市场"的产生以及"劣币驱逐良币"的现象，如何使那些虽然优秀但信息披露处于弱势的企业向投资者传递关于企业真实价值的信息，避免出现投资者决策失误成为信号传递理论着力解决的问题。美国经济学家 Michael Spence 提出了第一个信号传递模型，证明了市场上的代理人可以用信号机制来抵消逆向选择行为，在信息经济学方面做出了开创性的贡献，也因而获得了 2001 年诺贝尔经济学奖。在 Michael Spence 之前①，Akerlof（1970）也曾提出过类似的思想——高质量的车主若主动、积极地向买方披露其车量方面的信息，帕累托效率是可以改进的。进一步地，信号传递理论被 Ross（1977）引入了财务领域的研究。Ross（1977）发现如果经理人员拥有内部信息，那么对经理人员激励时间的选择以及财务资本结构对市场而言是非常有意义的信息；在一个竞争均衡的市场上，信号传递具有意义是确凿的；股利政策或资本结构政策的恰当选择是掌握大量的、高质量的投资机会信息的经理人员向潜在投资者传递积极信息的有效途径。

信息传递具有成本。信号传递理论隐含着质量较差的企业由于信号模仿成本较高的缘故可能放弃信号模仿行为，高质量的企业可以通过付出一定的成本，通过信号传递效应将自己与差的企业区别开来，从而免被市场低估，达到吸引投资者的目的；市场也因此做出积极的反映，表现为资本成本降低，股价上升。财务报告是企业传递会计信息的重要载体，因此，企业管理当局有动力和意愿充分披露企业的会计信息，从而促进企业会计信息披露质量的提高。因此，智力资本状况较好的企业，无论智力资本信息属于自愿性披露还是强制性披露，企业都愿意详尽地披露，从而提升企业会计信息披露质量；反之，在企业智力资本状况较差时，若智力资本信息属于自愿性披露内容，企业更愿意选择不披露，若属于强制性披露内容，企业则会倾向于造假、舞弊，从而加剧会计信息披露质量的恶化。

---

① Megginson 在其 *Corporate Finance Theory* 一书中曾指出，Akerlof（1970）是经济学中关于信号传递模型真正的"前辈"。

2.2.1.2 有效市场理论

法国数学家 Louis Bachelier 可谓是有效市场理论的重要奠基者,在其学术著作《投机理论》中他将高等数学的概率论方法引用到金融学领域,针对法国市场股票收益率进行分析,令人惊奇地发现股票收益率波动的数学期望值总是为零。被誉为 20 世纪最有影响力的美国经济学家 Paul Samuelson 以及美国芝加哥大学著名的 Eugene Fama 教授较早地提出了关于有效市场的概念。Paul Samuelson 于 1965 年发表的《预测价格的随机波动之合理证明》指出所有的信息既然都已经涵盖在股价之中,未来的股价只会因新出现的事件而发生波动。这是关于有效市场非常生动兼真实的写照。同年,Eugene Fama 发表了题为《证券市场价格行为》的经济学论文,对有效市场进行了更为正式的描述:有效市场是指在一个市场中,股票价格是对股票内在价值最完美的估计;亦即股票内在价值一旦变化,股价会随之瞬时变动。有效市场的提出,将企业的信息披露质量与股价密切结合在一起,为资本市场资源配置功能的充分发挥提供了崭新的视角。

Eugene Fama 教授当属市场有效理论的集大成者。Eugene Fama(1970)对有效市场理论进行了较为系统、全面的概括与总结,提出了一个比较完整的关于有效市场理论的研究框架,并根据市场有效性的不同,区别了不同类型市场的特征①。Eugene Fama 教授的市场分类使我们进一步明确,在一个有效的市场中,上市公司披露的会计信息越多,其股价就越有信息含量,资本市场的资源配置功能就能够得到更充分的发挥,也因而会对我们的资本成本产生重要的影响;会计信息披露质量的提高是资本市场效率得以保障的基础;根据企业市场有效程度的不同,投资者可以有甄别地获取和利用不同来源渠道的信息进行投资决策。

2.2.2 智力资本与会计信息披露质量

智力资本与会计信息披露质量关系方面的研究目前较少,且意见也并不统一。Bozzolan 等(2003)针对意大利证券交易所 2001 年有关上市公司的研究,发现高科技行业倾向于披露更多智力资本方面的信息。曾洁琼和张婷(2014)以我国 2010~2012 年的高技术企业上市公司为样本,研究了智力资本与会计信息质量之间的关系,分别以人均营业收入、研发投入在总资产中的比例、流动资产周转率和营业收入增长率代表企业的人力资本、创新资本、流程资本和关系资本,另外以盈余激进度和盈余平滑度两个指标的倒数作为会计信息质量的替代变量,最后得出:在各智力资

---

① 基于该方面的贡献,Eugene Fama 获取了 2013 年诺贝尔经济学奖。在 Eugene Fama(1970)一文中,他将市场类型分为:弱式有效市场(反映历史信息)、半强式有效市场(反映所有公开的信息)、强式有效市场(反映所有公开的和私有的信息)。

本的构成项目中，人力资本、创新资本、关系资本都显著提高了企业会计信息披露水平。

智力资本对企业会计信息披露质量影响的实证研究，也有不同的意见。如Aboody和Lev（2000）针对1985～1997年美国企业的一项研究发现，研发密集型企业比非研发密集型企业具有更高的内部收益，信息不对称程度更高。曾洁琼和张婷（2014）的研究中，也未证实结构资本中的流程资本能显著提高企业的会计信息披露水平。

以上研究发现：①不同的智力资本对会计信息披露质量的影响存在差异，但有研究表明智力资本提高了企业的会计信息披露水平。②结构资本中，无论是创新资本还是流程资本，在相关研究中都曾被实证过对企业的会计信息披露质量并没有显著的促进作用，是偶然现象，还是具有普遍存在性？结构资本对于企业是利大于弊还是弊大于利？这些都有待我们进一步深入研究。③目前研究多倾向于通过对高科技行业与非高科技行业的对比来说明智力资本对于企业会计信息披露水平有提高的意义，且该方面的研究较少，研究结果尚缺乏普遍性。

2.2.3 会计信息披露质量与资本成本

2.2.3.1 会计信息披露质量的提高降低了企业的资本成本吗？——支持的证据

（1）会计信息披露质量降低企业资本成本的原因。理论上，信息披露可以减轻股东的代理成本，避免经理层违背股东的意愿行事（Hassan 等，2009）。Merton（1987）也指出，随着信息披露程度的增加，投资者对企业了解得越多，会降低投资者的风险估计，从而提升企业的价值。另外诸如 Healy 和 Palepu（1993）、Reese 和 Weisbach（2002）、Easley 和 O'hara（2004）、支晓强（2010）也都提出了类似的观点。减轻会计信息不对称程度能降低资本成本的部分原因也是由于会计信息不对称程度的降低提高了会计信息的精度。信息的精度对资本成本有重要影响（Admati，1985）。Lambert 等（2012）进一步将市场区分为自由竞争市场和不完全竞争市场，利用模型推导得出：在自由竞争市场下，企业的资本成本完全由投资者所掌握的信息精度所决定。

（2）企业整体会计信息披露质量视角的研究。从企业整体会计信息质量视角来研究资本成本的文献虽然不多，但基本都支持了会计信息披露质量对资本成本的积极作用。如 Botosan 和 Plumlee（2002）针对美国1985～1996年企业的一项研究表明，企业整体会计信息披露水平越高，股权资本成本越低。Sengupta（1998）针对美国1987～1991年的一项实证研究支持了会计信息披露质量越高，债务资本成本越低的观点。国内邓永勤和张水娟（2010）以2005～2008年深市有关上市公司为样本，以深交所的信息披露考评结果代表企业总体会计信息质量,结果发现企业股权资本成本与企业总体会计信息质量呈现出显著的倒"U"形关系,企业会计信息披露质量处于良好水平以下时,有显著降低股权资本成本的效应。

(3) 市场类型对会计信息与资本成本之间关系的约束性。Armstrong 等 (2011)[①] 针对美国企业 1976~2005 年的相关数据进行的研究,实证得出:在完全竞争市场上,信息不对称对资本成本没有影响,而在不完全竞争市场上,信息不对称则会提高企业的资本成本。Lambert 等 (2012)、Lambert 和 Verrecchia (2015) 通过模型推导的方法都得出了相同的结论。He 等 (2013) 对 2001~2008 年澳大利亚企业进行的研究,也实证得出信息不对称与股权资本成本的负相关关系,特别是在金融业、公用事业、医疗保险、石油和天然气行业,这种关系更显著。

(4) 盈余质量与资本成本关系的研究。这方面的诸多研究发现盈余质量和资本成本有密切的关系。Barth 等 (2013) 使用了 1974~2000 年的美国企业的数据,实证得出盈余信息透明度和股权资本成本之间的负相关关系。Kim 和 Sohn (2013) 从盈余管理的内容出发针对真实盈余管理研究,也实证支持了盈余质量对企业股权资本成本的负面效应。Eckles 等 (2013) 以保险损失准备金误差作为应计质量的代表,对 1995~2005 年美国保险行业的有关资料进行研究,发现投保人在保险企业应计质量较高的时候,愿意提供较低成本的债务资金。Shen 和 Huang (2013) 使用 1999~2008 年 85 个国家或地区的银行方面的有关资料,从盈余平滑度与操控性应计两个方面验证得出盈余管理行为使得企业的债务资本成本上升,但在存在有效的银行规制的国家或地区,盈余管理对债务资本成本的影响会降低。Francis 等 (2005) 也都提供了应计质量会降低企业债务资本成本的证据。国内研究盈余质量方面的研究文献中,李明毅和惠晓峰 (2008) 曾分别针对盈余激进型和盈余保守型公司进行研究,其以盈余激进度划分两种类型的公司 (大于 0 为激进型,反之为保守型),最后,在盈余保守型的样本组中,发现了会计信息质量对股权资本成本有显著降低效应。徐晟 (2013)、许慧 (2013) 的研究也支持了盈余质量对股权资本成本的积极作用。

(5) 会计信息类型与资本成本关系的研究。在不完全有效的市场中,会计信息包括公共信息和私有信息。Easley 和 O'hara (2004) 认为由于并非所有会计信息都属于公共信息,因此存在不知情交易者,对这些投资者而言,由于缺少与交易有关的信息从而投资风险增加。Easley 和 O'hara (2004) 还用模型推演的方式证明了公共信息和私有信息对企业资本成本都会产生影响,但影响具有差异性:如果投资者持有

---

① 鉴于股权资本成本相对研究的广泛性与重要性,许多笼统研究资本成本的文章实际上是针对股权资本成本进行的研究。Armstrong (2011) 以预期超额收益估算资本成本作为隐含资本成本方法的替代方法进行研究,实际上研究的是股权资本成本。

私有信息较多的企业的股票，则会要求更高的报酬率，知情投资者会根据新的信息调整他们的投资组合，这样致使不知情投资者处于劣势。Hwang 等（2013）针对韩国 2000~2004 年的研究，也印证了知情交易概率的增加会提升企业股权资本成本的观点，并且，信息环境越差的地区，信息风险在估算权益资本成本中起的作用更大。张军华（2012）对我国 2003~2009 年沪深 A 股公司的研究，认为公开信息质量越高，股权资本成本越低，但私有信息并不对企业的股权资本成本产生重要的影响。冯阳（2015）以我国沪深 A 股 2007~2013 年的公司为样本进行的研究，支持公开信息的披露数量对股权资本成本有着积极的影响。

整体来看，公共信息对企业的股权资本成本有着显著的负效应基本已成为共识，但私有信息对股权资本成本的效应尚有不确定性。环境对公共信息对于股权资本成本的效应也有调节作用。并且，目前该方面的研究主要集中在股东的影响，对债权人的研究涉及相对较少。

（6）会计核算的一般原则与资本成本关系的研究。从会计核算的一般原则角度来审视企业的会计信息披露质量，文献提到较多的应属会计谨慎性。西班牙学者 Lara、Osma 和 Penalva 于 2001 年的一项研究指出条件谨慎性由于降低了企业的风险，提高了坏消息的精度，因此会降低企业信息的不确定程度①。三位学者的实证研究结果最终表明在其研究期间（1975~2003 年），的确条件谨慎性使得企业的股权资本成本显著降低。Li（2015）以会计谨慎性作为企业地区背景的划分标准，对比了 1991~2007 年 35 个不同国家或地区的股权资本成本和债务资本成本，发现财务报告系统重视谨慎性的国家的企业有相对较低的股权资本成本和债务资本成本，在法律实施环境较好的国家这种关系表现得更明显。在会计基础的债务契约广泛使用的国家和地区，会计谨慎性仅能降低企业的债务资本成本②。王静等（2013）对我国 2002~2008 年 A 股上市公司的研究，也发现会计谨慎性对股权资本成本有显著的积极效应。

（7）基于信息披露内容强制性角度进行的研究。Botosan（1997）较早研究了自愿性信息披露与资本成本之间的关系，其以美国 1990 年 122 个制造业企业为例进行研究，在控制了市场 β 和企业规模之后，自愿性信息披露水平提升一个单元，企业的股权资本成本大约可以降低 0.28%，但是在有大量分析师跟进的情况下，两者之

---

① 目前，学术界又将谨慎性分为条件谨慎性（Conditional Conservatism）和无条件谨慎性（Unconditional Conservatism）。条件谨慎性对"好"消息的确认要比"坏"消息的确认条件更严格。无条件谨慎性指资产或负债形成时就决定采用的会计处理方法（如固定资产使用加速折旧法），和当期的会计信息没有关系，其后果会使得账面价值要低于其市场价值，产生预期不能确认的商誉等。

② 为防止债务人违约，通常在债务契约中加入限制性条款，这些限制性条款通常以会计数字为基础，故称会计基础的债务契约。会计基础的债务契约加速了债务合同被侵犯的可能性，从而使得债务合同的效率得以提高。这是符合理论的，在谨慎性原则下，债务合同被侵犯的可能性大，因此可以降低债权人与债务人之间的信息不对称程度，从而降低企业的债务资本成本。

间的显性关系却消失了。Talbi（2014）对1998~2004年在突尼斯上市的22家企业的研究肯定了自愿性信息披露与债务资本成本之间的负向关系。

国内汪炜和蒋高峰（2004）以2002年之前在沪市上市的516家公司为样本，以自愿信息披露指数（指数＝2002年临时公告数量+季报数量）代表会计信息质量，回归发现自愿信息披露指数每增加一个单位，企业股权资本成本将降低0.036%。支晓强和何天芮（2010）针对2001~2003年制造业的一项研究进一步发现自愿会计信息披露质量（根据自愿信息披露项目数量多少估算的分值衡量）和强制会计信息披露质量（以是否发生财务重述来进行衡量）的联合影响更能显著降低企业的股权资本成本水平。

（8）针对具体的信息披露内容进行的验证。El Ghoul 等（2011）对美国1992~2007年的一项实证研究得出：企业社会责任评价得分较高的企业通常具有较低的股权资本成本，特别地，企业在改善员工关系、环境措施、产品策略方面的投资对企业股权资本成本的降低具有明显作用。国内何玉等（2014）从碳信息披露角度，吴红军（2014）从环境信息披露角度，孟晓俊等（2010）从社会责任信息披露角度，林斌等（2012）从内部控制角度分别进行了研究，基本都支持信息披露程度越高，企业股权资本成本越低的观点。

从智力资本角度看，既然智力资本是企业价值创造的关键驱动器，智力资本信息披露可以对管理当局进行更好的监督（Orens等，2009）。Orens等（2009）针对2002年欧洲大陆德国、比利时、荷兰和法国的有关上市公司进行研究，将智力资本分为三类：人力资本（16项内容）、内部结构资本（10项内容）和顾客资本即外部结构资本（16项内容），根据三项智力资本信息内容披露情况评估分值确定企业智力资本信息披露质量。实证结果发现：智力资本信息的披露会使企业交易数量增加、买卖差价缩小；欧洲大陆国家在智力资本信息披露方面做得较好的企业，同时伴随着较高的企业价值和较低的资本成本，包括股权资本成本和债务资本成本。整体上，智力资本信息披露程度提高1%大约能使企业股权资本成本降低0.04%，不只是企业的整体智力资本状况，智力资本的各具体构成项目（人力资本、内部结构资本和顾客资本）均会对企业的股权资本成本及债务资本成本产生显著的积极影响。Lee等（2011）的研究调查了2008年澳大利亚的70家公司，智力资本信息披露对资本成本的影响受技术调节效应的情况。结果显示，智力资本中人力资本方面的信息披露对企业的股权资本成本和债务资本成本有最为显著的影响。但是，是否为高科技行业对智力资本与股权资本成本、智力资本与债务资本成本之间的关系均没有明显的调节作用。

Boujelbene 和 Affes（2013）研究了法国 SBF 120（Société des Bourses Françaises

120 Index）2009年102家公司的年报，针对各项智力资本披露的具体内容与股权资本成本的关系进行研究，发现人力资本、内部结构资本方面的信息披露得分的确能显著降低企业的股权资本成本，但客户资本信息的披露得分虽然与股权资本成本负相关，却不显著；在分析师跟进程度比较好的企业，智力资本信息披露程度的好坏与企业股权资本成本关系更密切；但在高科技行业中，智力资本的信息披露无论从总体得分还是从分项的智力资本信息披露来看，其与股权资本成本的回归系数虽然为负，但并不显著，并没有传统行业智力资本对股权资本成本的降低效应明显，这和Lee等（2011）的结论是一致的。Lui等（2015）认为采用破坏性创新的企业对其采用信息披露可以提高媒体和分析师的关注度，因此可以吸引更多的投资者购买企业的股票，从而使得企业的股权资本成本降低。

从目前研究看，智力资本的信息披露对企业资本成本的降低具有一定的积极作用，但智力资本不同方面的信息披露对资本成本的影响具有差异性，不同的研究对不同类型智力资本信息披露之于资本成本的影响也存在不同的观点，仍然突出表现在结构资本里的客户资本与创新资本方面。

2.2.3.2 会计信息披露质量的提高降低了企业的资本成本吗？——驳斥的证据

虽然国内外绝大多数的研究支持了会计信息披露质量的提高会降低企业的资本成本，但是也存在一些相反的证据。

（1）数量、质量、内容——谁是最应关注的问题？一些学者提出质疑：信息的增加并不能必然导致企业不确定性的降低。Johnstone（2015）指出信息的增加通常但并不总是降低企业的不确定性，企业对财务信息的积极披露不一定预示着投资者会要求较低的报酬率。文章在均值方差有效市场下，用CAPM模型估算股权资本成本，用模型推理的方法发现信息披露的改善会同时引发降低企业的不确定性但增加企业风险的情况。并且发现，当信息的出现使得不同的企业有更明显的差距时，市场上的平均资本成本不是降低而是升高了，此时，更多的信息对企业的资本成本与市场风险溢价不是有益而是有害。Johnstone（2013）用模型推导的方法证明了更多的信息不一定增加企业的确定性，也未必使我们企业的贝塔值有一个更低的估计；正确地理解信号传递的效应，就要去理解信息"说"了什么，而不是信息的精确程度有多高。孟晓俊等（2010）从社会责任信息披露的角度认为，由于企业可以通过社会责任信息披露进行印象管理，故社会责任信息披露程度的提高可能又提升了权益投资者要求的报酬率。

Johnstone（2015）进一步解释，当企业以往的信息披露机制鼓励市场参与者高估预期未来的现金流量，或者是低估了现金流与风险溢价两者之间的协方差（通常为正）时，就容易出现信息披露的改善会提升企业股权资本成本的情况；相反，如果以前的信息披露机制（如谨慎性原则的使用）使得低估预期未来的现金流量，则可能出现信息的披露会降低企业资本成本的情况。

（2）实证研究的发现。一些实证研究也反映了会计信息披露质量的提升与资本成本之间这种正向关系的"非正常"现象。

从盈余质量角度进行研究的文献中，Eckles（2013）以保险损失准备金误差作为应计质量的代表，对1995~2005年美国保险行业的研究，并未发现股权资本成本受到应计质量的明显影响。

El Ghoul 等（2011）对美国1992~2007年的一项实证研究发现，在某些社会责任方面的投资（如对烟草业、核能行业的投资）反而提高了企业的股权资本成本。

针对会计及时性进行的研究中，也有诸多文献对会计信息质量之于资本成本的降低效应提出了异议。如Botosan 和 Plumlee（2002）① 针对美国1985~1996年的企业的一项研究，发现会计报表披露的及时性反而增加了企业的股权资本成本。国内李晓东（2010）以2004年及以前年份在沪市上市的A股公司为例的研究，也未发现公开信息披露的及时性对企业股权资本成本有积极的影响。

从总体会计信息质量考察的相关研究中，Ebihara 等（2012）虽然发现日本家族企业有着较高的信息不对称现象，但家族企业的股权资本成本只是稍高于非家族企业，两类企业的差别并不显著；并且奇怪的是，日本家族企业有着较低的债务资本成本。邓永勤和张水娟（2010）以2005~2008年深市有关上市公司为样本，以深交所的信息披露考评结果代表企业总体会计信息质量，发现仅在企业会计信息披露质量处于良好水平以下时，才会有显著降低股权资本成本的效应；而会计信息披露质量水平较高时，其进一步提升对股权资本成本反而有显著正效应。

冯阳（2015）以我国沪深A股2007~2013年的公司为样本进行的研究，认为财务报告质量反映了企业的非系统风险，但这种非系统风险可以被企业的其他非系统因素抵消，财务报告质量反映的非系统风险因素并未被股东定价，因此未对企业的股权资本成本产生显著影响。

以上众多文献分别从不同角度质疑了目前的主流观点——会计信息披露质量能降低企业的资本成本。但争议多集中在股权资本成本方面。整体而言，虽然目前对智力资本之于会计信息质量的效应、会计信息质量之于资本成本的效应两个方面的研究学界持有不同的观点，但大多数研究表明智力资本与会计信息质量、会计信息质量与资本成本之间具有密切的关系，从逻辑上推理，"智力资本—会计信息披露质量—资本成本"应该是智力资本对企业资本成本效应发挥的一个重要途径。那么，会计信息披露质量是否可以作为智力资本与资本成本的中介变量呢？就目前的文献

---

① Botosan 和 Plumlee（2002）指出，这个现象和报表披露及时性会增加企业股价的波动性观点相一致。

看，尚未发现该方面的研究成果，现有文献只是孤立地分别对智力资本与会计信息披露质量、会计信息披露质量与资本成本之间的作用机理进行探讨，并未明确会计信息披露质量的中介作用，并且已有研究集中于股权资本成本方面，债务资本成本方面的研究比较欠缺。

2.3 企业生命周期、智力资本与资本成本

2.3.1 企业生命周期理论

生命周期是一个仿生学概念，亦即一个生命体从产生到消亡所经历的阶段与过程。生命周期概念被广泛引申和拓展，在社会学科里是应用最为广泛的概念（O'Rand 和 Krecker，2003）。早在 20 世纪 50 年代，美国学者 Mason Haire 将生命周期的概念运用到对企业的研究之中，提出了"企业生命周期"的概念。Mason Haire 从生物学的角度认为，企业的整个发展过程与其他生命有机体的生物成长曲线是类似的，由于企业管理方面的原因，企业可能在发展过程中出现停滞不前，甚至消亡的现象。从 Mason Haire 的企业生命周期概念我们可以进一步认识到：由于人具有主动改造和利用自然的能力，这种能力可以促进企业的发展，也可能会对企业发展形成滞碍，但正是基于企业具有主动影响、改造组织的特征，企业与其他生物体又有所区别，即企业可以改变或调整自己的生命周期。

1960 年之前，企业生命周期理论尚处于萌芽状态，相关研究几乎是一片空白。此后诸多学者进行了更为深入的、奠基性的系统研究。主要代表人物美国学者 Gardner 更深入地刻画了企业与其他生物在生命周期特性方面的差异性：①企业发展历程具有较强的不可预测性。企业生命周期或长或短，企业之间生命周期也具有较大差异，而其他生物的自然生命周期具有相对稳定性。②企业生命周期会出现停滞阶段，而其他生物的生命周期要顺应自然规律，是不可逆转的，不会停驻在某个时期或阶段。③通过变革，企业可以跳过消亡阶段实现再生，重新开始新一轮的生命周期，而其他生物体必须顺应生物学发展的自然规律，经历由小到大、由年轻至衰老、由生到死的生长过程。即企业的生命周期理论上是可以循环往复的，但其他生物体只能是以单周期的方式从产生走向消亡。Gardner 的这一思想无疑具有重大意义，它可以促使企业充分发挥人的主观能动性和创造性，不断创新、变革，而不是拘泥于生命的自然规律约束，从而实现企业的可持续发展。

企业生命周期理论的创始者、美国著名管理学家伊查克·爱迪思教授的研究将企业生命周期带进了成熟阶段。伊查克·爱迪思教授在其《企业生命周期理论》一

书中对企业的生命周期阶段进行了非常详细、具体的划分,系统分析、总结了企业不同生命周期阶段的特点,并提出了相应的企业管理策略。伊查克·爱迪思教授根据企业的灵活性与可控制性将企业的生命周期顺次分为10个时期:孕育期;婴儿期;学步期;青春期;盛年期;稳定期;贵族期;撒冷城(官僚化早期);官僚期;死亡期。在盛年期,企业的灵活性与可控性的平衡达到了巅峰,是企业的各项机制的作用发挥最理想的阶段。但是伊查克·爱迪思指出,企业必须不断创新变革以保持持续增长的态势,否则就会失去活力,停止不前,逐渐官僚化直至衰退。实际上很多企业并没能沿着伊查克·爱迪思的企业生命周期曲线走到尽头便消失了,原因则是许多企业在成长的过程中遇到了不能解决的"瓶颈"问题,使得企业未待成熟便已夭亡,这也是我国很多中小企业、民营企业、家族企业面临的一个非常现实的问题。

不同学者对企业生命周期阶段的划分具有差异。如伊查克·爱迪思教授基于可控制与灵活性原则的10个时期划分法。Greiner(1972)根据企业组织管理特点的不同提出企业将依次经历创业、指导、分权、协调、合作五个阶段。Greiner指出,在创业阶段生存下来的公司,通过一个优秀的经理人的指导,才能进入一个长久的成长期阶段。但是,随着企业组织规模的扩大,员工对笨重的、集权式的领导可能变得不再适应,于是企业效率降低,这时就需要通过组织的授权来提高企业的工作效率。但是当授权使得经理人员对企业的控制变得困难时,经理人员则会希冀回归到集权时代。但此时企业成长规模进一步扩大,部门林立,导致集权回归非常困难,企业不得不进入组织制度协调阶段。当上下级、部门间的制度协调不再适应新的环境时,以自我约束和社会控制为特征的合作阶段就非常必要了。我国学者陈佳贵较早对企业生命周期理论进行了研究。陈佳贵(1995)根据企业成长特点划分的企业生命周期包括:孕育期;求生存期;高速成长期;成熟期;衰退期;蜕变期。陈佳贵教授认为衰退和蜕变有本质的区别,隐含着企业未必一定消亡,可以通过再造获得重生,这和Gardner的思想是一致的。事实上,蜕变也是企业另外一个新的生命周期的开端。李业(2000)认为蜕变不一定仅在企业的最后阶段才出现,因此在陈佳贵(1995)的基础上去掉了蜕变期,认为企业生命周期阶断依次为孕育、初生、成长、成熟和衰退五个时期,阶段名称虽与陈佳贵(1995)有所差异,但其内涵实际上是一致的。周三多和邹统纤(2003)从产品经营战略角度出发,提出了企业的三元成长模式,即专业化—多元化—归核化。这其实也反映了企业在成长过程中规模由小到大再到弱,经营策略沿着投资不足—投资适度—投资过度不断调整的过程。

不同学者对企业生命周期阶段的划分虽然角度不同、阶段也有差异,但综合来看,又具有相同之处,基本都具有初创期、成长期、成熟期和衰退期四个阶段。在这四个阶段，企业的竞争力是具有显著差异的，智力资本和资本成本也会表现出不同的特征。①初创期。资本产出效益不稳定；人力、物力、财力各方面都比较匮乏；各项规章制度尚未建立；企业员工具有较强的冒险精神，创新意识较强；企业规模较小，融资困难。②成长期。资本投资迅速扩大；市场不断拓宽；员工能力、技术和经验逐步提高；各项规章制度逐步确立并不断完善；生产经营向多元化发展；随着企业实力的不断增加，企业融资能力也在逐步提升。③成熟期。资本投资达到一定规模；市场份额稳定并趋于饱和；员工素质较高、组织规章制度比较规范、生产工艺技术成熟、客户关系稳定、组织规模较大；筹资能力增强且具有一定的稳定性；但在后期，可能会出现官僚化的倾向，保守经营的观念意识增强。④衰退期。投资规模缩减、投资效率下降；产品缺乏竞争力；组织机构臃肿，有大量的冗余人员；官僚化作风严重；筹资能力相较成熟期有所下降。

2.3.2　企业生命周期与智力资本

智力资本的形成是一个动态的、不断积累的过程（Chang 等，2009）。因此，在企业生命周期的早期阶段，提及企业的核心竞争力为时过早（Hamel 和 Prahalad，1990）。Zalesna（2012）也指出，智力资本具有明显的生命周期特征：智力资本是企业的竞争优势来源，在新成立的企业，智力资本的作用不会那么明显地表现出来；在早期，企业所有者通常也是经理人员，所有者发挥着至关重要的作用，员工人数较少，客户资本非常不稳定，知识分享交流系统、财务系统、营销系统、生产系统等都处于相对不完善阶段；但随着企业的发展，企业各项智力资本会日益成熟，在企业的成熟阶段，智力资本成为企业的核心竞争优势，表现为分权式的管理方式、所有权与经营权分离度较高，组织形式比较规范，知识分享系统非常完善，客户相对稳定，员工经验丰富等。

国内一些学者也指出智力资本在不同的企业生命周期阶段的特征是具有显著差异性的。宋丹宁和田昆儒（2013）根据智力资本价值在生命周期的变化特征将智力资本划分为三类：①恒定型智力资本。该类智力资本的价值通常相对稳定不变。②常规型智力资本。该类智力资本的价值符合绝大多数资本的一般生命周期特征，其价值随着企业的发展不断上升，至衰退阶段会逐步下降。如企业的客户关系类结构资本。③突变型智力资本。该类智力资本典型地属于技术创新类结构资本，当企业技术陈旧或市场上出现相同或类似的生产技术时，其价值会突然大幅度下跌。

一些实证研究也表明智力资本的生命周期特点比较明显。Audretsch 和 Feldman（1996）发现美国的企业在生命周期的早期阶段，创新活动更活跃，而在成熟期和衰退期则相应下降。Fallahi 等（2013）针对中国台湾证券交易所 2002~2011 年的上市公司进行的研究表明，企业的智力资本整体水平以及内部的人力资本和结构资本均是衰退期最弱，成熟期会达到最高，而物质资本是成长期水平最高，衰退期最弱。曹裕等（2010）针对我国2002~2007年上市公司的研究结果发现，成长期和成熟期的智力资本水平都要高于衰退期，但成长期与成熟期的智力资本水平在不同的年份高低程度有所差异：2002~2005年，成长期智力资本水平高于成熟期，而2006~2007年，成长期智力资本水平低于成熟期。但各年基本是物质资本、人力资本、结构资本均是在成长期或成熟期达到最高，而衰退期最低。胡汀兰（2011）针对我国2004~2009年智力资本的研究结果表明，除了2004年，其余年份皆是成长期智力资本水平最高，而衰退期最低，物质资本、人力资本、结构资本均是在成长期或成熟期达到最高，而衰退期最低。

虽然不同的文献研究结论有所不同，但基本上表明：智力资本水平在不同的企业生命周期阶段具有显著差异，企业在生命周期的后期阶段智力资本水平要低于其他阶段，不同类型的智力资本随企业生命周期阶段的不同其变化趋势可能有所差异。

2.3.3 企业生命周期与资本成本

根据资本成本估算模型的风险报酬补偿思想，由于企业在不同的企业生命周期阶段市场竞争力和经营风险有差别，投资者对其要求的风险溢价自然也会不同，从而影响到企业的资本成本。

在折现现金流量模型下，资本成本作为资产价格估算时企业预期未来现金流量的贴现率，必将受到企业收益状况、现金流量、股利政策等多方面因素的影响。根据企业成长理论，企业在成长阶段拥有较多的净现金流为正的投资项目，投资机会较多，营业利润高速增长，自由现金流量水平因而较低。随着企业的发展，大量的竞争者进入企业所处的行业，使得企业的市场份额缩减，经济利润下滑，投资机会减少，因而会产生大量的自由现金流量。进入成熟阶段后，企业的投资报酬率最终会下降至其资本成本（Grullon等，2002）。李云鹤等（2011）指出，企业不同的生命周期阶段面临的信息不对称与代理问题也会存在差异。

企业绩效水平对企业资本成本具有显著的影响①。另外诸多研究也都支持企业绩效能显著降低企业资本成本的观点。例如 Hodge 等（2014）、吴红军（2014）、张学勇等（2014）、袁放建等（2013）、王俊秋（2013）等在研究相关因素与股权资本成本的关系时，以净资产利润率或资产利润率等为控制变量，结果显示，这些与企业绩效有关的财务指标均与企业股权资本成本显著负相关。Paige Fields 等（2010）、袁放建等（2013）对债务资本成本的研究中，也实证得出资产收益率与债务资本成本

---

① 见前文2.1部分的分析。

也显著负相关的结果。但也有研究表明企业绩效可能会提高投资者的要求报酬率。如 Ortiz-Molina 等（2014）针对 1984~2006 年企业不动产与股权资本成本的一项研究中，以净资产利润率为控制变量，结果显示净资产收益率对股权资本成本有显著正效应。李姝等（2013）针对 2007~2010 年社会责任与企业股权资本成本关系的研究中设了四个模型，在这四个模型中竟分别出现资产收益率与股权资本成本显著正相关、显著负相关以及不显著相关的情况。无论如何，企业绩效对于企业资本成本的显著影响作用绝大多数实证研究已然明确，再兼之企业绩效的生命周期特点，使我们不禁提出一个问题，资本成本具有生命周期特征吗？

不仅企业绩效，包括企业的现金流量和股利政策方面的大量研究，也将其与企业生命周期联系起来。

企业资本成本是否具有生命周期特征，可以从企业现金流角度进一步分析。Minton 和 Schrand（1999）认为现金流的波动性使得企业投资减少，因为企业并不总是利用外部融资来弥补现金流的不足，而是会通过减少投资的方式解决问题，这意味着可能在现金流波动性较大时，企业外部融资的成本较高。从现金持有水平看，通常，企业在现金持有水平较高的情况下，违约风险较小，企业资本成本相应降低，但一些研究却得出了相反的结论。如 Palazzo（2012）指出，现金流冲击较大的企业具有较高的风险，更有可能使用较高的外部融资成本去满足其成长期权的需要，最优的现金持有水平就较高，这隐含着现金持有水平与企业的预期权益报酬率是正向关系，这在文中针对美国 1975~2009 年的资本市场的研究中得到了检验。Acharya 等（2012）也从企业现金预防性动机出发，针对美国 1996~2010 年的相关数据进行研究，发现现金持有水平与企业的信用风险在长期内是正相关的。从现金流动性与营利性两个方面综合考虑，Palazzo（2012）与 Acharya 等（2012）的结论也是有道理的，即现金流动性虽然能降低短期内的违约风险，但也降低了企业现金的营利性，使得企业未来现金流可能减少，从而增加了长期内违约的可能性。而资本成本是投资者对企业未来的要求报酬率，故致使目前的现金流水平与资本成本可能呈现出正向关系。由此而推，企业在经营的后期阶段，反而可能由于成长机会少、现金流多而不被投资者看好，从而提升企业的资本成本，而在前期阶段成长性好，现金流虽然少，但投资者对企业充满信心，反而资本成本可能较低。由此本书认为，资本成本应该基于企业不同阶段现金流的不同而呈现出不同的特点。

股利的发放理论上应与企业的绩效、现金流、成长机会具有密切的关系，也因而应具有生命周期特征。基于股利视角而言，股利是股东估算最低要求报酬率时考虑的一个重要因素，股利的增加使企业预期未来现金流量减少，未来融资约束增加，因而会导致资本成本提高，反之，资本成本降低；从股利的信号传递效应分析，股利的发放可能意味着企业未来投资机会的减少，因而也会使投资者提高其最低要求报酬率。但从另一方面来说，现金股利可以提高投资者对被投资企业的信任度，从而提高投资者的投资热情（王国刚，2012），因而理论上又可以降低企业的资本成本。股利是否具有企业生命周期特征将会使企业的股权资本成本也受到一定程度的影响。Fama 和 French（2001）研究了美国市场上 1926~1990 年股利政策的特点，发现 1978 年之后企业股利支付水平下跌，部分原因是 1978 年之后市场上出现了大量的从未支付过股利的、盈利低但投资机会较高的新上市的小公司。股利支付者倾向于那些留存收益在企业所有者权益中占比较高的企业，当企业的大部分所有者权益是投入的而非赚取的情况下，企业的股利支付率则会接近于零（Deangelo 等，2006），这也迎合了成熟期股利多而成长期股利少的现象。Coulton 和 Ruddock（2011）对澳大利亚 1993~2004 年的企业股利支付情况的研究结果也表明，成长期的企业较少支付股利。但在我国，学者们关于股利生命周期的特征意见不太统一。李茂良等（2014）、罗绮和李辉（2015）的研究支持了股利生命周期理论。但也有学者认为，中国上市公司普遍不发或较少发放股利，使得股利的发放与企业的成长性缺少密切的关系（李云鹤等，2011），我国上市公司普遍股利政策不稳定、不支付股利现象非常普遍（刘章胜，2011；邓红平，2015），异常派现行为在我国比较严重（刘孟晖，2011；伍利娜等，2003），异常的高股利使得公司代理成本增加（刘孟晖和高友才，2015），股利支付率并不具有企业生命周期的特征（宋福铁和屈文洲，2010）。我国非国有的上市公司股利政策的制定不太重视对企业盈利能力的考虑（李礼等，2006）。从股利视角分析，鉴于目前我国股利政策的研究现状，企业的股权资本成本是否会随着企业生命周期不同而发生显著变化，该问题仍具有相当程度的不确定性。

综上，目前关于资本成本是否具有企业生命周期特点以及具有什么样的特点，国内外研究文献相对匮乏，现有文献也仅能从侧面反映，并未明确从正面揭示该问题。

2.3.4 企业生命周期、智力资本与资本成本

通过对 2.3.2 以及 2.3.3 两节的文献分析，从理论上认为智力资本、资本成本应该均具有企业生命周期特征。虽然研究结论不太统一，但是我们从中发现在特定视角下，智力资本与资本成本的关系存在一定的规律：智力资本水平在不同的企业生命周期阶段具有显著差异，企业在生命周期的后期阶段智力资本水平要低于其他阶段；在现金流预防性动机假说下企业资本成本水平可能前期低而后期高；在融资约束理论下，企业成长初期发放股利少，未来融资约束较小，资本成本会低，而后期发放大量的现金股利，未来融资约束较大，资本成本会高；企业后期绩效水平的下

降也会使投资者丧失信心,从而提高资本成本。上述视角的研究中发现,智力资本与资本成本在不同阶段水平高低的次序呈现出一定的相反特征,故智力资本对于资本成本的效应在考虑了企业生命周期的情况下依然具有存在的可能性。那么需要进一步深思的问题则是,智力资本对于资本成本的效应高低是否会受到企业生命周期阶段的影响呢?

作为环境的产物,智力资本会随着环境变化而不断发展。基于动态能力观可以认为,智力资本的价值具有动态性。智力资本作为能为企业创造超额利润的竞争优势资源,其不同阶段价值创造能力的不同必定会影响到企业的收益水平,进而影响到投资者的利益,企业对投资者的吸引力也因此在不同环境下会出现差异,从而影响资本成本。

国内外诸多学者对智力资本效用的企业生命周期特征进行了积极的研究,虽然结论有差异,但基本都证实了智力资本对企业绩效水平的影响会因企业生命周期不同而异。夏雯婷(2012)对2004~2008年我国上市公司中部分生物制药行业企业进行了研究,基于企业销售收入增长判断企业生命周期阶段,研究得出只有在成长期,物质资本、人力资本、结构资本才能对企业绩效有积极作用,而在成熟期,结构资本则对企业绩效起到抑制作用。Deeds(2001)则指出创新资本在企业发展后期才会明显显现出其对企业价值的创造作用。李冬伟和李建良(2012)针对2002~2004年我国高科技企业上市公司进行的研究,同时将企业价值分为两类:内在价值和隐藏价值,均印证了Deeds(2001)的观点,其他形式的智力资本在企业不同的生命周期显示的作用也都不尽一致。关勇军和洪开荣(2012)对我国2002~2007年上市公司结构资本中的研究费用从不同企业生命周期角度进行研究,得出研发费用与不同维度的研发绩效存在明显区别:研发投资对技术绩效在不同的企业成长阶段均有促进作用,在企业成熟期作用最为显著;对财务绩效在不同的阶段存在相反的作用;研发绩效在衰退期表现最弱。曹裕等(2010)、Liang和Lin(2008)的研究结果也都支持基于生命周期理论的智力资本对企业绩效影响的作用机理。

虽然相关实证研究表明智力资本价值创造能力具有企业生命周期特征,但目前相对缺少企业生命周期视角下智力资本对于企业资本成本效用方面的实证研究文献,这方面的研究目前尚处于理论探索阶段,但目前关于智力资本价值创造能力的生命周期特征方面的实证研究至少使我们意识到,投资者必须关注智力资本价值创造能力的动态性,这与投资者未来的报酬率是密切相关的。

2.4 本章小结

本章围绕智力资本进行了三个方面的文献综述:①智力资本的直接效应。该部分基于相关理论与文献研究分析智力资本是否具有资本成本效应的问题。②智力资本通过何种途径影响资本成本。本部分旨在通过相关文献分析会计信息披露质量是否可能是智力资本与资本成本的中介变量。③智力资本与资本成本的关系可能受何种因素影响。研究发现，企业生命周期可能对智力资本与资本成本的关系具有重要影响。

在梳理国内外相关文献的基础上，认为目前研究尚存在如下不足：

（1）智力资本对资本成本的效应研究：作用体系尚不明确。目前大量的智力资本文献从企业绩效角度研究了智力资本对企业核心竞争力的作用，在智力资本与会计信息披露质量、会计信息披露质量与资本成本、企业生命周期与智力资本等方面也已产生了大量的文献，表明智力资本对资本成本存在直接及间接的效应，两者之间的关系也会受到一些外部因素的调节作用。但目前关于智力资本对于资本成本的作用机制尚未形成一个明确的研究体系与框架，这是我们应该努力的一个方向。

（2）智力资本、会计信息披露质量与资本成本方面的研究。该方面的研究存在如下问题：①智力资本方面：多从智力资本的具体内容进行研究，较少从智力资本水平方面关注智力资本、会计信息披露质量与资本成本三者之间的关系。目前研究中，智力资本多以财务报表中智力资本具体内容披露的数量和详细程度代表，但披露的详细程度并不能完全代表企业智力资本水平的高低，而后者才是真正影响企业未来现金流量的因素。因此，本书后续章节从企业智力资本水平角度进行研究。②会计信息披露质量方面的研究：重局部，轻整体。会计信息披露质量与资本成本并不是一个新的研究课题，但却是一个经久不衰的话题。无论从理论上还是从实证方面，现有绝大多数研究都接受了会计信息披露质量对于企业的资本成本具有积极作用的观点。也有部分研究和主流观点相左，这也使得围绕会计信息披露质量的研究仍带有一定的不确定性，因此激励我们努力进一步揭开"会计信息披露质量之谜"。另外，综观国内外的研究，大多重在某一方面的会计信息披露质量的研究，而缺少从企业整体会计信息披露质量角度去审视企业资本成本的文献。现有文献已表明，会计信息披露质量的同一方面在不同的环境下可能对资本成本产生不同的影响，会计信息披露质量的不同方面对资本成本的影响也会存在差异，会计信息质量的不同方面也会相互影响（如精确性与及时性等），这意味着单一方面的信息披露质量的提升并不一定意味着企业整体会计信息披露质量的改善，因而也未必意味着企业资本成本一定会降低。因此，本书后续有关章节从企业整体会计信息披露质量的角度去对智力资本与资本成本关系的中介作用进行了研究。③资本成本的研究对象方面：股权多、债少。债务作为企业的一项重要融资方式对企业，尤其是中小企业具有重要的意义。且随着利率市场化进程的加快,债务资本市场竞争日益激烈,企业债务资本成本必定受到更多复杂因素的影响。知识经济时代,企业如何通过智力资本的管理降低自身的债务资本成本,投资者如何通过对被投资企业智力资本方面的评价来保护自身的利益等这些问题必将受到更多的关注。

(3) 基于企业生命周期对智力资本价值创造能力的研究：视角单一。基于企业生命周期对智力资本价值创造能力的研究,目前多集中在智力资本对企业绩效的影响方面,并以此作为对企业智力资本开发与管理的依据。这方面的研究其实是仅基于企业(被投资方)视角来研究问题。研究智力资本对资本成本影响的生命周期特征具有重要的意义。投资者可以基于智力资本对企业绩效的生命周期特征在不同的阶段提出不同的最低报酬率要求以保护自身的利益,对于企业(被投资方)而言,在了解投资者对企业不同生命周期阶段智力资本的关注点之后,可以采取相应的策略开发和管理自己的智力资本,通过降低企业资本成本提升企业价值。研究智力资本对企业资本成本效用的生命周期特征,从单一企业(被投资方)视角拓宽到针对投融资双方两个视角来研究智力资本的生命周期问题,有利于同时保护投融资双方的利益。

(4) 样本研究范围方面：金融业、ST 以及 *ST 类企业关注不够。多数研究将金融业、ST 以及 *ST 类企业排除在研究范围之外,这使我们不得不感到遗憾。传统上,金融业尤其是银行属于规制行业,其融资受到国家严格的管制与约束,有别于普通企业。ST 以及 *ST 类企业由于面临被"摘牌"的风险,更容易产生"大洗澡"的行为,这使我们对其会计信息披露质量抱有怀疑。这两类企业的剔除使我们的研究并不能真正对我国上市公司的整体状况做一个可靠的评价,也使我们怀疑是不是政府对金融业的融资管制行为以及 ST 和 *ST 类企业的会计信息披露质量差足以对整个股票市场产生实质性影响的地步？本书的研究希冀通过对金融业、ST 以及 *ST 类企业剔除前和剔除后的情况进行对比,以解释我们心中对此问题的疑惑。其实,改革开放以来,在相当长的时间内,虽然我国银行股权基本是国家控股,但国有专业银行逐渐向国有商业银行再到股份制银行的转变行为的确反映了我国政府向信贷市场化方向改革的决心和毅力。两个《36 条》的出台,可以说是政府鼓励民间投资进入金融业的两个重要里程碑,民间资本的活力必将冲击我国传

---

① 2005 年 2 月,国务院发布《关于鼓励支持和引导个体私营等非公有制经济发展的若干意见》(国发 2005 第 3 号),其中第五条件规定"允许非公有资本进入金融服务业","允许非公有资本进入区域性股份制银行和合作性金融机构","符合条件的非公有制企业可以发起设立金融中介服务机构","符合条件的非公有制企业参与银行、证券、保险等金融机构的改组改制"。2010 年 5 月,国务院再次发布《国务院关于鼓励和引导民间投资健康发展的若干意见》(国发〔2010〕第 13 号),进一步鼓励和引导民间资本进入金融服务领域。

统的在融资方面具有垄断地位的银行业。2000年9月21日开放外币贷款利率，我国利率市场化呈加速之势。自2013年7月20日起又全面放开金融机构贷款利率管制，自2015年10月24日起，我国取消了对农村合作金融机构与商业银行等设置存款利率浮动上限的规定，利率管制基本放开，利率市场化进入一个新的阶段，商业银行的市场竞争进一步升温。金融业如何保持和提高自身的融资竞争优势，以应对新的环境，将不得不是一个我们必须重视的研究课题。

ST以及*ST类企业多属亏损企业，其融资面临更加严重的"瓶颈"问题，它们是否能够以及如何利用其智力资本吸引投资者，从而走出"柳暗花明"的一村，更具有深意。

3 我国上市公司智力资本现状：
估算与分析

3.1 引言

智力资本的估算问题缘自传统财务报表下智力资本信息披露方面的缺陷。传统的财务会计基于物质资本的会计信息披露系统，是对企业历史的、定期的财务信息进行的总结，缺乏对未来的指导与评价。智力资本作为一种软实力资源，具有非物质特征，也因此使其价值具有高度隐含性，该隐含性使得企业价值在传统的财务报表下严重失实。

智力资本作为知识经济时代的一种核心企业竞争资源，对提高一个国家（地区、行业、企业）的综合实力具有至关重要的意义。正确评价一个国家（地区、行业、企业）的智力资本，也有利于投资者合理评估其投资收益及风险，从而提高社会资源配置的效率，促进证券市场的完善与发展。从绩效考核角度而言，也有益于政府各有关部门正确评判一个地区、行业或企业的经营业绩，以此作为政府对宏观经济进行调控的依据。

但目前关于智力资本的评估研究并不乐观。智力资本的估算成本高、数据不易获取，智力资本价值的不确定性也使得智力资本估算问题虽然由来已久，但截至目前尚没有一种统一的、权威的能精确估算智力资本的方法，智力资本估算的实务工作也进展缓慢。现实中，更多的是必须依赖一些货币财务指标作为代理变量去判断企业智力资本价值的大小。以财务指标作为智力资本代理变量的估算方法，目前来看一般从两个方面进行估算，一是从智力资本投资额角度；二是从智力资本投资效率角度。第一种方法直接以智力资本投资力度来度量企业的智力资本水平，如南星恒（2013）则以各期会计年度职工工资、奖金、福利等的累积之和作为人力资本，以各期会计年度的期末无形资产销售费用累积之和作为"客户资本"，以会计年度的期末无形资产总额作为"创新资本"，以各期与经营活动有关的现金流量累积之和作为"流程资本"。Ulum 等（2014）以营销费用的投入力度衡量企业的客户资本水平、Chang（2007）以研发费用的投入力度衡量企业的创新资本水平。第二种方法则以智力资本的投资效率作为企业智力资本水平的衡量标准。著名的智力资本增值系数模型（Value Added Intellectual Coefficient，VAIC）即是一种典型的基于资本增值效率的智力资本度量方法。企业的生产函数是一定技术条件约束下投入与产出的量化关系。投资效率是以一定的资本积累为前提，在一定技术条件约束下，企业存在一个最优的投资规模，企业投资超出一定的范围，随着投资的增加，会出现规模报酬不变或递减的现象，且不同企业的生产函数存在差异，因此，仅以投资强度比较不同企业的智力资本水平有失偏颇。而基于投资效率的智力资本估算方法则能有效避免此方面的不足。

本章在梳理现有国内外智力资本估算方法文献的基础上，主要基于目前广泛使用的 VAIC 法对我国上市公司的智力资本状况进行了估算与分析。

3.2 估算方法研究

3.2.1 国内外智力资本估算方法述评

由于智力资本不具有实物形态，不可复制，未来收益具有较强的不确定性，其价值评估存在一定的难度。目前，企业智力资本的估算方法大致分为两类：总体评价法和分类评价法。

3.2.1.1 总体评价法

总体评价也就是对企业拥有的智力资本进行整体估算，常用方法主要包括市—账价值差额法、托宾 Q 法、无形价值计算法、经济增加值法（EVA）等。

（1）市—账价值差额法。市—账价值差额法由全球著名的瑞典斯堪地亚保险及金融服务公司（Skandia Assurance and Financial Services，AFS）提出，是一种粗略计算智力资本的可行方法。1996 年，AFS 公司的智力资本主管 Edvinsson 和美国加利福尼亚法律与经济咨询集团公司（Law and Economic Consulting Group，LECG）总裁 Sullivan 指出，微软及其他知识型公司的市场溢价即是智力资本。Edvinsson 和 Malone（1997）明确指出，智力资本为市场价值与账面价值的差额。Sveiby（1997）、Steward（1997）、Patricia Ordóñez de Pablos（2003）也都体现或明确了智力资本的这种估算思想。该方法下，企业智力资本的价值＝该企业的市场价值－账面价值。这种方法下智力资本价值用绝对数进行衡量，可以简单快捷地计算企业智力资本的存量。但主要缺点为：不能区分智力资本的来源结构；市场价值与账面价值的差额可能存在非智力资本因素的影响；账面价值易受企业会计政策选择的影响，由此降低了不同企业智力资本信息的可比性。

(2) 托宾 Q 值法。托宾 Q 值法是根据 1981 年诺贝尔经济学奖获得者詹姆斯·托宾于 1969 年提出的用托宾 Q 值来判断企业智力资本价值的一种方法。其用于智力资本的衡量缘自 Stewart（1997）。在此方法下，智力资本的价值用相对数进行衡量，为企业的市场价值与有形资产重置价值的比值。当托宾 Q 值低于 1 时，重置成本低于市场价值，企业缺乏投资动力，也就缺乏用智力资本创造利润的动力。同样，与市—账价值差额法一样，托宾 Q 值法也不能明确区分智力资本价值的来源。并且，重置成本相较于账面价值，不具有历史客观性，难以获取，但是不易受企业会计政策的干扰，便于不同企业之间的比较。

(3) 无形资产价值计算法。无形资产价值计算法由美国西北大学 Kellogg 商学院附属机构 NCI 研究中心提出，其思想是将企业基于有形资产行业超额收益度量企业的智力资本价值，其具体步骤为：①计算企业截至目前三年的行业超额收益率；②将①除以企业资本成本，得出超额收益资本化价值，即智力资本绝对值。

该方法能很明显地体现出智力资本为企业带来的竞争力优势。但计算过程比前两种方法复杂。另外，资本成本的估算作为一个长期的、经典的历史课题，估算方法众多，也不如账面价值客观，具有较强的可验证性。同时，也不能区分智力资本创造的超额收益的具体来源；企业利润受企业会计政策选择的影响，降低了不同企业的可比性；行业中必定存在超额收益为负的企业，从而导致低估企业的智力资本价值。

(4) 经济增加值法（Economic Value Added，EVA）。EVA 是 1982 年 Stewart 在 MM 理论基础上发展的基于"剩余收益思想"的一种业绩评价指标，Barsky 和 Marchant（2000）认为 EVA 可以弥补传统财务报表下对智力资本反映不足的缺陷，可以作为智力资本衡量的一种方式。其公式为：EVA＝税后净营业利润−资本成本（机会成本）。

该方法认为 EVA 为企业利用智力资本创造价值的能力，从经济学的角度认为投资者投入的资本存在机会成本，只有企业收益超过投资者投资的机会成本，才是经营者真正用智力资本为投资者创造的价值，因此相较于会计利润指标，更能客观地对智力资本价值进行度量。但作为一种总体智力资本价值评估方法，同样不能区分智力资本价值的具体来源，也涉及资本成本估算、会计政策选择、亏损企业的问题。

(5) 智力资本指数（Intellectual Capital Index，IC-index）。IC-index 由 Goran Roos 及其同事首先提出，认为企业需根据其长期目标考虑价值创造的来源及业绩衡量标准以设计智力资本指标，然后将不同的单项智力资本指标综合成一个 IC-index，有利于整体考察企业的智力资本情况。但根据 Ross 和 Ross（1997）的研究，IC 存量指标都是拓展有限、按序排列的数字，企业很难根据"一次性事件"对 IC-index 进行修正，因此限制了该模型的拓展应用。

3.2.1.2 分类评价法

鉴于总体评价法不能正确区分智力资本价值的具体来源，分类评价法逐渐得到人们的重视，并在实务中被广泛应用。分类评价法中又包括财务指标度量法和非财务指标度量模型分类评价法，主要包括：

（1）平衡积分卡（the Balanced Score Card，BSC）。BSC 为美国学者 Kaplan 和 Norton（1992）提出，主要从四个方面对智力资本进行评估：财务角度（我们应如何服务于股东？）、顾客角度（顾客如何看我们？）、内部运作流程角度（我们应该具备哪些方面的特长？）、创新和学习角度（我们能持续提高并创造价值吗？）。BSC 评价的内容同时包括物质资本和智力资本，并非专门针对企业智力资本方面进行评价，且包括的智力资本内容显然有欠缺，如在人力资本评价方面 BSC 缺少应有的关注，因而使智力资本价值的评估有失偏颇。

（2）智力资本监控器（Intangible Asset Monitor，IAM）。这种方法系 1997 年 Sveiby 在其《新的组织财富》一书中提出，其将智力资本分为职工能力、内部结构和外部结构三个方面，用增长/创新、效率和稳定等维度对智力资本进行度量。这种方法突出了职工能力对企业价值创造的贡献，其指标多用非财务指标度量。

（3）斯堪迪亚智力资本导航器（Skandia Navigator）。瑞典的 Edvinsson 和 Malone（1997）推出了 Skandia Navigator。这种智力资本评估方法认为智力资本主要缘于企业的财务、客户、流程、人力资本、创新和发展五个部分，其同时使用了财务与非财务等方面的相对指标来估算智力资本的价值。在这五个方面，共设计了 111 项指标，其中创新与发展方面的指标最多，达 32 项，由此看出，这种方法将创新与发展作为企业最根本的智力资本价值来源。

上述方法（1）~（3）多以非财务指标进行度量，数据不易获取，在实践中，数据通常以调查问卷的形式搜集。

3.2.1.3 总体与分类相结合的估算方法——VAIC 模型

VAIC 模型是典型的总体与分类相结合的估算方法。VAIC 法由奥地利智力资本研究中心 Ante Public 于 1998 年提出。该方法认为，企业资本包括两部分：财务资本与智力资本。企业超额收益取决于企业综合运用这两类资本的能力，因此，智力资本的价值不仅包括智力资本的增值效率，还包括财务资本的增值效率，两者之和为智力总能力。VAIC 法具体步骤为：①求出企业的产出和投入之差，即企业总增值额；②用企业增值总额分别除以财务资本投资（用净资产代表）和人力资本投资（用员工工资总额代表）分别求得财务资本与人力资本增值系数；③将总增值额中减去工资费用，然后与总增值额相比，得出结构资本增值效率；④计算上述三个增值系数之和，即企业智力能力价值。

VAIC方法虽然也受到会计政策选择（如折旧费用）的影响，但模型运用较为简单，所用指标基本可以从财务报表中获取，具有可验证性，并且区分了智力资本价值的来源，其关于智力资本的构成也与学术界大多研究趋同，且从投资效率角度考察智力资本的价值，资本增值额同时考虑了股东与债权人的诉求，有利于投资者价值目标实现的评估，因此得到普遍认可。目前，智力资本增值系数在智力资本评估中得到广泛应用，如Al-Musalli和Ismail（2012）；Ku Ismail和Abdul Karem（2011）；Chen Goh（2005）；Ho和Williams（2003）；杨晓丹（2014）；曹裕等（2010）；夏维力等（2009）；原毅军等（2008）；等等。

以上均属于国外关于智力资本评估的研究方法。在国外，智力资本评估研究起步较早，而我国起步较晚，大概始于21世纪初。关于智力资本的评估多借鉴国外的研究模型或自行设计指标（财务指标和非财务指标），采用调查问卷的形式或基于财务报表收集相关数据。借鉴模型大多为VAIC模型，其主要原因应该是其数据为财务报表数据；其智力资本分类思想已被广泛认可；考虑到股东和债权人的综合利益。

国内智力资本指标设计包括单期思想和累积思想。单期思想是指用当期智力资本投入情况衡量智力资本的大小，如曾洁琼和张婷（2014）用当期人均营业收入作为人力资本指标；以研发投入/总资产作为创新资本指标；以流动资产周转率作为流程资本指标；以营业收入增长率作为关系资本指标。南星恒（2013）认为各期的智力资本创造价值并非完全由当年智力资本投资，而是以前累积的结果，故以"累计投资"思想估算智力资本价值，以各期会计年度职工工资、奖金、福利等的累积之和作为人力资本，以各期会计年度的期末无形资产销售费用累积之和作为"客户资本"，以会计年度的期末无形资产总额作为"创新资本"，以各期与经营活动有关的现金流量累积之和作为"流程资本"。但在累积思想下，累积期间的判断较为困难，故目前大多数学者以单期思想进行度量，累积思想运用较少。

也有学者自行设计智力资本评估模型，如李经路（2013）的智力资本价值贡献耦合模型，原毅军等（2005）的软件行业智力资本的评估框架及体系，王小明（2005）的高校智力资本评价模型等。但截至目前，国外的有关智力资本评估模型仍居主导地位，国内的有关模型及度量指标多是国外模型的拓展或延伸。

3.2.2　VAIC模型指标选择及应用的一些特殊问题

3.2.2.1　价值增加额指标的选择及应用

表3-1统计了目前国内外一些主要文献关于VAIC模型中有关指标的选择与使用情

况。在 VAIC 模型中，价值增加额（Value Added，VA）的估算大概可以分为以下几类：

表 3-1 VAIC 模型有关指标计算文献统计①

有关指标		指标计算方法	有关文献使用情况
增值额	①	企业增加额=留存收益增加额+企业所得税+折旧+摊销+利息+股利+工资+少数股东权益	Riahi-Belkaoui（2003）
	②	留存收益+股利+利息+工资+税收+少数股东权益	Mosavi 等（2012）、Riahi-Belkaoui（2003）
	③	净利润+工资+折旧+摊销+利息	Clarke（2011）
		营业利润+工资+折旧+摊销	Fijałkowska（2014）、Alipour（2012）、Pulic（2004）
	④	公司税前利润+应付职工薪酬+利息支出额	刘焕鹏和严太华（2015）、夏雯婷（2012）
		净利润+所得税+工资福利费+利息	赵海林（2014）
	⑤	公司在市场出售的所有产品和服务产生的收入-公司运营支出+人力资本	王曙和程李梅（2013）、曹裕等（2010）、万希（2006）
		产出-投入（不包括人事费用）	陈晞（2012）、原毅军等（2009）、Pulic（2000）、Pulic（1998）
	⑥	所有者权益当期增加额	闫春（2008）
物质资本投资		总资产减去无形资产	Mosavi 等（2012）、Alipour（2012）
		净资产账面价值	Fijałkowska（2014）、赵海林（2014）、王曙和程李梅（2013）、夏雯婷（2012）、原毅军等（2009）、曹裕等（2010）Nazari 和 Herremans（2007）、Pulic（2004）
人力资本投资		总工资费用	Fijałkowska（2014）、Mosavi 等（2012）、Alipour（2012）、Clarke（2011）、Pulic（2004）、刘焕鹏和严太华（2015）、王曙和程李梅（2013）
		企业员工的薪酬和福利	赵海林（2014）
		企业的工资+为员工支付的现金	原毅军等（2009）
		所有为员工支出的费用	陈晞（2012）
		现金流量表中支付给职工和为职工支付的现金	闫春（2008）、曹裕等（2010）
		经营活动所支付的现金流量与应付工资及福利费之和	夏雯婷（2012）
结构资本投资		研发费用和管理费用	原毅军等（2009）
		管理费用	闫春（2008）
		增值额+工资费用	Pulic（2004）

（1）企业增值额=留存收益增加额+企业所得税+折旧+摊销+利息+股利+工资+少数股东权益。

（2）企业增值额=留存收益增加额+企业所得税+利息+股利+工资+少数股东权益。这种方法在第一种方法的基础上减去了折旧与摊销。Riahi-Belkaoui（2003）认为

---
① 注：①~⑥分别为企业增值额的六种计算方法。

由于第一种方法是一种毛增值额,而第二种方法是一种净增值额,所以第二种方法能更好地反映企业价值的增值程度。由此,也产生了第五种与第六种方法的区别。这两种算法其实有本质的区别,前者是将现金流作为价值的考核依据,而后者是将企业价值创造归结为利润的变化。

(3) 企业增值额=投入-产出。其中,投入为在市场中所销售的全部产品或服务的收入,产出为除了人力费用以外其他的所有为取得上述收入所发生的费用。

第三种方法其实与前两种方法运用了相同的原理,区别在于前两种方法是从价值产出角度计算增值额,第三种方法是从价值创造过程角度计算增值额。另外,从合并报表的编制角度来看,企业集团的利润分为两部分:归属于母公司的部分以及归属于少数股东的权益。因此,前两种方法又将归属于母公司的进一步分为归属于债权人、股东、政府及企业留存的部分。

(4) 企业增值额=所有者权益的增加额。闫春(2008)认为,作为企业增值额,除了包括企业账面的经营业绩之外,还应该能够反映出企业的非经营业绩以及在股票市场上的表现。按照此观点,直接计入所有者权益的资本利得或损失,以及企业增资扩股与回购等所有引起企业净资产变动的事项均应归入企业增值额之列。

(5) 企业增值额=净利润+企业所得税+折旧+摊销+利息+工资。由于净利润=留存收益增加额+股利+少数股东权益,故第五种方法可由第一种方法变形得来。该变形在我国财务数据披露相对不完全的情况下,使得增值额的计算更简便、统计结果更全面。

(6) 企业增值额=净利润+企业所得税+利息+工资。在过去相当长的一个时期内,由于折旧、摊销数据披露方面的欠缺,国内许多学者将第五种方法进一步简化为:企业增加额=净利润+企业所得税+利息+工资。

本书认为,由于我国股市尚不规范,股价变动频繁且波动较大,且形成"直接计入所有者权益的资本利得或损失"的有关项目如"可供出售金融资产"等并非为了获得短期差价,持有时间较长,因此,若将"直接计入所有者权益的资本利得或损失"作为企业的增值额,可能会误导投资者对企业估价的判断。

本章从数据的可获得性及可靠性角度选择第六种方法计算增值额,这也是目前国内普遍使用的VAIC模型中关于企业增值额的估算方法。

3.2.2.2 增值系数的拓展与延伸

传统的VAIC模型并未细分企业结构资本内部有关资本能力的大小。在知识经济时代,企业应逐渐从以"要素驱动"、"投资规模驱动"发展为主向以"创新驱动"导向转变,秉持"客户导向型"经营战略立足于市场,充分发挥创新资本与客户资本的作用。基于此,有关学者在VAIC模型的基础上进一步延伸,构建了扩展的

VAIC模型,在原有的基础上考虑了创新资本与客户资本增值效率在企业智力能力评估中的作用。

Chen 等 (2005) 即以研发及广告费用的投入强度代表创新资本与客户资本的增值能力,为避免规模的影响,以研发费用/普通股账面价值、广告费用/普通股账面价值分别代表创新资本增值系数及客户资本增值系数。但该研究并未指出创新资本及客户资本两者与企业其他资本之间的关系,也因而未能明确如何进一步去精确估算企业智力总能力。并且此时的创新资本增值系数及客户资本增值系数实质上代表的是一种投资规模,和VAIC原有模型中的增值效率观念相违背。

Nazari 和 Herremans (2007) 认为结构资本由创新资本、客户资本和流程资本三者共同构成,研发及营销费用可以有效代表企业的创新资本与客户资本,在已知结构资本的情况下,流程资本可以用结构资本与研发及营销费用之差来表示。创新资本、客户资本、流程资本的增值系数也因此满足以下关系:

$$
\begin{aligned}
\text{结构资本增值系数} &= \text{结构资本/增值额} \\
&= (\text{创新资本}+\text{客户资本}+\text{流程资本})/\text{增值额} \\
&= \text{创新资本/增值额}+\text{客户资本/增值额}+ \\
&\quad \text{流程资本/增值额}
\end{aligned}
\tag{3-1}
$$

因而有:创新资本增值系数=创新资本/增值额,客户资本增值系数=客户资本/增值额,流程资本增值系数=流程资本/增值额。本书认为,Nazari 和 Herremans (2007) 在沿用传统VAIC模型的基础上,虽然更详细、全面地对企业各种资本的增值能力进行了估算,便于对分项资本增值能力的考核,但是结构资本内部被拆分成三部分,而这三部分的增值系数计算均与人力资本增值系数、物质资本增值系数相反,这种做法并不妥当。在原VAIC模型下,结构资本增值系数与其他资本增值系数计算公式相反是为避免出现两者增值效率完全相反的情况。而若将结构资本内部拆分成三部分,则不必都采用与人力资本增值系数均相反的计算方法,只有一个增值系数与人力资本增值系数的计算方法相反则不会出现原VAIC模型所担心的情况。但此时结构资本内部三个增值系数之和相加不再等于结构资本增值系数,难以反映结构资本增值效率。

Ulum 等 (2014) 则支持客户资本是独立于结构资本的外部资本的观点,故将物质资本、人力资本、结构资本与客户资本四种资本的增值系数之和作为企业的智力能力,且认为营销费用能较好代表企业的客户资本。由于结构资本与客户资本都是价值增值额减去人力资本后的剩余,其客户资本增值系数亦参照结构资本的算法用客户资本/增值额来表示。但关于研发费用的效率如何衡量该文并未予以单独考虑。且将客户资本独立于结构资本之外,与本书前述1.2.1.2节的文献分析结论不符。

综上可见，学术界在传统的 VAIC 模型基础上已进行了一系列的改进尝试，但各种改进方法目前还存在诸多问题。

3.3 本章估算所需有关参数的具体说明

本章使用 VAIC 模型对我国上市公司智力资本水平进行了估算，估算所需具体参数计算方法为：

增值额＝净利润＋企业所得税＋利息＋职工薪酬。该计算方法参考刘焕鹏和严太华（2015）、赵海林（2014）、夏雯婷（2012）等的研究。

物质资本增值系数＝增值额/物质资本。其中物质资本参考 Fijałkowska（2014）、赵海林（2014）、王曙和程李梅（2013）等用企业净资产表示。

人力资本增值系数＝增值额/人力资本。其中人力资本参考曹裕等（2010）、闫春（2008）等用现金流量表中的经营活动项下"支付给职工和为职工支付的现金"表示。

本章在对企业的各项智力资本投资额进行分析时，综合参考 Nazari 和 Herremans（2007）、Ulum 等（2014）、Chang Shu-Lien（2007）、Chen 等（2005）、闫春（2008）等的研究以研发费用代表创新资本投资额、销售费用代表客户资本投资额，流程资本投资额为企业增值额减去创新资本投资额和客户资本投资额之后的余额。

3.4 估算结果与分析

本部分在估算智力资本时，样本为我国 1990~2014 年在沪深两市上市的 A 股公司，样本原始数据除研发费用取自 Wind 数据库外，其余均取自 CSMAR 数据库。在估算过程中，剔除了：①数据缺失的样本；②各项资本投资额为负的样本。

3.4.1 整体情况

3.4.1.1 物质资本投资与各项智力资本投资整体均呈上升趋势

从表 3-2 和图 3-1 可知，1990~2014 年，样本上市公司物质资本与各项智力资本几乎呈逐年递增趋势。这表明上市公司在重视物质资本投资的同时，也日益关注各项智力资本在企业价值创造中的作用。从投资绝对值看，物质资本在企业各种资本投资中，其投资规模仍居首位：1990 年上市公司物质资本投资额均值水平为 0.537 亿元，至 2005 年达 15.6 亿元，增长了约 2805.03%。2005 年后，物质资本增长进一步加快，至 2014 年底达 79.20 亿元，10 年间又翻了两番多。

表 3-2 物质资本与智力资本投资情况（1990~2014 年）

年份	物质资本			人力资本			流程资本			客户资本			创新资本		
	①	②	③	①	②	③	①	②	③	①	②	③	①	②	③
1990	7	53.70	—	—	—	—	—	—	—	2	5.53	—	—	—	—
1991	11	163.00	203.54	—	—	—	—	—	—	5	6.16	11.55	—	—	—
1992	49	330.00	102.45	—	—	—	—	—	—	44	7.43	20.53	—	—	—
1993	157	520.00	57.58	—	—	—	—	—	—	151	13.00	74.98	—	—	—
1994	259	578.00	11.15	—	—	—	—	—	—	104	16.90	30.00	—	—	—
1995	280	630.00	9.00	—	—	—	—	—	—	269	21.20	25.44	—	—	—
1996	463	555.00	(11.90)	—	—	—	—	—	—	441	22.80	7.55	—	—	—
1997	658	649.00	16.94	—	—	—	—	—	—	636	26.20	14.91	—	—	—
1998	755	731.00	12.63	752	42.10	—	—	—	—	727	30.30	15.65	—	—	—
1999	844	818.00	11.90	848	48.40	14.96	—	—	—	815	36.70	21.12	—	—	—
2000	975	943.00	15.28	980	56.90	17.56	—	—	—	940	46.20	25.89	—	—	—
2001	1052	1160.00	23.01	1060	79.00	38.84	—	—	—	1018	65.90	42.64	—	—	—
2002	1116	1240.00	6.90	1130	94.90	20.13	—	—	—	1083	81.60	23.82	—	—	—
2003	1179	1380.00	11.29	1196	101.00	6.43	—	—	—	1152	102.00	25.00	—	—	—
2004	1269	1440.00	4.35	1296	126.00	24.75	—	—	—	1248	120.00	17.65	—	—	—
2005	1259	1560.00	8.33	1310	150.00	19.05	—	—	—	1259	137.00	14.17	—	—	—
2006	1313	2510.00	60.90	1376	226.00	50.67	854	291.00	—	1311	157.00	14.60	1375	2.84	—
2007	1446	4350.00	73.31	1502	376.00	66.37	1120	595.00	104.47	1470	189.00	20.38	1501	20.50	622.13
2008	1527	4630.00	6.44	1579	470.00	25.00	991	532.00	(10.59)	1546	208.00	10.05	1578	17.40	(15.12)
2009	1620	5220.00	12.74	1678	516.00	9.79	1086	548.00	3.01	1641	228.00	9.62	1676	25.40	45.98
2010	1979	5730.00	9.77	2027	581.00	12.60	1440	601.00	9.67	1986	255.00	11.84	2024	42.80	68.50
2011	2269	5960.00	4.01	2309	655.00	12.74	1544	638.00	6.16	2262	269.00	5.49	2306	52.60	22.90
2012	2438	6390.00	7.21	2464	723.00	10.38	1435	1650.00	158.62	2464	286.00	6.32	2461	90.60	72.24
2013	2462	7070.00	10.64	2466	818.00	13.14	1371	1960.00	18.79	2466	334.00	16.78	2463	103.00	13.69
2014	2577	7920.00	12.02	2585	886.00	8.31	1440	2020.00	3.06	2591	354.00	5.99	2588	116.00	12.62

注：表中①代表样本个数，②代表资本投资额（百万元），③代表资本投资额的年增长率（%）；财政部财会字（1998）10号文——财政部关于印发《企业会计准则——现金流量表》的通知，规定企业1998年开始编制现金流量表，本书在估算人力资本投资时，选用的指标为现金流量表中经营活动项下"支付给职工以及为职工支付的现金"，故本表人力资本投资研究期间从1998年始；本书创新资本投资数据取自Wind数据库，由于样本所限，创新资本投资研究期间从2006年始；括号内代表负值

上市公司各项智力资本投资水平不同年份虽然存在差异，但投资力度均表现出不同程度的递增趋势：

（1）人力资本。除了流程资本以外，人力资本投资额始终高于其他智力资本，特别是2005年之后，人力资本增速加快，与客户资本、创新资本投资规模差距越来越大。至2014年人力资本投资额是客户资本的两倍多（2014年人力资本投资额为8.86亿元，客户资本投资额为3.54亿元，两者相差5.32亿元），是创新资本的七倍多（2014年创新资本投资额为1.16亿元，与人力资本相差7.7亿元）。而1998年人

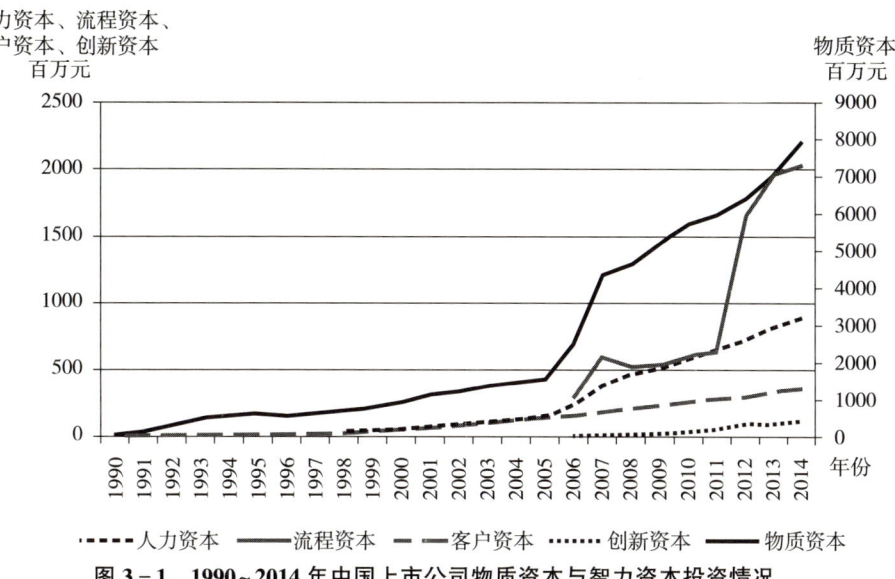

图 3-1　1990~2014 年中国上市公司物质资本与智力资本投资情况

力资本投资额是客户资本投资额的 1.39 倍（1998 年人力资本投资额为 0.421 亿元，客户资本投资额为 0.303 亿元，两者相差 0.118 亿元），2006 年人力资本投资额是创新资本投资额的近 80 倍（2006 年人力资本投资额为 2.26 亿元，创新资本投资额为 0.0284 亿元，与人力资本投资额相差 2.2316 亿元）。从投资规模看，样本上市公司对人力资本投资日益重视。

（2）流程资本与客户资本。从图 3-1 可以看出，除了企业创新资本之外，上市公司无论是人力资本还是流程资本的年投资均值水平均高于客户资本水平。而人力资本、流程资本均为企业内部智力资本，客户资本属于外部智力资本。这表明，上市公司更重视内部智力资本的开发与应用。而在内部智力资本中，流程资本投资规模又一直处于绝对优势，除了 2011 年，流程资本略低于人力资本外，其他年份始终是流程资本>人力资本>客户资本>创新资本。这表明，上市公司对内部智力资本的投资也有侧重。人力资本的作用虽然得到不断加强，但作为使人力资本效率得以发挥的基础平台的流程资本仍然在企业价值创造中发挥着不可估量、甚至是决定性的作用。人与组织的有效结合才是企业价值的重要"源泉"。

（3）创新资本。创新资本在所有资本投资额中水平最低。但创新资本投资增长迅猛，从 2006 年的 0.0284 亿元增长到 2014 年的 1.16 亿元，增长了约 3984.51%。2007~2014 年，除了 2008 年和 2013 年，创新资本年增长率均远高于人力资本和客户资本，除了 2008 年、2012 年和 2013 年，创新资本年增长率也远高于流程资本增长率（见表 3-2）。这说明，上市公司的创新意识在不断加强，也从侧面反映出在知识经济时代，在科技发展日新月异的今天，固守陈规、保守经营已很难持续保证企业的产品市场竞争力，企业只有不断创新、勇于开拓，增强自身的核心竞争力，才能在日益激烈的市场竞争中立于不败之地。但从另一方面而言，创新资本具有高收益、高风险、回收期长的特点，因此创新资本的投入加大了企业的经营风险，对风险反感的投资者反而可能会相应缩减研发投入的比例。因此，相较于基本用于维持企业正常经营的人力资本（工资费用）和客户资本（销售费用）而言，研发投入水平就相对较低，波动相对较大（见表3-2）。2007~2014年，创新资本（研发费用）各年增长率标准差为2.1091，而人力资本、流程资本与客户资本各年增长率标准差分别为0.195、0.6088和0.0537，远低于创新资本，1999~2014年人力资本各年增长率标准差为0.1661，1991~2014年客户资本各年增长率标准差为0.1468，也都远低于创新资本（研发费用）各年增长率标准差。

3.4.1.2　人力资本投资增长速度显著高于物质资本投资增长速度

作为智力资本核心资源的人力资本，其增长速度在样本期间绝大多数年份显著高于物质资本增长速度。从图3-2及表3-2可以看出，1999~2014年，除了2003年、2006~2007年以及2009年、2014年外，其他年份人力资本增长率均高于物质资本增长率。1998~2014年物质资本的几何平均增长率约为16.06%，而人力资本的年均几何增长率则达20.98%。这一方面表明企业越来越意识到人力资本的价值创造能力，人力资本对物质资本的支配作用在逐渐增强，亦彰显了我们的经济正逐渐由"物质资本主导型"经济转向"人力资本主导型"经济。另一方面也意味着我国企业经济正逐渐由粗放型经济向集约性经济转变。进一步地，Kruskal-Wallis检验和双样本t检验均显示（见表3-3），1999~2014年，人力资本增长率在10%的水平上显著高于物质资本增长率。

表3-3　1999~2014年中国上市公司人力资本与物质资本投资水平年增长率差异检验

	Kruskal-Wallis equality-of-populations rank test	双样本t检验（人力资本增长率-物质资本增长率）	Levene检验
t	—	1.9611	0.06
p（双尾）	0.0621*	0.0687*	0.8082
chi-squared	3.480	—	—

注：***、**、*分别代表在1%、5%和10%的水平上显著

尽管如此，物质资本和人力资本在增长速度方面有着极为相似的特征。图3-2显示物质资本与人力资本增长率的变化基本一致。这凸显了在知识经济时代，人力资本与物质资本的结合仍然是企业价值创造的重要生产方式。随着我国经济的发展以及市场经济的不断完善，技术进步对企业价值的作用越来越大，而人作为驾驭知识的资本，其作用也会随之提升。但总而言之，由于物质资本作为被动的资本，需

要人力资本去进行支配、操控,因此两者就需要在有比例协调的基础上共同增长,这也是推动我国经济由粗放型向集约型转变的一个重要方面。

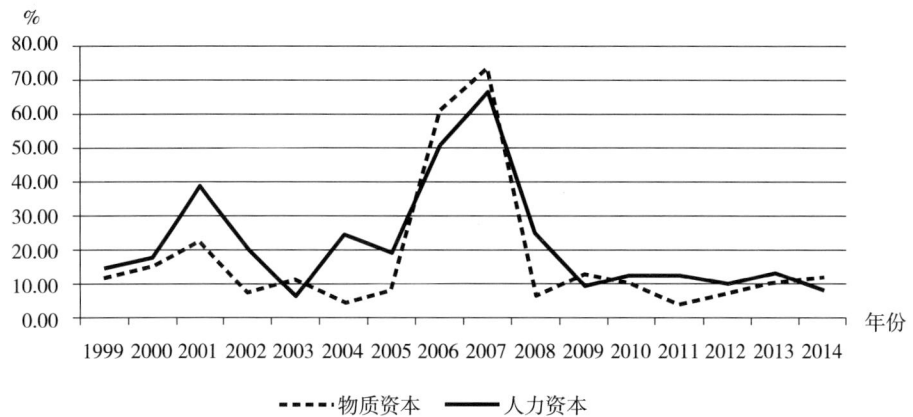

图 3-2　1999~2014 年中国上市公司人力资本与物质资本投资年增长率趋势比较

3.4.1.3　各种资本投资规模差异化现象日趋明显

虽然上市公司 1990~2014 年各种资本投资规模的力度都在不断加大,但是不同资本之间还是有显著差异的。

首先,无论从投资规模(图 3-1)还是从资本所占比例(图 3-3)可以看出,物质资本投资始终遥居各种资本首位。虽然有波动,但整体上,物质资本占总资本的比例却呈逐步下降趋势。2004 年之前,物质资本投资所占比例均在 81% 以上,大部分年份在 82% 以上,至 2004 年,下滑至 80% 以下,2006 年和 2009 年有所上升,但在此之后又逐步呈蜿蜒下降态势,近三年又跌至 80% 以下。智力资本投资占比与物质资本投资则呈相反的态势,1998 年以来有小的波动但总体在向上走,2004 年之前均不超过 20%,至 2004 年上升至 20% 以上。2006 年和 2009 年智力资本占比有所下降,但在此之后又不断上升,近几年均在 23% 以上。图 3-3 的线性趋势线也表明,物质资本占总资本的比例呈下降趋势,而智力资本占总资本的比例总体为上升趋势。整体可以表明,上市公司越来越重视智力资本投资的重要性。

其次,虽然智力资本投资总体规模在不断上升,但就智力资本内部而言是有明显差异的。从规模上来看(见图 3-1 及表 3-2),虽然各种智力资本投资总体上都呈上升趋势,但不同类型的智力资本之间投资规模差距在逐步拉大。

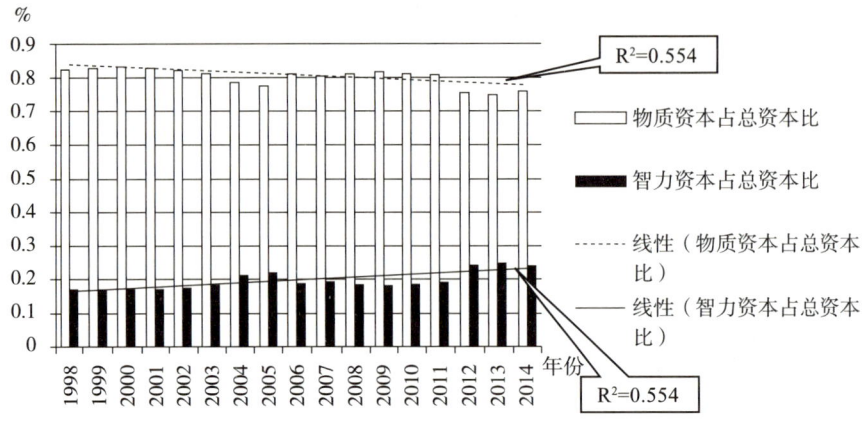

图 3-3　1998~2014 年中国上市公司智力资本投资与物质资本投资占总资本比趋势[①]

在智力资本的四分类法下，以 2005 年为界大致可以分为两个阶段：①1998~2005 年[②]。在该阶段，2003 年以前人力资本投资占比虽高于客户资本，但两者的差距在不断缩小，由 1998 年的 16% 至 2003 年两者占比持平。此后两者差距又在不断增大，至 2005 年回升至 4%，见表 3-4。两种资本投资规模差距各年不超过 1400 万元（见表 3-2）。②2006~2014 年。人力资本与客户资本投资占比的差距进一步加大，至 2011 年已达 24%，此后有所下降，但近三年仍不低于 15%，两种资本投资规模差距由 2006 年的 6900 万元升至 2014 年的 5.32 亿元；人力资本与创新资本投资占比差距由 2006 年的 32% 升至 2008 年的 37%，此后持续多年维持在该水平左右，近三年有所下降，但也都不低于 22%，人力资本与创新资本投资规模的差距由 2006 年的 2.2316 亿元连年扩大至 2014 年的 7.7 亿元；但无论从投资占比还是投资总额，绝大多数年份人力资本都要低于流程资本。从投资比例分析，2007~2011 年，人力资本与流程资本投资占比差距在不断减小，至 2011 年人力资本投资占比超过了流程资本，但近三年流程资本投资占比迅速增长并远超人力资本，近三年投资占比差距均不低于 34%。投资规模与投资占比差距呈现出与此相同的趋势。

---

① 由于流程资本与创新资本投资数据 2006 年后才有相关记录，样本期间较短，故本书用人力资本与结构资本投资之和估算智力资本投资总额。鉴于人力资本与结构资本投资数据始于 1998 年，故此处物质资本与智力资本投资比例比较期间为 1998~2014 年。

② 此阶段由于流程资本与创新资本投资数据所限仅对人力资本与客户资本投资进行比较。

3 我国上市公司智力资本现状：估算与分析

表 3-4 各种智力资本投资占智力资本总投资比例的情况① 单位:%

	年份 项目	1998	1999	2000	2001	2002	2003	2004	2005	2006	2007	2008	2009	2010	2011	2012	2013	2014
四类	人力资本	58	57	55	55	54	50	51	52	33	32	38	39	39	41	26	25	26
	流程资本	—	—	—	—	—	—	—	—	43	50	43	42	41	40	60	61	60
	客户资本	42	43	45	45	46	50	49	48	23	16	17	17	17	17	10	10	10
	创新资本	—	—	—	—	—	—	—	—	1	2	1	2	3	3	3	3	3
两类	人力资本	28	29	31	34	35	33	32	34	39	36	44	44	45	47	35	35	36
	结构资本	72	71	69	66	65	67	68	66	61	64	56	56	55	53	65	65	64

总之，由智力资本的四分类法看，人力资本与客户资本、创新资本相比，从投资比例而言，均处于领先地位，2005年以来至2011年，差距均在不断加大，即便在2011年之后，其差距也仍维持在较高水平。从投资总额角度来看，人力资本与客户资本、创新资本投资规模差距均逐年呈递增趋势（如图3-4所示）。这进一步印证了上市公司逐渐认识到人力资本在智力资本中的重要地位。但是，上市公司虽然意识到人力资本在资本中处于主导地位，但是流程资本依然是人力资本效用发挥的坚实基础与保障，上市公司整体上相当重视流程资本的作用，甚至在重视程度上高于人力资本。

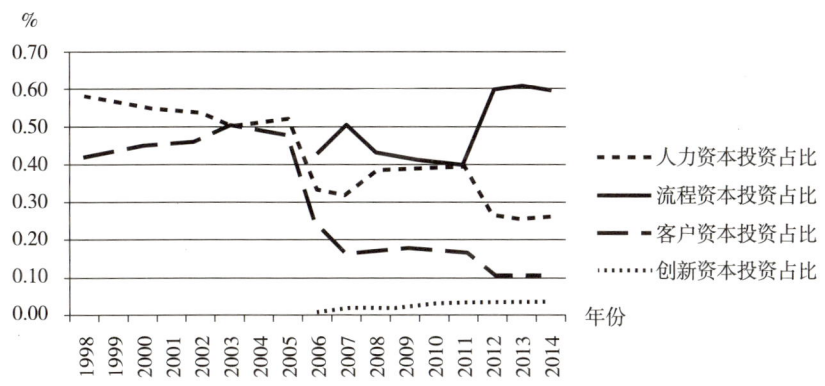

图 3-4 1998~2014年中国上市公司智力资本投资内部比例趋势（四分类法）

从智力资本的两分法来看（见表3-4和图3-5），以2011年为界，大致可以分为两个阶段：1998~2011年，很明显，人力资本投资占比在不断上升，而结构资本占比在不断下降。线性趋势线也反映出，人力资本占比呈长期上升趋势，结构资本则相反。这和智力资本四分法的结果基本一致，可见人力资本是一种日益受上市公司重视的核心智力资本。

---

① 本表各项资本投资所占比例为各项资本与智力资本投资总额之比。智力资本总额为表3-2有关智力资本投资之和，其中2006年之前由于创新资本数据和流程资本数据缺失，智力资本投资总额为人力资本与客户资本两者之和。本表各项资本投资比例相加不等于1的部分为计量误差所致。

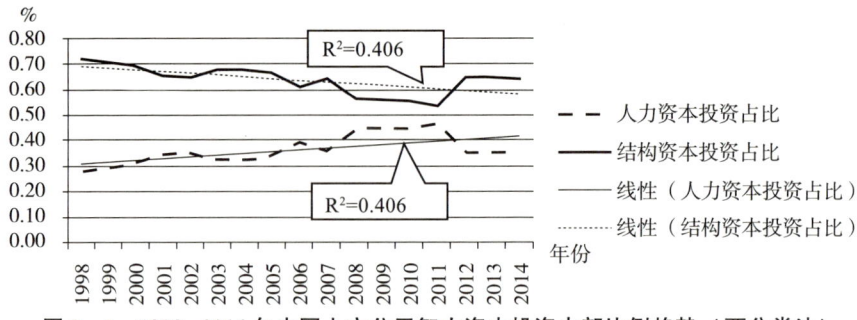

图3-5 1998~2014年中国上市公司智力资本投资内部比例趋势（两分类法）

不同资本投资规模整体均以不同程度递增，反映出我国上市公司在1990~2014年公司规模在不断壮大，上市公司实力在逐步增强，资本市场日臻成熟与完善。但不同资本投资规模增幅存在差异，不同资本占比也在不断变化，这意味着企业对不同资本重要性的认识在不同时期有所差异。智力资本的价值创造性日益得到上市公司的重视，但整体上上市公司资本中物质资本仍居首要地位，智力资本的价值利用率较低。以创新资本为例，根据姜南等（2014）的统计，知识产权密集型产业对GDP的贡献率2008~2010年分别为26.87%、26.33%和26.67%，对就业人数的贡献率分别为3.9%、4.03%和4.10%。而同时期欧盟知识产权密集型产业对GDP的贡献率平均约为38.6%[①]。2010美国知识产权密集型产业对GDP的贡献率达34.8%，提供了18.8%的就业岗位[②]。2000~2012年，美国知识产权密集型制造业共提供了将近29%的工作岗位，整个制造业中，知识产权密集型产业的人均价值增加值为非知识产权密集型产业的两倍[③]。

在智力资本内部，无论是投资额还是投资比例，人力资本均逊于流程资本，表明公司目前对组织管理的重视仍然甚于对员工的价值激励，也表明一个企业的组织管理优劣依然是企业价值能否实现的重要影响因素。由于一个企业的组织管理具有长期稳定性，该影响通常较深远，且是全局性的，所以在相当长的时间内，流程资本的地位具有一定的稳定性。除了流程资本以外，无论是投资额还是投资比例基本是人力资本居首、客户资本其次，最后是创新资本，且人力资本远高于其他资本，

---

① 数据来源：European Patent Office and the Office for Harmonization in the Internal Market. Intellectual Property Rights Intensive Industries: Contribution to Economic Performance and Employment in the European Union [EB/OL].

② 数据来源：Economics and Statistics Administration, and the United States Patent and Trademark Office. Intellectual Property and the U.S. Economy: Industries in Focus [EB/OL]. http://www.esa.doc.gov/Reports/intellectual-property-and-us-economy-industries-focus，2012-03-10。

③ 数据来源：国家知识产权局网站. 美国知识产权密集型制造产业对经济的贡献及其对我国的启示 [EB/OL]. http://www.sipo.gov.cn/zlssbgs/zlyj/2015/201506/t20150619_1133413.html，2016-06-19。

人力资本作为智力资本的核心资本得到了更多的关注。客户资本属于外部智力资本，虽然对企业市场竞争力具有一定的影响，但归根结底，使企业得以扎根于市场的是基于企业内部智力资本的产品质量。客户资本相对较低由此可以得到合理的阐释。创新是企业不断进步的源泉。到2020年将我国建设成创新型国家是2006年1月胡锦涛同志于全国科技大会上宣布的中国未来15年科技发展的目标，其中研发投入占GDP的比重要达到2.5%。研发投入占GDP的2%是目前公认的一种界定创新型国家的标准之一。根据国家统计局发布的有关资料①（见表3-5），全国研发投入强度在不断提高，截至2013年，研发投入占GDP的比例已超越2%的水平，而2013年欧盟该指标也仅为2.01%②。表3-2亦显示我国上市公司研发投入年增长率多数年份远超过全国平均水平。这意味着仅从投入角度而言，我国上市公司研发水平并不低，但作为一种风险高、拓展性大的资本，其在企业总资本中的比例整体会相应逊于其他资本。

表3-5 全国研发投入占GDP的比重及年增长率

年份	2003	2004	2005	2006	2007	2008	2009	2010	2011	2012	2013
研发投入占GDP比（亿元）	1.31	1.23	1.34	1.42	1.49	1.54	1.70	1.76	1.84	1.98	2.08
年增长率（%）	19.60	27.70	24.60	22.60	23.50	24.40	23.00	21.70	23.00	18.50	15.00

3.4.1.4 智力资本水平不稳定，各年波动较大，样本期间呈现下降趋势

1998~2014年，上市公司的智力增值系数趋势呈下降态势，其乘幂趋势线 R^2 = 0.075。智力增值系数波动幅度较大，波动也比较频繁，各年均值标准差达1.56。但从表3-6和图3-6中可进一步发现，智力资本水平在不同阶段的趋势也有显著差别，大致可以分为三个阶段：2004年之前；2004~2010年；2010年之后。在中间阶段，智力增值系数还是有明显提升的，但其他两个阶段下降趋势比较明显。

智力资本水平趋势的阶段性特征主要是智力资本增值系数的不稳定所致。样本期间智力资本增值系数的长期趋势也不乐观。从图3-6中有关资本增值系数的乘幂趋势线看，智力资本增值系数呈整体下降趋势（回归方程 R^2 = 0.120），而物质资本增值系数整体呈现出明显上升趋势（回归方程 R^2 = 0.306）。智力资本增值系数的不稳定性可能缘于智力资本本身的高风险性，使得其价值和收益呈现出较大的波动特征（样本期间智力资本增值系数标准差为1.51，而物质资本增值系数标准差为

---

① 本表除了2009年数据来源于国家统计局网站公布的《第二次全国科学研究与试验发展（R&D）资源清查主要数据公报》（第一号）外，其余分别来自国家统计局网站公布的当年度的《全国科技经费投入统计公报》。

② 数据来源：EUROSTAT. Gross Domestic Expenditure on R&D [EB/OL]. http://ec.europa.eu/eurostat.

0.18），但同时也说明，我国虽然不断重视智力资本的投入，但在智力资本的使用方面可能还存在诸多问题，从而使智力资本增值效率下降。因智力资本增值系数无论是绝对额还是波动幅度均高于物质资本增值系数，所以进而使智力资本水平在长期中呈现下降趋势。

表 3-6　智力增值系数表

年份	物质资本增值系数		人力资本增值系数		结构资本增值系数		智力资本增值系数		智力增值系数	
	样本个数	增值系数	样本个数	增值系数	样本个数	增值系数	样本个数	增值系数	样本个数	增值系数
1998	622	0.22	622	6.14	622	0.73	622	6.87	622	7.09
1999	702	0.23	702	7.44	702	0.71	702	8.16	702	8.39
2000	788	0.53	788	5.01	788	0.70	788	5.70	788	6.23
2001	787	0.23	787	4.35	787	0.65	787	5.01	787	5.24
2002	791	0.20	791	3.96	791	0.63	791	4.59	791	4.80
2003	816	0.22	816	3.77	816	0.63	816	4.40	816	4.62
2004	853	0.24	853	3.87	853	0.62	853	4.50	853	4.74
2005	776	0.25	776	3.65	776	0.61	776	4.26	776	4.52
2006	885	0.35	885	4.68	885	0.62	885	5.30	885	5.65
2007	1092	0.55	1093	4.77	1093	0.64	1093	5.42	1092	5.84
2008	978	0.60	979	9.21	979	0.61	979	9.82	978	10.42
2009	1076	0.32	1077	4.35	1077	0.62	1077	4.96	1076	5.29
2010	1427	0.47	1428	5.61	1428	0.63	1428	6.24	1427	6.71
2011	1543	0.80	1543	5.04	1543	0.62	1543	5.66	1543	6.45
2012	1431	0.37	1430	4.10	1431	0.61	1430	4.71	1430	5.08
2013	1372	0.64	1372	4.07	1372	0.61	1372	4.67	1372	5.31
2014	1438	0.32	1438	3.62	1438	0.60	1438	4.22	1438	4.54

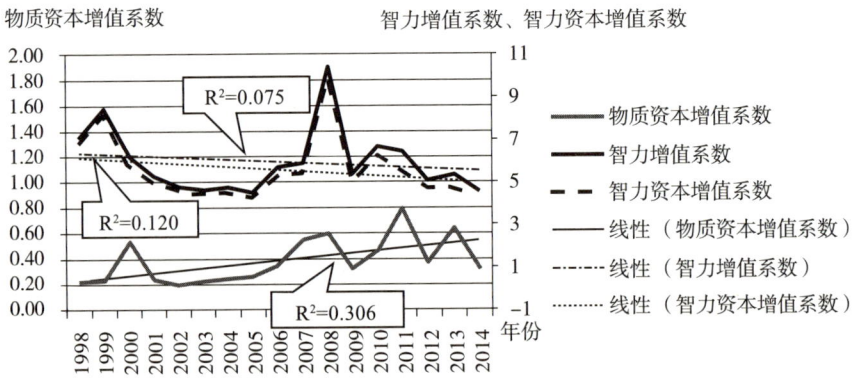

图 3-6　1998~2014 年中国上市公司智力总能力趋势

3.4.1.5 智力资本增值效率明显大于物质资本增值效率

表3-6及图3-6明显表现出样本期间智力资本增值系数大于物质资本增值系数的特征。1998~2014年，智力资本增值系数年平均值为5.56，而物质资本增值系数年平均值为0.39，且各年智力资本增值系数均大于物质资本增值系数。这反映出企业利用资本进行价值创造的能力方面，智力资本远高于物质资本。这与智力资本、物质资本自身的特点也有密切关系。智力资本通常难以模仿且具有价值可持续性，而物质资本很容易被复制，从而影响企业获取超额利润的能力。且随着时间的推移，物质资本会不断被消耗，需要周期性地重置，从而会增加企业的运营成本，而大多智力资本的竞争优势一旦形成，几乎不再需要投入任何成本，诸如组织文化、员工丰富的工作经验及较强的工作能力、企业的产品专利、优质品牌等。正如美国经济学家Paul M. Romer（1986）所认为的那样，知识配方具有乘数效应，具有与产出的指数关系而非线性关系，从而使得1+1等于11完全有可能。

3.4.1.6 人力资本和结构资本增值效率存在显著差异

人力资本与结构资本增值效率存在明显差异（如图3-7所示），1998~2014年，人力资本增值效率年平均值为4.92，而结构资本增值效率年平均值仅为0.64，且各年人力资本增值效率均大于结构资本增值效率。人力资本增值系数、智力资本增值系数和智力增值系数的年度趋势也颇为类似。样本期间人力资本增值系数标准差为1.49，而结构资本增值系数标准差为0.04，这也说明结构资本作为一个组织运行效率的基础和保障，具有历史积累的特征，故具有长期稳定性。而人的知识和能力相对组织可以在较短的时间得到补充与改善，因此人力资本效率的波动就较为明显，特别是人力资本较之结构资本更具有市场流动性，这一定程度上会加剧企业人力资本效率的年度波动特征。可见，人力资本的使用效率在整个智力资本效率中起着决定性的作用。

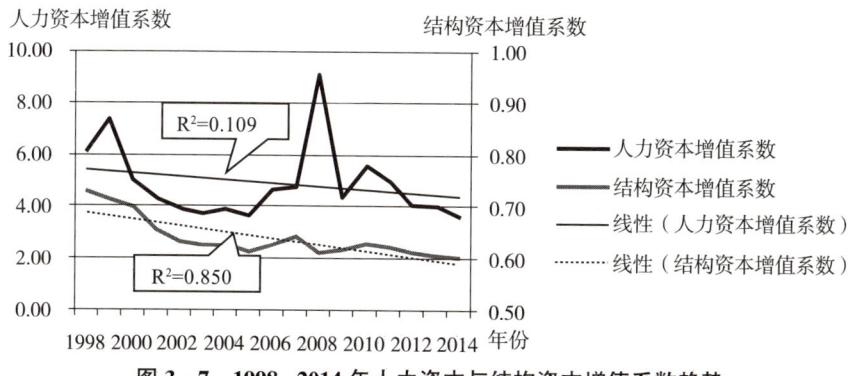

图3-7　1998~2014年人力资本与结构资本增值系数趋势

3.4.2 行业分析

本章以样本期间行业内上市公司的智力增值系数的平均值作为行业智力增值系数的水平代表,进一步比较了智力能力的行业差异性。根据2012年中国证券监督管理委员会(以下简称"证监会")发布的《上市公司行业分类指引》,将上市企业按行业共分为19类,分别为:A(农、林、牧、渔业)、B(采矿业)、C(制造业)、D(电力、热力、燃气及水的生产和供应业)、E(建筑业)、F(批发和零售业)、G(交通运输、仓储和邮政业)、H(住宿和餐饮业)、I(信息传输、软件和信息技术服务业)、J(金融业)、K(房地产业)、L(租赁和商务服务业)、M(科学研究和技术服务业)、N(水利、环境和公共设施管理业)、O(居民服务、修理和其他服务业)、P(教育)、Q(卫生和社会工作)、R(文化、体育和娱乐业)、S(综合)。具体估算结果见表3-7~表3-10。

表3-7 1998~2014年中国上市公司行业智力增值系数表

年份	行业	A	B	C	D	E	F	G	H	I	J	K	L	M	N	O	P	Q	R	S
1998	①	7.98	7.88	5.61	9.95	4.54	5.42	11.29	5.00	6.52	8.70	9.08	5.93	4.22	7.82	—	2.48	—	6.27	8.71
	②	6	19	344	40	9	77	27	7	11	10	85	9	1	10	—	1	—	9	15
1999	①	5.54	5.54	5.37	7.89	4.61	7.76	12.71	3.74	6.56	7.67	8.85	4.85	4.75	4.95		3.85	14.08	7.08	55.45
	②	6	24	405	43	11	86	32	9	14	9	95	9	1	9		1	8	20	
2000	①	5.61	5.27	4.51	7.23	4.56	4.54	9.85	4.09	6.52	6.98	10.88	4.01	7.74	6.32	—	4.33	—	5.00	7.57
	②	10	27	483	52	13	95	38	9	15	7	104	10	1	10	—	1	—	10	18
2001	①	4.53	4.37	4.04	6.60	3.64	4.07	10.10	4.31	6.06	3.70	7.08	3.63	3.26	5.20		3.10		3.89	5.18
	②	11	27	502	52	14	100	41	8	20	8	98	9	1	11		1		11	20
2002	①	4.32	4.50	3.64	5.73	2.93	4.03	7.12	3.37	4.71	2.70	6.69	3.50	—	4.93		2.63	13.92	4.27	7.16
	②	13	31	533	56	17	99	44	9	20	10	100	11	—	11		1	1	13	16
2003	①	3.38	3.60	3.54	5.75	2.69	3.42	6.79	3.50	3.73	3.42	6.85	2.90	1.76	4.79		3.18		3.56	4.98
	②	13	35	587	59	21	108	50	9	27	10	104	11	1	11		1		11	19
2004	①	3.00	3.58	3.97	5.34	3.02	3.82	7.35	3.33	3.71	4.90	7.58	2.92	4.69	2.72		3.18		4.80	—
	②	18	36	638	64	21	113	51	9	27	10	92	11	14	1		12		19	—
2005	①	2.98	4.08	3.39	4.78	3.02	3.45	7.20	3.25	2.95	4.43	6.52	3.00		4.62		2.81	10.00	3.48	5.50
	②	16	30	602	62	21	101	51	9	25	6	91	9		13		1	1	7	16
2006	①	2.77	4.14	4.62	5.05	3.18	3.65	7.08	3.07	4.55	3.20	6.35	3.48		2.83	2.02	3.00		5.95	
	②	19	36	678	64	27	111	56	9	30	6	91	9		13	1	11		20	
2007	①	3.71	7.62	4.23	7.77	5.17	5.56	6.92	5.76	3.21	5.02	9.82	3.45	3.21	5.30		2.79	2.61	6.60	6.72
	②	21	47	778	69	31	119	61	9	33	4	104	14	3	15		1	1	11	19
2008	①	3.65	4.35	3.82	4.99	2.94	3.91	5.96	2.36	3.09	3.53	58.46	3.48	2.99	4.41			2.17	3.14	5.39
	②	20	45	764	60	31	117	58	9	36	5	107	13	3	13			1	8	15
2009	①	3.56	3.74	3.56	5.06	8.34	3.86	5.79	2.80	3.02	3.30	11.74	4.14	2.55	4.77		2.01	2.75	3.21	5.43
	②	23	48	838	67	39	121	62	8	49	5	126	12	5	14		1	2	10	17

续表

年份	行业	A	B	C	D	E	F	G	H	I	J	K	L	M	N	O	P	Q	R	S
2010	①	3.86	4.29	3.72	5.49	3.73	4.01	5.68	2.42	3.05	4.29	9.74	16.39	3.36	4.37	—	2.21	2.78	4.46	42.43
	②	33	50	1159	73	48	135	72	10	74	4	125	19	8	17	—	1	2	17	18
2011	①	3.83	4.58	5.43	4.71	3.77	4.09	5.33	2.42	2.87	4.76	8.93	6.59	3.05	4.23	—	2.15	2.57	3.94	18.68
	②	32	56	1348	75	58	141	72	11	99	4	127	20	9	23	—	1	3	20	19
2012	①	3.13	4.08	3.45	4.97	3.83	4.30	5.15	2.26	2.81	3.75	7.88	5.19	2.88	4.20	—	—	2.55	4.51	27.31
	②	34	62	1414	76	57	142	77	11	113	41	127	21	12	24	—	—	3	23	20
2013	①	3.16	3.80	3.85	5.34	3.80	4.10	4.74	3.72	2.53	3.98	8.28	5.11	2.83	4.10	—	2.21	2.60	5.92	6.47
	②	31	62	1411	77	55	144	75	10	112	41	126	22	12	26	—	1	3	25	21
2014	①	2.83	3.52	3.07	5.86	3.40	5.75	5.28	2.72	2.61	4.63	6.63	4.96	3.00	4.06	—	2.03	2.61	4.57	4.46
	②	32	60	1491	76	61	144	79	9	130	42	120	21	18	26	—	1	3	24	20

表3-8 1998~2014年中国上市公司行业物质资本增值系数表

年份	行业	A	B	C	D	E	F	G	H	I	J	K	L	M	N	O	P	Q	R	S
1998	①	0.17	0.26	0.21	0.24	0.23	0.21	0.18	0.19	0.25	0.18	0.20	0.25	0.09	0.16	—	0.12	—	0.22	0.17
	②	6	19	344	40	9	77	27	7	11	10	85	9	1	10	—	1	—	9	15
1999	①	0.16	0.21	0.22	0.21	0.22	0.26	0.18	0.15	0.26	0.13	0.27	0.23	0.11	0.15	—	0.19	0.08	0.24	0.24
	②	6	24	405	43	11	86	32	7	14	9	95	11	1	9	—	1	1	8	20
2000	①	0.15	0.18	0.20	0.20	0.20	0.21	0.16	0.14	0.21	0.14	2.70	0.16	0.18	0.16	—	0.24	—	0.27	0.22
	②	10	27	483	52	13	95	38	7	15	7	104	10	1	10	—	1	—	10	18
2001	①	0.12	0.19	0.25	0.18	0.17	0.20	0.16	0.46	0.20	0.25	0.23	0.15	0.09	0.19	—	0.26	—	0.26	0.17
	②	11	27	502	52	14	100	41	8	20	8	98	9	1	11	—	1	—	11	20
2002	①	0.14	0.20	0.21	0.19	0.19	0.21	0.18	0.28	0.22	0.09	0.18	0.26	—	0.18	—	0.17	0.07	0.25	0.19
	②	13	31	533	56	16	99	44	9	21	10	100	11	—	11	—	1	1	13	16
2003	①	0.15	0.21	0.23	0.20	0.20	0.22	0.19	0.18	0.24	0.16	0.22	0.23	—	0.18	—	0.24	—	0.24	0.19
	②	13	35	587	59	21	108	50	7	27	6	104	11	—	11	—	1	—	11	19
2004	①	0.14	0.26	0.25	0.22	0.28	0.25	0.18	0.24	0.16	0.22	0.23	—	0.23	0.18	—	0.19	—	0.19	0.20
	②	18	36	638	64	21	113	51	7	27	9	92	11	—	14	—	1	—	12	19
2005	①	0.16	0.35	0.25	0.24	0.28	0.28	0.27	0.28	0.27	0.17	0.20	0.25	—	0.21	—	0.21	0.14	0.20	0.25
	②	16	30	602	62	21	101	51	7	25	6	91	9	—	13	—	1	1	7	16
2006	①	0.15	0.40	0.34	0.27	0.30	0.39	0.25	0.25	0.27	0.16	0.30	0.31	1.01	0.23	—	0.21	0.08	0.26	0.33
	②	19	36	678	64	27	111	56	9	30	6	99	9	1	13	—	1	1	11	20
2007	①	0.19	2.19	0.40	0.34	2.41	0.37	0.31	0.44	0.32	0.31	0.28	0.23	0.80	0.40	—	0.25	0.33	3.76	0.47
	②	21	47	778	69	31	119	61	10	33	4	104	14	3	15	—	1	1	11	19
2008	①	0.21	0.46	0.64	0.27	0.36	0.34	0.27	0.25	0.34	0.40	0.52	0.19	0.80	0.30	—	—	0.41	0.33	0.35
	②	20	45	764	60	31	117	58	9	36	5	107	13	3	13	—	—	1	8	15
2009	①	0.21	0.40	0.31	0.30	1.21	0.33	0.28	0.28	0.22	0.29	0.24	0.50	0.22	—	0.24	0.34	0.29	0.31
	②	23	48	838	67	39	121	62	8	49	5	126	12	5	14	—	1	2	10	17
2010	①	0.21	0.44	0.29	0.30	0.35	0.35	0.27	0.28	0.26	0.30	0.26	12.70	0.37	0.21	—	0.28	0.45	0.48	0.83
	②	33	50	1159	73	48	135	72	10	74	4	125	19	8	17	—	1	2	17	18

续表

年份	行业	A	B	C	D	E	F	G	H	I	J	K	L	M	N	O	P	Q	R	S
2011	①	0.20	0.46	0.86	0.30	0.37	0.34	0.27	0.30	0.26	0.37	0.27	0.31	0.39	0.21	—	0.29	0.44	0.30	0.35
2011	②	32	56	1348	75	58	141	72	11	99	4	127	20	9	23		1	3	20	19
2012	①	0.21	0.40	0.33	0.33	0.37	0.43	0.29	0.32	0.27	0.22	0.26	0.36	0.41	0.23	—	—	0.48	0.26	1.07
2012	②	34	62	1415	76	57	142	77	11	113	41	127	21	12	24			3	23	20
2013	①	0.24	0.34	0.61	0.34	0.40	0.34	0.26	0.31	0.28	0.24	0.28	0.34	0.35	0.21		0.41	0.52	1.78	1.07
2013	②	31	62	1411	77	55	144	75	10	112	41	126	22	12	25		1	3	25	21
2014	①	0.19	0.29	0.28	0.34	0.39	0.34	0.72	0.27	0.28	0.26	0.23	0.32	0.32	0.21		0.60	0.54	0.24	0.30
2014	②	32	60	1492	76	61	144	79	9	130	42	120	23	18	26		1	3	24	20

表3-9　1998~2014年中国上市公司行业人力资本增值系数表

年份	行业	A	B	C	D	E	F	G	H	I	J	K	L	M	N	O	P	Q	R	S
1998	①	6.99	6.89	4.71	8.91	3.65	4.55	10.38	4.18	5.51	7.70	8.11	4.93	3.42	6.86	—	1.89	—	5.36	7.83
1998	②	6	19	344	40	9	77	27	7	11	10	85	9	1	10		1		9	15
1999	①	4.67	4.66	4.49	6.91	3.71	6.85	11.76	3.10	5.58	6.76	7.84	3.91	3.90	4.11		2.99	13.07	6.12	54.50
1999	②	6	24	405	43	11	86	32	7	14	9	95	9	1	9		1	1	8	20
2000	①	4.73	4.45	3.67	6.28	3.72	3.70	8.94	3.44	5.56	6.06	7.45	3.22	6.71	5.43		3.38	—	4.06	6.61
2000	②	10	27	483	52	13	95	38	7	15	9	104	9	1	10		1		10	18
2001	①	3.81	3.56	3.20	5.69	2.90	3.27	9.20	3.26	5.26	2.88	6.14	2.90	2.56	4.35		2.28		3.01	4.38
2001	②	11	27	502	52	14	100	41	8	20	9	98	9	1	11		1		11	20
2002	①	3.57	3.68	2.85	4.86	2.24	3.27	6.22	2.56	3.91	2.13	5.83	2.66	4.08	1.96		12.93	—	3.41	6.27
2002	②	13	31	533	56	16	99	44	9	21	10	100	11	1	11		1		13	16
2003	①	2.66	2.82	2.75	4.87	2.03	2.67	5.91	2.77	2.96	2.75	5.91	2.16	1.38	4.01		2.41	—	2.78	4.15
2003	②	13	35	587	59	21	108	50	7	27	6	104	11	1	11		1		11	19
2004	①	2.34	3.12	2.78	4.48	2.24	3.04	6.39	2.62	2.93	4.09	6.68	2.20	—	3.83		2.03	—	2.49	4.01
2004	②	18	36	638	64	21	113	51	7	27	9	92	11		14		1		12	19
2005	①	2.32	3.14	2.61	3.91	2.64	2.45	6.23	2.22	3.68	5.65	5.28	—	—	3.79		2.07	8.96	2.74	4.59
2005	②	16	30	602	61	21	101	51	7	25	6	91			13		1	1	7	16
2006	①	2.14	3.17	3.74	4.16	2.38	2.70	6.13	2.25	2.31	3.76	7.24	2.45	1.48	4.44		2.10	1.57	2.27	4.98
2006	②	19	36	678	64	27	111	56	6	30	9	99	9	1	13		1	1	11	20
2007	①	2.95	4.81	3.44	6.77	2.26	4.60	5.93	4.82	2.39	4.00	8.76	2.65	2.01	4.25		2.03	1.83	2.34	5.61
2007	②	21	47	779	69	31	119	61	10	33	4	104	14	3	15		1	1	11	19
2008	①	2.87	3.30	2.66	4.11	2.12	3.03	5.04	1.74	2.25	2.54	56.72	2.77	1.80	3.51		—	1.45	2.27	4.49
2008	②	20	45	764	60	31	117	58	9	36	4	108	13	4	13			1	8	15
2009	①	2.80	2.81	2.72	4.11	6.62	2.99	4.89	2.04	2.26	2.51	10.66	3.28	1.70	3.91		1.46	1.96	2.32	4.51
2009	②	23	48	838	67	39	121	62	8	49	5	126	12	5	14		1	2	11	17
2010	①	3.06	3.29	2.86	4.52	2.84	3.10	4.76	1.76	2.29	3.60	8.69	3.15	2.49	3.57		1.57	1.86	3.53	140.93
2010	②	33	50	1159	73	48	135	72	10	74	4	125	19	8	17		1	2	18	18
2011	①	3.06	3.55	4.03	3.78	2.87	3.17	4.43	1.72	2.15	3.68	7.89	5.70	2.19	3.41		1.52	1.72	3.11	17.73
2011	②	32	56	1348	75	58	141	72	11	99	4	127	20	9	23		1	3	20	19

续表

年份	行业	A	B	C	D	E	F	G	H	I	J	K	L	M	N	O	P	Q	R	S
2012	①	2.45	3.14	2.62	3.99	2.93	3.30	4.26	1.59	2.09	2.94	6.86	4.22	2.06	3.36	—	—	1.67	3.72	25.65
	②	34	62	1414	76	57	142	77	11	113	41	127	21	12	24	—	—	3	23	20
2013	①	2.43	2.98	2.77	4.32	2.87	3.20	3.89	2.97	1.86	3.11	7.23	4.19	2.06	3.33	—	1.48	1.67	3.60	4.78
	②	31	62	1411	77	55	144	75	10	112	41	126	22	12	25	—	1	3	25	21
2014	①	2.20	2.79	2.32	4.84	2.50	4.86	3.99	2.10	1.93	3.67	5.66	4.02	2.22	3.25	—	1.24	1.66	3.78	3.60
	②	32	60	1491	76	61	144	79	9	130	42	120	23	18	26	—	1	3	24	20

表 3-10 1998~2014 年中国上市公司行业结构资本增值系数表

年份	行业	A	B	C	D	E	F	G	H	I	J	K	L	M	N	O	P	Q	R	S
1998	①	0.81	0.74	0.68	0.80	0.66	0.66	0.73	0.63	0.75	0.81	0.77	0.75	0.71	0.80	—	0.47	—	0.69	0.71
	②	6	19	344	40	9	77	27	7	11	10	85	9	1	10	—	1	—	9	15
1999	①	0.71	0.68	0.67	0.77	0.68	0.66	0.77	0.50	0.72	0.78	0.74	0.71	0.74	0.70	—	0.67	0.92	0.71	0.70
	②	6	24	405	43	11	86	32	7	14	9	95	9	1	9	—	1	1	8	20
2000	①	0.73	0.65	0.64	0.74	0.65	0.65	0.74	0.51	0.74	0.79	0.72	0.63	0.85	0.72	—	0.70	—	0.67	0.74
	②	10	27	483	52	13	95	38	7	15	9	104	10	1	10	—	1	—	10	18
2001	①	0.60	0.63	0.60	0.72	0.57	0.59	0.73	0.60	0.60	0.56	0.70	0.58	0.61	0.66	—	0.56	—	0.63	0.63
	②	11	27	502	52	14	100	41	8	20	9	98	9	1	11	—	1	—	11	20
2002	①	0.61	0.62	0.57	0.68	0.49	0.56	0.72	0.53	0.59	0.48	0.68	0.58	—	0.66	—	0.49	0.92	0.60	0.69
	②	13	31	533	56	16	99	44	9	21	10	100	11	—	11	—	1	1	13	16
2003	①	0.57	0.57	0.56	0.67	0.46	0.53	0.69	0.55	0.55	0.55	0.69	0.47	0.28	0.60	—	0.59	—	0.54	0.64
	②	13	35	587	59	21	108	50	7	27	9	104	11	1	11	—	1	—	11	19
2004	①	0.52	0.58	0.55	0.64	0.50	0.53	0.71	0.54	0.54	0.64	0.68	0.49	—	0.63	—	0.51	—	0.50	0.59
	②	18	36	638	64	21	113	51	7	27	9	92	11	—	14	—	1	—	12	19
2005	①	0.50	0.59	0.53	0.63	0.50	0.53	0.70	0.52	0.46	0.57	0.66	0.51	—	0.63	—	0.52	0.89	0.55	0.66
	②	16	30	602	62	21	101	51	7	25	9	91	11	—	13	—	1	1	7	16
2006	①	0.48	0.56	0.54	0.63	0.49	0.55	0.70	0.49	0.49	0.62	0.71	0.53	0.33	0.68	—	0.52	0.36	0.47	0.65
	②	19	36	678	64	27	111	56	6	30	6	99	9	1	13	—	1	1	14	20
2007	①	0.57	0.61	0.58	0.66	0.50	0.59	0.68	0.50	0.50	0.70	0.78	0.58	0.40	0.66	—	0.51	0.45	0.51	0.64
	②	21	47	779	69	31	119	61	10	33	4	104	14	3	15	—	1	1	11	19
2008	①	0.58	0.60	0.52	0.62	0.46	0.54	0.65	0.37	0.45	0.59	0.76	0.52	0.39	0.60	—	—	0.31	0.54	0.56
	②	20	45	764	60	31	117	58	9	36	5	108	13	3	13	—	—	1	8	15
2009	①	0.55	0.52	0.53	0.65	0.51	0.55	0.62	0.48	0.49	0.57	0.79	0.62	0.35	0.63	—	0.31	0.45	0.50	0.61
	②	23	48	838	67	39	121	62	8	49	5	126	12	5	14	—	1	2	15	17
2010	①	0.59	0.56	0.56	0.66	0.54	0.56	0.65	0.38	0.49	0.68	0.79	0.55	0.51	0.60	—	0.36	0.46	0.54	0.66
	②	33	50	1159	73	48	135	72	10	74	4	125	19	8	17	—	1	2	18	18
2011	①	0.57	0.57	0.54	0.63	0.53	0.58	0.63	0.39	0.46	0.70	0.78	0.59	0.47	0.62	—	0.34	0.41	0.53	0.60
	②	32	56	1348	75	58	141	72	11	99	4	127	20	6	23	—	1	3	20	19
2012	①	0.47	0.53	0.49	0.65	0.54	0.56	0.61	0.35	0.45	0.59	0.77	0.61	0.42	0.61	—	—	0.40	0.53	0.60
	②	34	62	1415	76	57	142	77	11	113	41	127	21	12	24	—	—	3	23	20
2013	①	0.49	0.49	0.48	0.67	0.54	0.55	0.59	0.44	0.40	0.63	0.76	0.59	0.43	0.56	—	0.32	0.40	0.54	0.61
	②	31	62	1411	77	55	144	75	10	112	41	126	22	12	25	—	1	3	25	21
2014	①	0.44	0.45	0.47	0.68	0.52	0.54	0.58	0.34	0.41	0.71	0.73	0.61	0.46	0.59	—	0.19	0.40	0.56	0.56
	②	32	60	1492	76	61	144	79	9	130	42	120	23	18	26	—	1	3	24	20

61

由表3-11可见，在1998~2014年，行业智力能力的排名中房地产业，交通运输业，电力、热力、燃气业顺居前3位；住宿和餐饮业，信息传输、软件和信息技术服务业，科学研究和技术服务业顺居后3位。2012~2014年、2010~2014年及1998~2014年三个阶段的智力增值系数排名中，房地产业均居首位，但电力、热力、燃气及水的生产和供应业也均在前三之列。住宿和餐饮业，信息传输、软件和信息技术服务业，科学研究和技术服务业三类行业一直在后三位踯躅，未有改善。不过，近几年租赁和商务服务业的智力总能力有所提升，2010~2014年阶段升至第二，2012~2014年阶段也在前三。交通运输业的智力能力有所下降，但仍处高位，近几年均在前四之列。可见，行业智力增值能力具有一定的差异性及稳定性，智力能力较高的交通运输业，电力、热力、燃气及水的生产和供应业均属于政府管制较为严格的行业，也是垄断程度较高的行业，而排名较低的基本属于第三产业中的服务业。

各行业物质资本增值能力方面，1998~2014年，租赁和商务服务业，文化、体育和娱乐业，建筑业顺居前三位，而金融业，水利、环境和公共设施管理业，农、林、牧、渔业分居后三位。2012~2014年、2010~2014年及1998~2014年三个样本期间物质资本增值系数排名中，租赁和商务服务业均稳居首位，文化、体育和娱乐业也皆在前三位，后三位行业及排序皆无变动。但近几年制造业物质资本增值系数大幅上升，2012~2014年、2010~2014年阶段排名均在前三。值得一提的是，在行业物质资本增值能力方面较高的租赁和商务服务业以及文化、体育和娱乐业均属于服务业，较低的金融业，水利、环境和公共设施管理业，农、林、牧、渔业则属于政府管制较多的行业，其和行业智力增值能力的优势行业和劣势行业属性完全相反。这说明不同的政府规制行业，不同的服务业在不同方面的智力能力也是具有显著差异性的。

人力资本增值能力方面，1998~2014年，房地产业，交通运输业，电力、热力、燃气顺居前三位；住宿和餐饮业，信息传输、软件和信息技术服务业，科学研究和技术服务业顺居后三位。2012~2014年、2010~2014年及1998~2014年三个阶段人力资本增值系数排名中，房地产业均居首位，但电力、热力、燃气及水的生产和供应业也均在前三之列，后三位所属行业没有变化。近几年租赁和商务服务业人力资本利用情况比较乐观，2012~2014年、2010~2014年阶段排名均在第三。1998~2014年人力资本增值能力居第二位的交通运输业虽有所下降，但仍然在前列（2012~2014年、2010~2014年阶段排名均在第四）。整体上，行业人力资本增值情况与行业智力总能力非常类似，增值能力较高的大部分均属于管制行业，较低的属于第三产业中的服务业，且行业人力资本增值能力相对稳定。行业人力资本增值能力均明显大于其他资本方面的增值能力，且在很大程度上影响甚至决定了行业的智力增值总能力。

可见，人力资本的开发与利用是提高行业竞争能力的关键因素。

表3-11 1998~2014年中国上市公司行业智力增值系数比较表

2012~2014年				2010~2014年				1998~2014年			
智力增值系数	物质资本增值系数	人力资本增值系数	结构资本增值系数	智力增值系数	物质资本增值系数	人力资本增值系数	结构资本增值系数	智力增值系数	物质资本增值系数	人力资本增值系数	结构资本增值系数
7.61(K)	2.57(L)	6.60(K)	0.75(K)	8.31(K)	2.57(L)	7.28(K)	0.77(K)	11.41(K)	1.29(L)	10.26(K)	0.74(K)
5.39(D)	0.65(R)	4.38(D)	0.67(D)	7.42(L)	0.65(R)	4.29(D)	0.66(D)	6.74(G)	0.61(R)	5.80(G)	0.67(D)
5.08(L)	0.47(C)	4.14(L)	0.64(J)	5.27(D)	0.47(C)	4.26(L)	0.64(D)	5.86(D)	0.52(E)	4.92(D)	0.66(G)
5.06(G)	0.38(B)	4.05(G)	0.60(L)	5.23(G)	0.38(B)	4.26(G)	0.61(G)	5.39(L)	0.46(B)	3.89(N)	0.64(J)
5.02(R)	0.38(E)	3.79(F)	0.59(G)	4.74(R)	0.38(E)	3.56(R)	0.60(N)	4.75(N)	0.41(K)	3.65(J)	0.63(N)
4.72(F)	0.36(G)	3.69(R)	0.59(N)	4.45(F)	0.36(G)	3.54(F)	0.59(L)	4.53(B)	0.40(M)	3.53(B)	0.58(L)
4.12(J)	0.36(M)	3.31(N)	0.55(F)	4.18(N)	0.36(M)	3.37(N)	0.56(F)	4.52(F)	0.39(C)	3.52(L)	0.57(F)
4.12(N)	0.36(F)	3.24(J)	0.54(R)	4.15(J)	0.36(F)	3.26(J)	0.54(J)	4.50(J)	0.31(F)	3.47(B)	0.57(B)
3.80(B)	0.32(D)	2.97(B)	0.53(E)	4.04(B)	0.32(N)	3.14(B)	0.53(E)	4.41(R)	0.30(J)	3.37(B)	0.56(R)
3.67(E)	0.30(H)	2.76(E)	0.49(B)	3.89(C)	0.30(H)	2.91(C)	0.52(B)	3.99(E)	0.28(H)	3.05(B)	0.54(A)
3.45(C)	0.27(I)	2.57(C)	0.48(C)	3.70(E)	0.27(D)	2.79(E)	0.51(A)	3.97(C)	0.27(D)	2.95(C)	0.54(E)
3.04(A)	0.26(K)	2.36(A)	0.47(A)	3.36(M)	0.26(M)	2.64(A)	0.51(M)	3.61(A)	0.27(A)	2.87(A)	0.52(C)
2.92(M)	0.25(J)	2.21(H)	0.44(M)	3.00(M)	0.25(J)	2.19(M)	0.45(M)	3.37(H)	0.22(J)	2.63(H)	0.48(I)
2.88(H)	0.21(N)	2.13(M)	0.42(I)	2.75(I)	0.21(I)	2.04(I)	0.44(I)	3.19(I)	0.22(N)	2.44(I)	0.47(H)
2.65(I)	0.21(A)	1.96(I)	0.38(H)	2.69(H)	0.21(A)	2.09(H)	0.38(H)	3.06(M)	0.19(I)	2.21(M)	0.45(M)

注：表中括号内为行业代码，各个阶段按行业增值系数由高到低进行排列。本表未对下列行业进行排序：样本期间样本不足30个的教育业、卫生和社会工作、居民修理服务业；样本期间样本不具有明显行业特征的综合业

表3-12 中国上市公司行业资本投资增长率比较表

行业	物质资本			人力资本			结构资本			客户资本			创新资本			流程资本		
	①	②	③	①	②	③	①	②	③	①	②	③	①	②	③	①	②	③
A	7.34	11.93	10.63	3.47	15.71	20.01	6.03	2.77	6.37	5.93	7.99	26.15	10.39	27.53	35.52	3.70	6.63	8.36
B	5.26	3.46	58.58	1.90	6.21	7.83	(4.12)	(5.71)	65.03	4.29	2.55	58.82	(13.79)	0.93	1.17	1.13	(3.56)	(4.43)
C	9.04	7.54	17.06	9.03	10.52	13.32	6.84	3.63	16.89	9.30	8.21	18.36	8.13	21.36	27.38	2.57	1.76	2.21
D	12.58	11.41	9.88	10.22	11.63	14.74	15.75	18.47	22.33	5.50	9.09	13.53	5.68	40.52	52.99	15.46	19.10	24.42
E	9.86	11.54	20.45	9.28	12.21	15.49	9.85	15.62	37.24	9.44	8.97	28.14	12.79	21.70	27.82	10.48	14.12	17.95
F	9.90	12.56	37.43	7.37	13.44	17.07	5.75	7.66	42.41	6.55	11.37	22.14	11.42	23.54	30.24	10.72	8.00	10.10
G	4.78	4.27	16.24	5.91	8.79	11.11	6.69	(0.39)	23.18	3.12	9.20	36.76	12.76	46.52	60.99	8.00	3.18	4.00
H	23.26	16.67	18.01	5.95	9.46	11.96	9.20	8.03	13.97	0.26	5.32	19.27	(5.90)	(2.53)	(3.15)	18.70	12.28	15.58
I	7.01	1.31	15.05	6.22	1.92	2.40	9.74	9.51	23.53	4.02	1.59	34.28	13.83	28.71	37.10	6.47	11.81	14.97
J	10.55	10.83	29.05	7.72	9.86	12.47	8.24	49.41	26.42	(73.38)	(69.38)	(14.25)	256.87	383.89	617.69	7.34	268.51	410.57
K	11.92	12.96	15.93	16.26	21.24	27.21	9.13	13.20	30.38	10.49	18.17	18.58	22.22	42.47	55.65	7.55	11.58	14.67
L	11.19	16.18	8.98	10.22	18.32	23.40	13.00	22.44	7.51	9.52	18.85	15.42	7.74	52.26	69.14	15.93	21.03	26.94
M	14.41	15.31	11.19	9.96	15.49	19.72	16.26	22.26	24.24	8.33	8.21	21.90	10.92	17.75	22.66	5.87	18.96	24.23
N	9.65	9.25	7.52	7.30	10.64	13.47	11.69	9.03	10.31	1.30	5.57	14.24	14.67	65.13	87.18	14.90	10.28	13.02

63

续表

行业	物质资本 ①	物质资本 ②	物质资本 ③	人力资本 ①	人力资本 ②	人力资本 ③	结构资本 ①	结构资本 ②	结构资本 ③	客户资本 ①	客户资本 ②	客户资本 ③	创新资本 ①	创新资本 ②	创新资本 ③	流程资本 ①	流程资本 ②	流程资本 ③
R	16.54	20.64	15.20	15.32	20.17	25.82	19.80	16.20	18.68	11.44	17.03	23.16	45.73	47.81	62.98	22.98	11.84	15.02
平均	10.89	11.06	19.41	8.41	12.37	15.74	9.59	12.81	24.58	1.07	3.78	22.43	27.56	54.50	79.02	10.12	27.70	39.84

注：①代表2012~2014年几何年均增长率（%）；②代表2010~2014年几何年均增长率（%）；③代表全部年份年的几何增长率（%），其中物质资本和客户资本为1990~2014年，人力资本与结构资本为1998~2014年，创新资本与流程资本为2006~2014年；为便于与智力增值能力比较，本表排除了教育业、卫生和社会工作、居民修理服务业样本及综合业；括号内代表负值。

关于结构资本的增值能力，1998~2014年，房地产业、电力、热力、燃气和交通运输业顺居前三位，科学研究和技术服务业、住宿和餐饮业、信息传输、软件和信息技术服务业顺居后三位。其中房地产业、电力、热力、燃气在2012~2014年、2010~2014年及1998~2014年三个样本期间排名均在前二位。后三位均属住宿和餐饮业，信息传输、软件和信息技术服务业，科学研究和技术服务业。值得关注的是，金融业也是结构资本较高的行业之一，在1998~2014年虽未进前三，但紧跟交通运输业位居第四，相差仅为0.02。在2012~2014年、2010~2014年阶段排名中超过了交通运输业排名进入前三。虽然如此，交通运输业仍在2012~2014年、2010~2014年阶段排名中分别保持着第五、第四的竞争优势。但无论是交通运输业还是金融业，均属于国家严格管制的行业，可见在结构资本方面，规制行业也是具有很强的竞争优势。

根据上述分析，发现行业智力能力具有明显的行业特征：①整体上，政府规制行业中的电力、热力、燃气业与交通运输业除了物质资本增值能力以外，其他方面的增值能力一直保持着明显的行业优势。而政府管制较多的金融业在结构资本的使用方面效率也要优于大多数其他行业，人力资本增值效率从1998~2014年整体来看也并不低（排名第五），只是近几年有所下降，在2012~2014年、2010~2014年阶段排名中均位列第八，属行业中等水平，但由于金融业在物质资本增值能力方面的欠缺，使得金融业整体上智力能力并不乐观。②房地产业从1998~2014年整体来看，无论是智力增值总能力，还是分项智力能力都显著高于其他行业，稍欠的是物质资本增值能力，但也位居第五名。但近几年，房地产业的物质资本增值能力不断下降，在2012~2014年、2010~2014年阶段排名中均为倒数第四。但由于房地产其他方面的智力资本能力的绝对优势（均居第一），使得该行业的智力总能力远高于其他行业。③住宿和餐饮业，信息传输、软件和信息技术服务业，科学研究和技术服务业整体而言，在各个方面的增值能力及智力总能力均较差。除了物质资本增值能力以外，其他方面的智力增值能力均在后三位之列。物质资本增值能力也均在中下游之列。

从资本投资额观察（见表3-12），各行业各种资本年均投资额绝大多数行业都在不断增长，且增长幅度不断加大。各行业在重视物质资本投资的同时，也在不断加强对智力资本的投资。在智力能力较高且相对稳定的房地产业和电力、热力、燃气业，物质资本、人力资本和结构资本投资额几何年均增长率大部分阶段都高于样本行业上市公司平均水平。资本增值能力较差的住宿和餐饮业以及信息传输、软件和信息技术服务业全部年份整体而言，物质资本、人力资本和结构资本投资额几何年均增长率均低于样本行业上市公司平均水平，结构资本增值效率较高的金融业从1998~2014年整体及2010~2014年而言，结构资本年均增长率也均高于样本行业上市公司平均水平。这表明，行业的资本投资重视程度存在明显差异，该差异是影响资本投资效率的主要原因之一。但行业投资效率低下的问题也不容忽视。如科学研究和技术服务业，物质资本、人力资本和结构资本投资额几何年均增长率基本都高于样本行业上市公司平均水平，但其智力能力除了物质资本增值能力以外，均排在行业后三位，物质资本增值能力也不突出。

在行业结构资本投资中，整体上大多数行业在客户资本及流程资本方面投资增长较快，多数行业的几何年均增长率高于样本行业上市公司平均水平，而在创新资本投资方面，多数行业的几何年均增长率小于样本行业上市公司平均水平，即大多数行业对创新资本的投资可能相对较少，一方面可能是创新投资意识淡薄，固有保守经营思想的消极影响，另一方面也可能缘于创新投资风险较高，企业因应对风险的能力较弱从而相应减少投资。

3.4.3 地区分析

目前，国家统计局根据各地区社会经济发展状况的不同，以及《中共中央、国务院关于促进中部地区崛起的若干意见》、《国务院发布关于西部大开发若干政策措施的实施意见》和中共十六大报告的精神，将我国经济区域划分为东部、中部、西部以及东北部四个区域。其中：东部地区包括北京、福建、广东、海南、河北、江苏、山东、上海、天津、浙江十个省市；中部地区包括安徽、河南、湖北、湖南、江西、山西六省；西部地区包括重庆、甘肃、广西、贵州、内蒙古、宁夏、青海、陕西、四川、西藏、新疆、云南十二个省市区；东北地区包括黑龙江、吉林和辽宁三省。根据该划分方法，本书将我国智力资本情况基于VAIC法进一步进行了统计，见表3-13至表3-16。

表 3-13 1998~2014 年中国上市公司分经济区域智力能力水平表

经济区域	年份	1998	1999	2000	2001	2002	2003	2004	2005	2006	2007	2008	2009	2010	2011	2012	2013	2014
东部	增值系数	6.47	9.08	5.90	4.91	4.64	4.38	4.41	4.14	4.38	5.17	4.60	5.00	4.66	4.20	3.78	4.38	3.70
	样本个数	377	437	489	513	539	597	640	603	687	780	777	876	1178	1381	1469	1487	1571
中部	增值系数	7.38	6.74	5.92	5.13	3.88	3.71	3.80	3.74	7.67	4.54	5.02	3.94	4.04	3.97	3.53	3.63	3.34
	样本个数	109	126	149	154	164	182	192	187	206	226	212	228	287	319	331	327	343
西部	增值系数	6.83	5.51	5.42	4.52	4.07	3.88	4.04	3.76	3.82	5.34	3.72	3.90	3.94	4.39	5.91	3.68	3.69
	样本个数	134	149	182	191	195	204	217	191	211	241	229	252	289	302	333	318	318
东北部	增值系数	6.98	6.77	5.76	4.67	4.44	3.94	4.21	3.81	4.25	7.55	64.09	4.46	27.09	26.50	4.49	4.34	3.82
	样本个数	59	68	80	76	86	87	83	77	83	93	86	89	108	113	122	119	125

表 3-14 1998~2014 年中国上市公司分经济区域物质资本增值系数水平表

经济区域	年份	1998	1999	2000	2001	2002	2003	2004	2005	2006	2007	2008	2009	2010	2011	2012	2013	2014
东部	增值系数	0.22	0.25	0.74	0.27	0.23	0.25	0.25	0.26	0.35	0.40	0.33	0.33	0.48	0.27	0.29	0.55	0.28
	样本个数	377	437	489	513	539	597	640	603	687	780	777	876	1178	1381	1470	1487	1571
中部	增值系数	0.20	0.18	0.17	0.15	0.16	0.19	0.21	0.23	0.30	0.48	1.49	0.40	0.38	0.35	0.29	0.53	0.39
	样本个数	109	126	149	154	164	182	192	187	206	226	212	228	287	319	331	327	343
西部	增值系数	0.21	0.20	0.19	0.18	0.18	0.20	0.24	0.25	0.34	0.94	0.35	0.29	0.31	0.52	0.59	0.45	0.32
	样本个数	134	149	182	191	195	204	217	191	211	241	229	252	289	302	333	318	319
东北部	增值系数	0.22	0.25	0.24	0.20	0.20	0.19	0.21	0.21	0.23	0.40	0.39	0.27	0.29	6.59	0.34	0.29	0.28
	样本个数	59	68	80	76	86	87	83	77	83	93	86	89	108	113	122	119	125

表 3-15 1998~2014 年中国上市公司分经济区域人力资本增值系数水平表

经济区域	年份	1998	1999	2000	2001	2002	2003	2004	2005	2006	2007	2008	2009	2010	2011	2012	2013	2014
东部	增值系数	5.56	8.16	4.51	4.03	3.81	3.55	3.59	3.31	3.47	4.16	3.71	4.09	3.58	3.37	2.96	3.32	2.91
	样本个数	377	437	489	513	539	597	640	603	687	780	778	1178	1381	1469	1487	1571	
中部	增值系数	6.44	5.85	5.06	4.34	3.12	2.95	3.01	2.96	6.80	4.11	2.98	2.99	3.10	3.06	2.73	2.61	2.47
	样本个数	109	126	149	154	164	182	192	187	206	227	212	229	288	319	331	327	343

续表

经济区域	年份	1998	1999	2000	2001	2002	2003	2004	2005	2006	2007	2008	2009	2010	2011	2012	2013	2014
西部	增值系数	5.92	4.65	4.57	3.73	3.30	3.12	3.24	2.99	2.94	3.81	2.85	3.08	3.08	3.32	4.82	2.73	2.88
	样本个数	134	149	182	191	195	204	217	191	211	241	229	252	289	302	333	318	318
东北部	增值系数	6.03	5.80	4.88	3.80	3.68	3.19	3.43	3.04	3.46	6.53	63.14	3.62	26.21	19.33	3.61	3.52	3.02
	样本个数	59	68	80	76	86	87	83	77	83	93	86	89	108	113	122	119	125

表3-16 1998~2014年中国上市公司分经济区域结构资本增值系数水平表

经济区域	年份	1998	1999	2000	2001	2002	2003	2004	2005	2006	2007	2008	2009	2010	2011	2012	2013	2014
东部	增值系数	0.69	0.68	0.66	0.62	0.60	0.58	0.58	0.56	0.57	0.61	0.56	0.58	0.59	0.56	0.53	0.52	0.51
	样本个数	377	437	489	513	539	597	640	603	687	780	778	876	1178	1381	1470	1487	1571
中部	增值系数	0.74	0.72	0.70	0.64	0.60	0.58	0.58	0.56	0.57	0.60	0.54	0.55	0.57	0.56	0.52	0.50	0.48
	样本个数	109	126	149	154	164	182	192	187	206	227	212	229	288	319	331	327	343
西部	增值系数	0.71	0.67	0.66	0.61	0.59	0.56	0.56	0.53	0.55	0.59	0.53	0.54	0.54	0.54	0.50	0.50	0.49
	样本个数	134	149	182	191	195	204	217	191	211	241	229	252	289	302	333	318	319
东北部	增值系数	0.73	0.72	0.69	0.63	0.59	0.56	0.57	0.56	0.56	0.61	0.56	0.57	0.59	0.58	0.55	0.53	0.51
	样本个数	59	68	80	76	86	87	83	77	83	93	86	89	108	113	122	119	125

表3-17 1998~2014年中国上市公司分经济区域智力能力水平比较表

经济区域	智力增值系数			物质资本增值系数			人力资本增值系数			结构资本增值系数		
	①	②	③	①	②	③	①	②	③	①	②	③
东部	4.20	4.14	4.93	0.36	0.37	0.34	3.30	3.23	4.00	0.54	0.54	0.59
中部	3.80	3.70	4.71	0.39	0.39	0.36	2.90	2.79	3.80	0.52	0.53	0.59
西部	4.44	4.32	4.50	0.42	0.44	0.34	3.51	3.37	3.59	0.51	0.52	0.57
东北部	5.92	13.25	11.01	0.39	1.56	0.63	4.98	11.14	9.78	0.55	0.55	0.60

注：①、②、③分别代表2012~2014年、2010~2014年、1998~2014年三个阶段的各年增值系数均值

由表3-17可知，从1998~2014年整体情况看，东北部除了结构资本增值能力与其他地区相差无几外（仅略高于其他地区水平），在其他方面的智力能力均远高于其他地区，其他区域智力能力由东向西逐步递减。分项资本增值总能力中，人力资本增值能力也呈现出相同的趋势，但分项资本增值总能力中的物质资本增值能力及结构资本增值能力东部、中部和西部并没有表现出太大的差别，中部地区以较高的

优势在物质资本增值能力排行中居首位（除了东北部），西部地区则以较高的劣势在结构资本增值能力排行中居末。

由上发现，经济发展水平与企业的智力能力有密切的关系：根据国家统计局公布的 1998~2014 年各年国有生产总值数据，计算得出东部、中部、西部和东北部 1998~2014 年 GDP 几何年均增长率分别为 14.71%、15.10%、14.63% 和 15.23%，东北部>中部>东部>西部，和各区域智力总能力 1998~2014 年整体水平排序大体一致。

智力资本是企业重要的竞争资源，也是一个地区甚至国家经济发展的重要战略资源。智力资本能有效促进企业绩效的提高①，而企业绩效的提高又为企业加大智力资本投资力度提供了保障和基础，从而进一步推动企业经济效益的提高。我国东部、中部和西部区域经济发展水平的显著差异，是导致不同区域智力资本水平差距不断加大的重要原因之一（王明海，2013），智力资本能有效促进区域经济的发展（王晓鸿，2012）。

区域经济的协调发展是我国社会经济发展的一个重要原则，区域智力资本效率的协调发展则是实现这一原则的关键所在。从 2010~2014 年智力总能力看，相较于 1998~2014 年，我国不同区域智力增值总能力差距有所加大：1998~2014 年，智力增值系数最高的东北部地区是最低的西部地区的约 2.45 倍，在 2010~2014 年，该倍数扩大至 3.58 倍。近两年不同区域智力资本效率的差距有所缩小，表现为 2012~2014 年，该倍数缩小至 1.56。但不容乐观的是，2012~2014 年和 2010~2014 年，各区域智力能力水平相较于 1998~2014 年阶段并没有明显的改善，甚至整体上是下降的，尤以东北地区为甚。各区域智力能力差距的缩小实际上部分是以降低各区域智力能力为代价的结果，这必须引起我们的重视，只有在各区域智力能力水平都不断提高的基础上缩小各区域的差距，才是一种可持续的、能有效促进经济发展的经济策略。从分项智力能力看，各区域差距最大的是人力资本增值能力，其次是物质资本增值能力，最后是结构资本增值能力。人力资本增值能力的区域差异显著大于其他各项智力能力的区域差异。区域人力资本增值能力在 1998~2014 年、2010~2014 年、2012~2014 年三个阶段最高值分别是最低值的约 2.72 倍、3.99 倍、1.72 倍，而区域物质资本增值能力在此三个阶段最高值分别约是最低值的 1.85 倍、4.22 倍、1.17 倍，区域结构资本增值能力在此三个阶段最高值分别约是最低值的 1.05 倍、1.06 倍、1.08 倍。区域经济的可持续协调发展，必须重视智力资本尤其是人力资本的有效利用及区域平衡。

整体上，各个区域各项资本投资都是在不断增长的（见表 3-18），说明各区域不仅重视物质资本，对智力资本的投资重视程度也在不断加大。但投资的效率在各

---

① 见本书第 2 章 2.1.2 节的研究。

区域并不平衡，许多区域投资效率并未随着投资的增加而提高，甚至近几年一些区域资本增值效率呈现下降的趋势，尤以东北地区为甚。与东部、中部、东北部地区形成明显差别的是西部地区。西部地区智力能力在不断增强，突出表现在物质资本和人力资本方面，2010~2014年阶段物质资本和人力资本增值效率均超过东部和中部地区，跃居第二位；2012~2014年阶段，人力资本增值效率超过东部和中部地区，位居第二，物质资本增值效率超过其他各区域位居首位。我国实施西部大开发战略，对西部地区的投资不断加大。从表3-18可知，西部地区的物质资本、人力资本和结构资本投资几何年均增长率在全部年份整体仅低于东部地区，近几年投资增长速度加快，2012~2014年和2010~2014年两个阶段的物质资本、人力资本几何年均增长率均超过东部地区，跃居首位，而物质资本增值效率和人力资本增值效率在近几年也有明显的提升，均超越东部地区，跃居第二位。西部地区结构资本中的客户资本投资几何年均增长率在三个阶段一直处于首位；创新资本投资除了在2010~2014年这个阶段投资几何年均增长率逊于东北部地区外，在其他两个阶段均遥遥领先；但西部地区的流程资本投资几何年均增长率在近几年与其他区域的差距逐渐拉大，近几年投资几何年均增长率居于各区域末位。虽然如此，但由于西部地区创新资本与客户资本投资增长速度迅猛，使得整个结构资本投资几何年均增长率仍在所有区域中居于第二位，但结构资本增值效率并没有提高。但整个西部地区的智力总能力随着西部投资的增加得到明显的改善，1998~2014年整体位于末位，但2010~2014年已整体升至第二位，至2012~2014年虽仍在第二位，但与居于首位的东北部地区差距明显缩小。

表3-18 中国上市公司分经济区域资本投资增长率比较表

经济区域	物质资本			人力资本			结构资本			客户资本			创新资本			流程资本		
	①	②	③	①	②	③	①	②	③	①	②	③	①	②	③	①	②	③
东部	11.12	7.35	24.44	10.13	9.72	21.45	8.31	23.66	19.65	10.33	7.00	19.64	14.19	26.10	64.27	9.23	38.85	15.46
中部	9.22	9.40	13.52	8.26	11.85	18.09	3.21	2.90	11.91	11.63	11.68	16.99	9.00	29.97	50.14	6.64	9.36	9.84
西部	14.79	13.43	13.94	15.74	16.33	18.74	10.50	11.58	12.05	17.98	12.65	20.62	15.59	34.12	72.16	5.23	12.85	9.62
东北部	8.41	6.19	4.88	9.49	10.37	15.21	12.31	5.98	9.85	8.19	9.00	2.17	3.91	43.38	33.18	12.12	10.98	8.66

注：①代表2012~2014年几何年均增长率（%）；②代表2010~2014年几何年均增长率（%）；③代表全部年份几何年均增长率（%），其中物质资本和客户资本为1990~2014年，人力资本与结构资本为1998~2014年，创新资本与流程资本为2006~2014年

3.5 本章小结

本章首先在梳理前人文献研究的基础上，对有关智力资本的估算方法进行了比较分析。本书认为，目前有关智力资本的估算方法具有一定的片面性，许多方法仅简单以智力资本的投资规模代表企业的智力资本水平。现有方法中，本书认为从投

资效率角度评估企业智力资本水平的VAIC方法更为科学、合理。

本章进而基于VAIC方法分别对我国上市公司1990~2014年的智力资本的整体情况、行业、区域差异从投资规模及投资效率两个方面进行了估算与分析,认为:①上市公司整体而言:物质资本投资与各项智力资本投资整体呈上升趋势;人力资本投资增长速度显著高于物质资本投资增长速度;各种资本投资规模差异化现象日趋明显;智力总能力不稳定,各年波动较大,样本期间呈现下降趋势;智力资本增值效率明显大于物质资本增值效率;智力资本内部,增值效率存在显著差异。②行业智力能力具有一定的差异性及稳定性:许多政府规制行业无论是在人力资本增值能力还是在结构资本增值能力方面均具有明显的优势,而一些服务业在这两方面的增值能力较弱。但政府规制行业和服务业内部也存在明显的差异,表现在物质资本方面,增值能力较强的反而是服务业,较差的是政府管制较多的行业;房地产业智力能力较为突出且相对稳定,住宿和餐饮业,信息传输、软件和信息技术服务业和科学研究和技术服务业整体较差,相对一直处于劣势。③不同经济区域智力能力水平也不平衡:东北部除了结构资本增值能力与其他地区相差无几外(仅略高于其他地区水平),在其他方面的智力能力均远高于其他地区,其他区域智力能力由东向西逐步递减。近年来,西部地区智力总能力较其他区域明显上升,但东部和中部没有明显改善,东北部地区近两年有明显下降趋势。

无论是从上市公司整体还是从行业或地区来看,基本都在逐年加大对物质资本及各项智力资本的投资力度。尤其是从上市公司整体而言,人力资本投资增长速度显著高于物质资本投资增长速度,智力资本尤其是人力资本在企业价值创造过程中日益显现出核心地位。行业或地区的智力能力与资本的投资规模具有密切的联系,投资规模的力度加大通常伴随着智力能力的提升,这从侧面反映出智力能力是以一定的资本积累为前提的,也映射出不同行业、地区在投资政策方面的差异及投资重视程度的不同。但相关行业或地区应注意合理调整其投资规模,完善其投资政策,避免资金浪费,从而提高其智力资本水平,如科学研究和技术服务业,物质资本、人力资本和结构资本投资额年均增长率较高,但其智力能力除了物质资本增值能力以外,均在行业末位,物质资本增值能力也一般;近两年各区域整体上虽然投资规模仍在不断加大,但智力能力并没有明显改善,东北部地区明显下降。

值得一提的是,由于政府规制行业多属自然垄断行业,其垄断利润在一定程度上会导致其资本使用效率的高估,也使整个社会资金的使用效率达不到帕累托最优,从而降低整个社会的智力资本水平。政府应通过宏观调控,最大限度地减少市场垄断行为,促进市场的完全、充分竞争,以此合理引导社会资金的流向,促进不同企业、行业和地区的资本投资规模及效率达到最优状态,提升社会智力资本水平。

区域经济的协调发展是我国经济发展的一项基本原则,智力资本作为影响区域经济发展的一项重要资源,其区域不平衡问题也不容忽视。近几年各区域的智力能力差距在不断缩小,但部分地区是以区域资本增值能力的下降为代价的。我们必须注重在各区域智力能力水平不断提高的基础上缩小各区域的差距,以促进经济的可持续发展。

4 我国上市公司资本成本现状：估算与分析

4.1 引言

在一个资产收益率不确定的环境中，企业的资本成本是什么？不同的主体通过何种渠道获取资本：固定收益的债务？或者是风险不确定的按投资比例享有收益的股权？Miller 和 Modigliani（1958）指出，此问题至少使三类经济学家头疼不已：关注促进企业增长和保障企业生存的融资技术的公司理财专家；关注资本预算的管理经济学家；关注如何解释微观、宏观投资行为的经济理论家。时至今日，将近 60 年，资本成本的估算作为公司理财领域的一个经典难题，依然困绕着学术界和实务界，且鉴于其在理财学中的重要地位，资本成本估算研究一直是公司理财领域的研究热点，也因此出现众多资本成本估算模型，其中尤以股权资本成本估算模型为甚。

可以说，资本成本的估算方法进入了"丛林"时代，一方面为我们的研究提供了更为广阔的选择余地，另一方面也使我们有些困惑：不同的资本成本估算方法结果大相径庭，企业真实的资本成本究竟如何？现有研究在样本选择、研究期间、奇异值的剔除等各个方面也都不尽一致，使我们对相关文献研究结果的借鉴也有一定的困难，因此厘定企业的资本成本是一项非常重要的工作。本章通过对国内外有关资本成本模型的梳理，旨在对相关模型的适用性做一个全局的把握，从而筛选适合本章研究的资本成本估算方法。进而运用该方法对我国目前上市公司资本成本的现状做一个全面的了解，并与我国智力资本的现状进行对比，为后续章节的研究奠定基础。

4.2 估算方法研究

4.2.1 股权资本成本估算模型

股权资本成本的估算包括基于预测数据的事前资本成本估算模型，以及基于历史数据的事后资本成本估算模型。相较于债务资本成本,股权资本成本风险因素众多,其估算因而受到学术界及实务界更多的关注。

4.2.1.1 事前(隐含)资本成本估算模型

事前(隐含)资本成本估算模型为基于预测数据的折现现金流量模型,在目前股权资本成本尤其是我国股权资本成本的估算中占据主流地位。这类模型中的股权资本成本为使未来股东现金流量的折现金额等于当前股票价值的折现率。不同模型的区别主要在于未来股东现金流量的确定基于不同的假设。股东的现金流量主要包括股利和资本利得。这两者的差异是未来股东现金流量差异的重要原因。基于此,折现现金流量模型可以分为持续不变收益增长率模型、剩余收益模型和超常收益增长模型三类。

(1)持续不变收益增长率模型。持续不变收益增长率模型的代表为 Gordon(1962)模型。在 20 世纪 80 年代以前,是美国企业界最为主流的一种股权资本成本估算方法(汪平,2008),其公式为:

$$r_e = \frac{dps_1}{p_0} + g \tag{4-1}$$

其中:r_e 代表股权资本成本,p_0 为上期期末股价,g 为股利增长率。

该模型假定股东长期持有企业股票,股东收益仅缘于股利,股利按一个固定比例永续增长。该类模型对于成熟期的企业而言,适用性较强(汪平,2008),因其有大量充裕现金流,投资机会较少,股利发放相对稳定。而在我国,由于股利的发放不太稳定,随意性较强,从而限制了该模型的运用。

(2)剩余收益模型。剩余收益模型认为企业的收益属于股东,股东的权益为目前股权账面价值与未来各期收益(该收益为满足了股东要求报酬率,即资本成本之后剩余的金额,故称剩余收益)。不同剩余收益模型又有所区别,区别在于每期的剩余收益估算。剩余收益模型典型的有 GLS 模型、CT 模型等。

Gebhardt 等(2001)提出并实证检验了 GLS 模型,认为 GLS 模型比传统的 CAPM 模型更能捕捉各种风险因素,效果更好。其预测期较长,要求至少为 12 期,其公式一般为:

$$p_0 = bvps_0 + \sum_{i=1}^{3} \frac{froe_i - r_e}{(1+r_e)^i} bvps_{i-1} + \sum_{i=4}^{11} \frac{froe_i - r_e}{(1+r_e)^i} bvps_{i-1} + \frac{froe_{12} - r_e}{r_e (1+r_e)^{11}} bvps_{11} \tag{4-2}$$

其中,p_0 为上期收盘价格,$bvps_0$ 为上期末股利支付后的每股账面价值;$froe_1$、$froe_2$ 和 $froe_3$ 为自本期起三期预期权益净利率。$froe_{12}$ 为行业权益净利率。该模型假定前三期分析师对企业权益净利率的预期即代表市场预期,从第四期起,公司的权益净利率趋向于历史行业权益净利率。从第 12 期开始,公司股利支付率为 100%。亦即从第 12 期开始,股东权益保持不变,即按股权资本成本增长。

Claus 和 Thomas(2001)的 CT 模型下,短期预测期为五年,在五年之后,剩余收益按永续增长率增长保持不变。整体上,剩余收益模型的思想与经济利润基本一致,都考虑到了股东权益的机会成本,因此更能代表股东的真实收益。其中 GLS 模型思想比较符合平均利润率规律,更切合经济现实,是实务中应用较为广泛的一种剩余收益折现现金流量模型。

(3)超常收益增长模型。所谓超常收益增长模型,指在预测期外,股东除了能获取一个稳定的收益增长率(股权资本成本),还可以获取一个超过股权资本成本的超常增长率,即股东能获取超额收益。股权价值为目前及未来各期盈余的折现。该类模型主要有 OJ 模型、PEG 模型、MPEG 模型等。

Ohlson 和 Juettner-Nauroth(2005)的 Ohlson-Juettner 模型,简称 OJ 模型。该模型认为股票价格并不完全取决于股利,股价与预期每股盈余、每股盈余的长短期增长率、股权资本成本有关,并以此倒推股权资本成本。股权资本成本计算公式如下:

$$r_e = A + \sqrt{A^2 + \frac{eps_1}{p_0} \times [g - (\gamma - 1)]} \qquad (4-3)$$

其中:r_e 为股权资本成本;$g = (eps_2 - eps_1)/eps_1$,表示股利支付率,即收益的短期增长率;$eps_1$ 和 eps_2 为本期及下一期的每股收益;dps_1 为本期每股股利;p_0 为上期收盘价格;$(\gamma - 1)$ 为收益的长期增长率;$A = [dps_1/p_0 + (\gamma - 1)]/2$。

Easton(2004)同时提出了 PEG 和 MPEG 模型。PEG 模型的基本思路是将股价与盈余预测、盈余增长率融为一体,其假设股利支付率为 0,长期增长率为 0,本质上属于 OJ 模型的特例,由式(4-3)可推出 PEG 的公式,如下:

$$r_e = \sqrt{\frac{eps_2 - eps_1}{p_0}} \qquad (4-4)$$

MPEG 模型假设股利超常增长率为 0,即 OJ 模型中的 $(\gamma - 1)$ 为 0,模型本质上也是 OJ 模型的特例。根据式(4-3),当 $(\gamma - 1)$ 为 0 时,得:

$$r_e = \frac{dps_1}{2P_0} + \sqrt{\frac{dps_1^2}{4P_0^2} + \frac{eps_2 - eps_1}{P_0}} \qquad (4-5)$$

继而有:

$$\left(r_e - \frac{dps_1}{2P_0}\right)^2 = \frac{dps_1^2}{4P_0^2} + \frac{eps_2 - eps_1}{P_0} \qquad (4-6)$$

进一步变形得:

$$r_e^2 - \frac{r_e dps_1}{P_0} - \frac{eps_2 - eps_1}{P_0} = 0 \qquad (4-7)$$

解该二元一次方程,得:

$$r_e = \sqrt{\frac{eps_2 + r_e dps_1 - eps_1}{P_0}} \quad (4-8)$$

此即 MPEG 方法下股权资本成本的估算公式。

无论是何种折现现金流量模型,股利增长率的估算都是一个极其令人困扰的问题。在竞争日益激烈的今天,企业未来充满了变数,估算增长率应充分考虑企业内外经营环境、发展状况等各项因素,否则资本成本的估算便失去了意义。毛新述等(2012)根据上市公司 2005~2009 年的样本数据,认为 PEG 模型能够更好地捕捉各种风险因素的影响。无论如何,折现现金流量模型相较于风险报酬率估值技术在实务中应用更为广泛,其主要基于会计报表数字进行估算(便于取得数据)且假定条件多针对个体企业而非整个宏观经济环境应该是最重要的原因。

4.2.1.2 事后资本成本估算模型

事后资本成本估算模型主要为风险补偿估值技术,主要包括四类:基于无风险报酬的风险补偿估值技术;基于债务的风险补偿估值技术;基于企业经营风险和财务风险综合考虑的风险报酬估值技术;基于无风险报酬、企业经营风险和财务风险综合考虑的风险报酬估值技术。

(1)基于无风险报酬的风险补偿估值技术。该类模型典型的包括 CAPM 模型(Capital Asset Pricing Model,CAPM)、套利定价理论(Arbitrage Pricing Theory,APT)、Fama-French 三因素模型(Fama and French three-factor Model)、Fama-French 五因素模型等。

CAPM 模型是一种传统的、经典的报酬率估算方法。Sharp 于 1964 年在《金融学学刊》上发表了《资本资产价格:在风险条件下的市场均衡理论》,提出了 CAPM 模型。几乎同时,Lintner 于 1965 年在《经济学和统计学评论》上发表的《风险资产评估与股票组合中的风险资产选择以及资本预算》一文,Mossin 于 1966 年在《计量经济学》上发表的《资本资产市场中的均衡》一文也提出了 CAPM 模型。因此,资本资产定价模型也叫做夏普—林特纳—莫森模型。CAPM 模型在市场有效的假设下揭示了在市场均衡状态下风险与投资者要求的报酬率之间的关系,其公式为:

$$r_e = r_f + \beta(r_m - r_f) \quad (4-9)$$

其中,r_f 为无风险报酬率,r_m 为市场报酬率,$(r_m - r_f)$ 为市场风险溢价,β 代表市场风险。在国外,CAPM 应用较为广泛,Tim(2006)发现,在英国,规制者基本上仅靠 CAPM 估算资本成本。虽然基于其市场有效性的假设,CAPM 的应用在我国受到诸多限制,但作为一种经典模型,在学术界及实务界仍是颇受青睐的一种资本成本估算方法，不少学者如余力等（2013）、田丁石和肖俊超（2012）、吴孝灵等（2012）、赵鹏和唐齐鸣（2008）等都使用传统的CAPM模型进行了研究。

β属于宏观经济因素影响的一部分，Ross（1976）的APT模型认为，任何资产的报酬率都是若干个宏观经济因素的线型组合，单因素CAPM模型无法反映宏观经济因素对投资报酬率影响的具体程度，其认为除了市场β，其他宏观经济因素如工业生产指数、违约风险溢价的变化程度、收益曲线的扭曲程度、未预期的通货膨胀都会显著影响投资者的报酬。因此，对该四个宏观经济变量分别求其相应的β值，得到模型如下：

$$r_e = r_f + \beta_0(r_m - r_f) + \beta_1(r_1 - r_f) + \beta_2(r_2 - r_f) + \cdots + \beta_n(r_n - r_f) \quad (4-10)$$

其中，β_1、β_2、$\cdots$、β_n分别代表每个宏观经济因素所引起的系统风险。

Fama-French三因素模型（Fama和French，1993）认为，β不能解释不同股票报酬率的差异。Fama和French发现，小规模企业、账面—市值比较高的企业股票收益率较高，因此在CAPM模型的基础上又加入规模差异因子与账面—市值比差异因子，更为全面地考虑了股权资本成本的影响因素。公式为：

$$r_e = r_f + \beta_0(r_m - r_f) + \beta_1 SMB + \beta_2 HML \quad (4-11)$$

其中，SMB为规模因子，是小规模企业报酬率与大规模企业报酬率之间的差额；HML为账面—市值比因子，是高账面—市值比和低账面—市值比企业报酬率的差额。

另外与CAPM不同的是，CAPM主要基于企业市场外部因素考虑风险补偿，而Fama-French三因素模型深入到企业内部，综合考虑了企业内外部风险的补偿机制。Fama和French根据股利折现模型的分析，基于干净盈余假设，进而认为企业的盈利性与投资规模也对投资者的报酬率具有重要影响，故在三因素模型的基础上，又加入盈利因子和投资因子，构建了Fama-French五因素模型。公式为：

$$r_e = r_f + \beta_0(r_m - r_f) + \beta_1 SMB + \beta_2 HML + \beta_3 RMW + \beta_4 CMA \quad (4-12)$$

其中，RMW为盈利因子，是盈利比较稳健和盈利较差的企业报酬率之间的差额，CMA为投资规模因子，是投资水平较低和投资水平较高企业的报酬率之间的差额。

虽然五因素根据GRS检验是不适用的，但比三因素模型更有说服力，实证检验认为，五因素模型能解释71%~94%的预期报酬率的变化，但对于营利性低、投资规模较大的企业报酬率解释力度较小。

（2）基于债务风险补偿估值技术。该类估值技术认为股东的求偿权位于债权人之后，因而权益投资风险大于债权投资风险，故对理性的投资者而言，股权资本成本应高于债务资本成本。这种方法下，股权资本成本=公司债报酬+风险补偿。从理论上来看，这种估值技术的逻辑是非常严密的，但在投资者保护程度较低、企业分红较少或长期不分红的情况下，企业股权资本成本有可能低于债务资本成本，这种现象在我国并不鲜见，如王含春等（2014）针对我国电力上市公司2006~2010年的资本成本用GLS模型进行估算，结果发现，诸多年份股权资本成本小于债务资本成本，估算结果完全背离了债务风险补偿思想。

（3）基于企业经营风险和财务风险综合考虑的风险报酬估值技术。该类估值技术以MM资本结构理论为代表。

MM资本结构理论包括三个模型：无税模型；有税模型；米勒模型。Modigliani和Miller（1958）在诸多严格假设条件下，得出资本结构与企业价值无关的结论，由此：

$$r_{su} = r_{wacc} = \frac{S}{S+D} \times r_{sl} + \frac{D}{S+D} \times r_d \quad (4-13)$$

进一步得出：

$$r_{sl} = r_{su} + (r_{su} - r_d) \times \frac{D}{S} \quad (4-14)$$

其中，$r_e = r_{sl}$为有负债时的股权资本成本，r_{su}为无负债时股权资本成本，r_{wacc}为加权平均资本成本，r_d为债务资本成本，D为债务市值，S为权益市值。这里，r_{su}反映了企业的经营风险，$r_{su} - r_d$则为因负债增加的企业财务风险。

Miller和Modigliani（1963）在考虑公司所得税之后，股权资本成本的公式变形为：

$$r_{sl} = r_{su} + (r_{su} - r_d) \times \frac{D}{S} \times (1-T) \quad (4-15)$$

其中T为公司所得税税率。企业因负债抵税作用可以降低其财务风险。

MM理论的重大贡献之一是对企业价值进行了科学的界定与度量，奠定了以后企业价值理论发展的基础（汪平，2008），是现代财务学发展中的一个重要里程碑。但MM理论下无负债企业的资本成本并不能得到很好的计量。

（4）基于风险报酬、企业经营风险和财务风险综合考虑的风险报酬估值技术。Hamada（1969）将CAPM模型与有税的MM理论模型有机地结合在一起，其股权资本成本按以下公式估算：

$$r_e = r_f + \beta_1 (r_m - r_f) + \beta_2 (r_{SU} - r_f) \times \frac{D}{S} \times (1-T) \quad (4-16)$$

该模型中，同时考虑了无风险报酬、经营风险（$r_m - r_f$）、财务风险（$r_{su} - r_d$）×（1-T）（D/S），基本思想同MM理论基本一致，但当D=0时，则可以估算出无负债企业的股权资本成本。

上述风险报酬估值技术均以市场有效为假设前提，各自考虑的风险补偿因素不尽相同，在极苛刻的假设条件下，其适用性受到了较强的制约。但随着我国资本市场的不断发展与逐步成熟，作为理财学上的经典模型，其未来应用前景还是相当好的。

关于上述两类估值技术到底孰优孰劣，目前意见并不统一。

作为事后资本成本估算模型的风险报酬估值技术从理论上分析几乎是完美无缺的，但其市场有效性及完全竞争假设极大地限制了其应用范围和估算精度。特别是风险报酬模型较多地在运用历史数据进行回归的基础上估算企业未来的资本成本，历史数据的滞后性使得资本成本的估算数据准确性降低。许多实证研究认为CAPM对企业股票收益率的预测能力较差。如 Clare 和 Priestley（1996）使用 CAPM 与 APT 两种模型对英国供水和电力行业 1992~1993 年的资本成本进行估计，并与累计股票超额收益率进行了比较，发现 CAPM 对累计股票超额收益的解释力度只有 7.21%，APT 高一些，也仅为 49.33%。APT 模型要优于 CAPM 模型。Lee 和 Cummins（1998）针对财产保险业的一项研究也得出了同样的结论。但无论哪种模型，资本成本的估算结果都难以较好地反映供水和电力行业的累计超额收益。Gregory 和 Michou（2009）针对英国 1975~2005 年权益市场的一项研究即发现，无论是 CAPM 还是 Fama-French 三因素模型，其对股权资本成本的估算结果都存在较大的误差。但在国外，CAPM 方法是应用非常广的一种资本成本估算技术。究其原因，Hierzenberger（2010）认为主要是其比较简单且其理论的说教性较强。

事先（隐含）资本成本估算模型是折现现金流量模型，该类方法考虑了企业未来的成长因素，从这方面来说，折现现金流量法估算应该更加科学合理。但折现现金流量法过多的假设使企业在实务操作中具有较大的难度，这一定程度上制约了其应用范围。毛新述等（2012）针对中国上市公司 2005~2009 年做的一项研究表明，不同方法得出的股权资本成本差异最大达到了 12.13%。虽然如此，折现现金流量法理论的科学性已被广为接受，其基于企业未来成长环境来估算资本成本，更能反映投资者的收益水平，虽然其过多的预测假设制约了其应用，但随着分析师水平及市场规范程度的不断提高，折现现金流量法的应用前景还是相当乐观的。

4.2.2 债务资本成本估算模型

债务资本成本的估算相对而言争议较小，主要存在三类估算方法：①债务评级和债务平均到期收益率，这在国外比较常见。但"由于我国目前尚不存在比较权威的债务评级，也没有提供不同类别债务利息"（李琳，2010），国内主要以以下两种方法为主，尤其是第二种方法。②以利息费用/负债金额作为债务资本成本，这也是国内外绝大多数文献公认的债务资本成本的估算标准，这里的负债金额包括短期借款和其他长期负债，如Pittman和Fortin（2004）、Minnis（2011）、王艺霖和王爱群（2014）、陈少华等（2013）。③直接以银行贷款利率作为债务资本成本，如王含春等（2014）、施继坤和张广宝（2014）等。这种方法相对简单，但忽视了其他融资渠道来源，如债券、融资租赁等。随着经济的发展，企业的融资方式在不断多样化。商业信用也是一种实质性融资方式，是否需要改变传统理念，在资本成本估算时予以考虑，也是值得我们深思的一个问题。

4.2.3 加权平均资本成本估算模型

加权平均资本成本是将不同的投资者作为一个整体对企业所要求的一个平均报酬率，反映了企业整体的资本成本水平。20世纪60年代以来，许多学者逐渐意识到企业的资本成本水平受到负债比例的影响，因此产生了平均资本成本的概念。Solomon（1963）最早正式提出加权平均资本成本的定义，即"促使企业预期未来现金流量的资本化价值与企业当前价值相等的折现率"。但该定义的合理性建立在企业有永续稳定的预期现金流的基础之上。几乎同时，Modigliani和Miller（1963）提出了有税的资本结构理论，认为资本结构时于企业的价值有重大影响，其中加权平均资本成本在考虑了企业的股权资本成本与债务资本成本之后，以各种资本的比例作为权重计算。该计算方法也是目前学术界普遍认同的加权平均资本成本计算方法。

资本结构对于实务界的意义也被明显地体现出来。Tapia（2012）曾发现监管者通过影响企业的资本结构进而影响企业的资本成本。英国公用事业的监管者评价资本成本通常使用加权平均资本成本法，公用事业的资本结构长期保持较高负债率的原因之一即为负债率的增加会降低企业的加权平均资本成本。加权平均资本成本估算的一个关键问题即是资本结构比例的确定。

现有资本结构的代理变量主要有三类：基于账面价值计算的资本结构、基于市值计算的资本结构和目标资本结构。由于资本成本是投资者未来报酬率的一种预期，以账面价值反映的资本结构具有沉淀性，与企业当前市场价值往往具有较大出入。目标资本结构从理论上来讲是一种最佳的资本结构，但往往较难确定。由于投资者的投资行为和市场价值是密切相关的，用市值权重更能实现企业价值最大化的理财目标（汪平，2000）。因此，市场资本结构成为会计理论研究中运用比较普遍的一种资本结构计算方法。

4.3 本章各种模型估算所需参数的具体说明

4.3.1 股权资本成本

考虑到分析师预测能力对估算数据可能带来的偏差，本章在采用折现现金流估值技术估算股权资本成本时，有关估算所需变量数据均以实际数据代替预测数据。以实际值代替预测值估算股权资本成本，也是学术界普遍认可的一种资本成本估算技术，许多文献也以实际数据代替预测数据，如李小荣和董红晔（2015）、汪平和邹颖（2014）、黄娟娟和肖珉（2006）。另一个考虑的因素是我国分析师预测数据相对较少，尤其是股利的预测数，大大减少了我们研究所需的样本量。

不同股权资本成本估算方法由于考虑了不同的参数与假设，估算结果难免存在差异。即便是同一种方法，在样本选择及估算原则不同的情况下也有可能出现不一致的结果。在资本成本估算问题没有得到统一的认识之前，平均各种估算技术的数值以求出资本成本水平，不妨视为是综合各种因素估算资本成本的做法，具有一定程度的合理性（汪平等，2012）。

徐星美和李晏墅（2010）、Chu（2008）、Hail 和 Leuz（2006）使用了 GLS 模型、CT 模型、OJ 模型与 PEG 模型四种模型估算值的平均值作为股权资本成本的估算值。Guedhami 和 Mishra（2009）曾使用 GLS 模型、CT 模型、OJ 模型与 MPEG 模型四种模型估算值的平均值作为股权资本成本的估算值。邹颖和杨晓玮（2014）、张军华（2013）使用 PEG、OJ 与 GLS 三种模型估算结果的平均值作为股权资本成本。基于 PEG、OJ 及 GLS 三种方法在学术界的广泛应用，加之 CT 模型的预测期较长（五年）①，因此本章采用这三种方法及其均值对我国上市公司股权资本成本进行了估算。

PEG、OJ 及 GLS 方法皆属于折现现金流估值技术，其与风险报酬估值技术同为资本成本估算的两大主流方法，因此，本章还用经典的 CAPM 方法对股权资本成本进行了估算。

OJ 模型中，用十年期国债的到期收益率作为长期增长率。进行估算时，若：①短期增长率为负时，参考 Hope 等（2009）的做法，令其等于零；②若短期增长率为零，或者短期增长率大于零但小于长期增长率，令长期增长率为零；③考虑到若每股收益为负，将可能导致短期增长率出现与实际不符的现象，故估算时删除了每股收益为负的数值。

GLS 模型中，$bvps_0$ 为每股期初账面价值。根据"干净盈余"假定，$bvps_1 =$

---

① 这将大大减少样本研究年度及数据。

bvps$_0$+eps$_1$×(1−k) = bvps$_0$×[1+froe$_1$×(1−k)]，其中，k 为每个公司的历史股利支付率，借鉴汪平等（2012）的做法，用每个公司从上市至2014年的股利支付率的算术平均值代替。行业权益净利率取该行业所有公司自上市至2014年底的权益净利率的平均值。为避免行业权益净利率受畸异值的影响，参考黄娟娟和肖珉（2006）的方法，计算时剔除了权益净利率大于100%或者小于−10%的公司。为避免单个公司时间序列上样本较少影响行业权益净利率的估值，要求某个公司在时间序列上至少要有五年的数据①，才能进入行业权益净利率的计算。

CAPM 模型中，本章参考汪平等（2012）的研究，用一年期定期存款利率按天数加权平均计算；市场风险溢价直接使用 Damodaran 的估算结果②；β 采用综合市场年 β 值③。

4.3.2　债务资本成本

本书借鉴王艺霖和王爱群（2014）、陈少华等（2013）、Pittman 和 Fortin（2004）的做法，用"总利息支出/长短期债务总额平均值"来估算企业所得税前债务资本成本。由于商业信用所形成的融资成本属于一种隐性的成本，目前的财务制度下，并不能显性地反映于企业财务报表之中，负债加入商业信用会导致企业债务资本成本偏低，因此本章剔除了实际上不具有融资性质的商业信用所形成的负债。负债金额具体包括短期借款，一年内到期的非流动负债，长期负债包括长期借款、应付债券、长期应付款和其他长期负债项目。由于银行业与企业的借贷业务有实质性的差别，可比性较差，因此，本章在估算时剔除了金融业中的银行业。税后债务资本成本公式如下：

$$r_d = \frac{总利息支出}{(期初债务+期末债务)/2} \times (1-T) \quad (4-17)$$

其中，T 代表企业的所得税综合税率。

4.3.3　加权平均资本成本

本章根据市值计算企业的资本结构。由于企业债务价值市场波动相对较小，本章以债务账面价值代替其市场价值。考虑到企业市场价值的波动性，尤其是权益市

---

① 时间序列指自该公司上市至2014年。
② 根据 CSMAR 数据库提供的数据，2000～2014年，我国沪深两市许多年份市场收益为负，导致风险溢价为负，和理论完全背离。因此，本章市场风险溢价直接使用 Damodaran 的估算结果，市场风险溢价=成熟市场的股权风险溢价+该股权的国家风险溢价。国家风险溢价用国家违约利差表示，本书选择的是基于中国货币主权评级的国家风险溢价。数据来自：http://pages.stern.nyu.edu/~adamodar/。
③ 本章对所有股票都选择沪深市场综合回报率为市场回报率。在我国，沪深两市的市场风险几乎没有差异，采用分市场和综合市场的贝塔值 CAPM 模型的估算结果基本一致。

值通常波动较大,而企业的资本成本是当期而非某一时点的资本成本,是一个时期概念,而非时点概念,故债务和权益的市值用期初与期末的算术平均值确定。

加权平均资本成本具体计算公式为:

$$r_{wacc} = \frac{S}{S+D} \times r_e + \frac{D}{S+D} \times r_d \qquad (4-18)$$

其中,r_{wacc}代表加权平均资本成本,D为债务市值,S为权益市值。在计算股权市值时,限售股按流通股市值计算。

4.4 估算结果与分析

本部分在估算资本成本时,样本为我国2000~2014年在沪深两地上市的A股公司,样本原始数据取自CSMAR、Wind、RESSET数据库。在估算分析过程中,剔除了:①数据缺失的样本;②股权资本成本估算结果剔除了大于或等于1、小于或等于0的公司;债务资本成本估算结果剔除了债务资本成本大于或等于0.2、小于或等于0的公司;加权平均资本成本估算结果剔除了股权资本成本大于或等于1、小于或等于0,并且债务资本成本大于或等于0.2、小于或等于0的公司。估算结果见表4-1、表4-2、表4-3。

4.4.1 PEG、OJ、GLS三种股权资本成本方法的相关度分析

根据AVERAGE方法样本下PEG、OJ、GLS和AVERAGE四种股权资本成本估算法的相关系数(见表4-4)。从结果看,各种方法的均值在1%的显著性水平上正相关,表明这几种方法反映了一些共同影响股权资本成本的因素。进一步从这三种方法的年度、行业、地区比较看(见图4-1、图4-2、图4-3)①,PEG、OJ、GLS和AVERAGE几乎具有相同的年度、行业及地区趋势差异。亦即PEG、OJ、GLS三种方法的估算结果在不同年份、不同行业和不同地区资本成本水平高低的序次排列上,具有较高的相似度。故下面以AVERAGE方法作为折现现金流量方法的代表,与风险报酬估值技术相结合,对我国资本成本的年度、行业和地区差异情况进行了具体分析。

---

① 由于不同地区股权资本成本差异较小,为便于更清晰地从图上比较,图4-3中,OJ、GLS和AVERAGE方法分别放大了2倍、4倍、2倍。

4 我国上市公司资本成本现状：估算与分析

表 4-1 资本成本估值结果分年统计表

年份	股权资本成本										债务资本成本		加权平均资本成本									
	折现现金流估值技术								风险报酬估值技术				折现现金流估值技术								风险报酬估值技术	
	PEG		OJ		GLS		AVERAGE		CAPM				PEG		OJ		GLS		AVERAGE		CAPM	
	估值	样本	估值	样本	估值	样本	估值	样本	估值	样本	估值	样本	估值	样本	估值	样本	估值	样本	估值	样本	估值	样本
2000	10.39	271	4.13	562	2.46	819	5.90	222	9.01	912	5.12	964	8.15	264	3.63	634	2.99	795	5.49	209	8.01	863
2001	9.03	377	3.71	648	2.01	945	4.79	295	8.74	1030	5.10	1024	7.24	366	3.37	719	2.73	919	4.58	274	7.82	962
2002	10.79	541	6.22	701	2.49	1020	5.92	478	8.63	1093	4.09	1100	7.72	564	4.69	790	2.98	987	5.13	436	7.20	1026
2003	12.77	504	7.17	704	3.43	1074	7.02	468	8.16	1162	3.93	1248	7.93	542	4.81	836	4.01	1048	5.55	432	6.52	1090
2004	12.48	527	7.01	739	4.25	1121	7.40	447	8.24	1270	3.97	1351	7.94	528	4.80	828	4.22	1093	5.60	413	6.31	1187
2005	17.97	762	10.27	821	5.40	1185	9.79	578	8.26	1304	4.16	1425	10.16	751	6.46	911	4.73	1150	7.01	539	6.28	1223
2006	21.13	945	16.36	952	6.00	1132	13.74	732	8.48	1306	4.43	1553	14.27	896	11.05	991	5.45	1099	10.40	677	7.06	1215
2007	18.08	467	8.84	804	4.43	1224	10.77	370	9.09	1373	5.17	1511	14.40	342	5.81	768	4.25	1186	9.26	260	8.38	995
2008	11.41	868	7.31	980	1.95	1400	6.63	661	11.02	1517	6.13	1710	9.71	634	6.08	816	2.28	1323	6.40	469	10.12	1099
2009	18.20	981	12.73	1124	5.16	1424	11.90	787	8.11	1548	4.35	1523	14.82	565	9.61	731	4.62	1343	10.08	449	7.38	861
2010	10.83	763	6.97	1201	2.48	1574	7.32	694	8.35	1739	4.04	2153	9.30	666	5.34	1232	2.55	1478	6.78	577	7.76	1511
2011	10.57	798	5.23	1449	2.69	1900	6.60	690	9.53	1920	4.64	2131	8.68	692	4.13	1403	2.75	1777	5.78	564	8.68	1656
2012	12.66	1164	7.30	1767	3.99	2066	8.40	938	10.08	2058	4.73	2109	10.16	1032	6.14	1587	4.06	1948	7.36	806	8.96	1778
2013	12.46	1144	6.89	1893	—	—	—	—	8.90	2094	4.38	2125	10.66	975	5.80	1695	—	—	—	—	7.96	1814
2014	—	—	—	—	—	—	—	—	9.65	2119	4.46	2325	—	—	—	—	—	—	—	—	8.71	1876
平均	13.91		7.93		3.60		8.57		9.04		4.57		10.28		5.86		3.65		7.08		7.90	
总和		10112		14345		16884		7360		22445		24252		8817		13941		16146		6105		19156

注：本表 AVERAGE 指的是 PEG、OJ 和 GLS 三种方法估值的平均值，各种方法估值资本成本估算单位为"%"，样本单位为"个"。

表 4-2 资本成本估值结果分行业统计表

行业	股权资本成本									债务资本成本		加权平均资本成本								
	折现现金流估值技术						风险报酬估值技术				折现现金流估值技术						风险报酬估值技术	
	PEG		OJ		GLS		三法平均		CAPM				PEG		OJ		GLS		三法平均		CAPM	
	估值	样本	估值	样本	估值	样本	估值	样本	估值	样本	估值	样本	估值	样本	估值	样本	估值	样本	估值	样本	估值	样本
A	13.93	137	6.28	167	2.32	247	7.08	82	9.16	341	5.07	399	11.58	118	4.73	180	2.68	244	6.40	67	8.18	291
B	16.64	315	9.12	439	4.65	548	10.69	224	8.99	776	4.34	786	12.41	284	6.51	480	4.66	562	9.12	191	7.98	685
C	14.01	5615	7.68	8217	3.53	9624	8.66	4051	9.14	12874	4.74	15004	10.61	5019	5.89	8019	3.63	9306	7.27	3414	8.12	11228
D	14.53	521	8.26	693	3.06	824	8.55	374	8.57	1102	4.13	1053	8.95	479	5.72	732	3.22	842	6.36	348	6.89	993
E	13.54	237	7.07	353	4.63	360	8.11	168	9.20	552	4.70	640	9.48	222	5.28	357	4.29	372	6.38	152	7.66	489
F	12.50	845	8.12	1184	3.24	1436	7.99	683	8.87	1798	4.65	1660	9.16	755	5.99	1182	3.39	1364	6.82	565	7.68	1542
G	12.34	440	8.23	664	4.67	689	8.79	354	8.44	905	3.67	886	8.73	398	6.22	624	4.33	670	7.13	306	6.98	792
H	12.57	64	6.75	69	2.42	116	6.28	43	9.00	138	4.46	126	10.09	55	4.60	80	2.92	102	5.59	37	8.10	121
I	10.02	299	5.67	517	3.37	468	6.82	222	9.37	586	4.60	841	9.08	232	5.31	401	3.68	436	6.12	167	8.75	449
J	15.30	233	11.80	281	5.33	277	11.12	152	8.16	413	3.73	14	12.39	5	3.98	9	3.53	12	7.38	3	8.01	14
K	15.19	873	9.58	1091	3.91	1438	9.01	652	9.00	1819	3.78	1625	10.23	765	5.97	1146	3.75	1393	6.85	540	7.24	1559
L	14.05	100	7.86	139	3.93	168	8.80	72	9.36	218	4.31	228	11.21	88	5.90	133	3.75	160	7.46	56	7.85	181
M	9.90	19	4.59	37	2.13	35	6.12	12	9.03	40	4.51	76	10.32	15	5.22	26	2.35	30	6.41	10	8.69	28
N	13.33	109	7.57	142	2.86	182	7.14	82	8.72	229	4.56	265	9.75	104	5.67	153	2.97	167	6.54	70	7.87	217
O	—	—	—	—	—	—	—	—	—	—	—	—	—	—	—	—	—	—	—	—	—	—
P	9.26	8	5.54	9	0.74	13	3.53	5	9.76	15	4.60	15	8.16	8	4.82	10	1.79	13	3.77	5	8.28	15
Q	9.51	13	7.22	15	0.79	17	6.41	10	8.58	14	4.95	14	4.30	2	3.39	4	0.83	12	3.78	2	8.31	223
R	15.32	126	7.66	149	4.03	172	6.35	62	9.21	259	4.77	287	11.60	116	5.97	162	3.74	187	6.55	67	8.02	329
S	14.04	158	8.41	179	2.83	270	7.26	112	9.35	366	4.29	333	10.30	152	5.03	243	3.32	274	6.03	105	8.18	291
总和		10112		14345		16884		7360		22445		24252		8817		13941		16146		6105		19156
平均	13.91		7.93		3.60		8.57		9.04		4.57		10.28		5.86		3.65		7.08		7.90	

注:本表 AVERAGE 指的是 PEG、OJ 和 GLS 三种方法估算值的平均值,各种方法资本成本估算值单位为"%",样本单位为"个"。

4 我国上市公司资本成本现状：估算与分析

表4-3 资本成本估值结果分地区统计表

	股权资本成本								债务资本成本		加权平均资本成本								
	折现现金流估值技术								风险报酬估值技术				折现现金流估值技术						风险报酬估值技术	
	PEG		OJ		GLS		三法平均		CAPM				PEG		OJ		GLS		三法平均		CAPM	
	估值	样本	估值	样本	估值	样本	估值	样本	估值	样本	估值	样本	估值	样本	估值	样本	估值	样本	估值	样本	估值	样本
东部	13.31	6067	7.81	8917	3.55	9916	8.48	4457	9.04	13338	4.55	14923	9.88	5183	5.85	8353	3.56	9408	6.99	3613	7.93	11214
中部	14.85	1631	8.14	2278	3.71	2743	8.98	1188	9.08	3609	4.75	3813	10.86	1479	6.08	2300	3.80	2659	7.42	1030	7.91	3190
西部	14.58	1769	8.06	2272	3.65	3055	8.44	1246	9.03	3978	4.68	3996	10.93	1563	5.76	2344	3.69	2951	6.98	1059	7.91	3428
东北部	15.27	645	8.33	878	3.69	1170	8.84	469	8.89	1520	4.05	1520	10.54	592	5.64	944	3.87	1128	7.25	403	7.57	1324
平均	13.91		7.93		3.60		8.57		9.04		4.57		10.28		5.86		3.65		7.08		7.90	
总和		10112		14345		16884		7360		22445		24252		8817		13941		16146		6105		19156

注：本表 AVERAGE 指的是 PEG、OJ 和 GLS 三种方法估算值的平均值，各种方法资本成本估算值单位为"%"，样本单位为"个"。

表4-4 PEG、OJ、GLS 和 AVERAGE 股权资本成本方法估算值相关系数表（n=7360）

	PEG	OJ	GLS	AVERAGE
PEG	1			
OJ	0.9789 ***	1		
GLS	0.3932 ***	0.4008 ***	1	
AVERAGE	0.9807 ***	0.9822 ***	0.5428 ***	1

注：***、**、* 分别代表在1%、5%和10%的水平上显著，本表报告的是 Pearson 相关系数。

4.4.2 资本成本特征——兼与智力资本比较

4.4.2.1 年度特征

从表4-1可以看出，无论是股权资本成本还是债务资本成本，年度差异都比较明显。股权资本成本方法中：AVERAGE 下，2006年最高，为13.74%，最低是2001

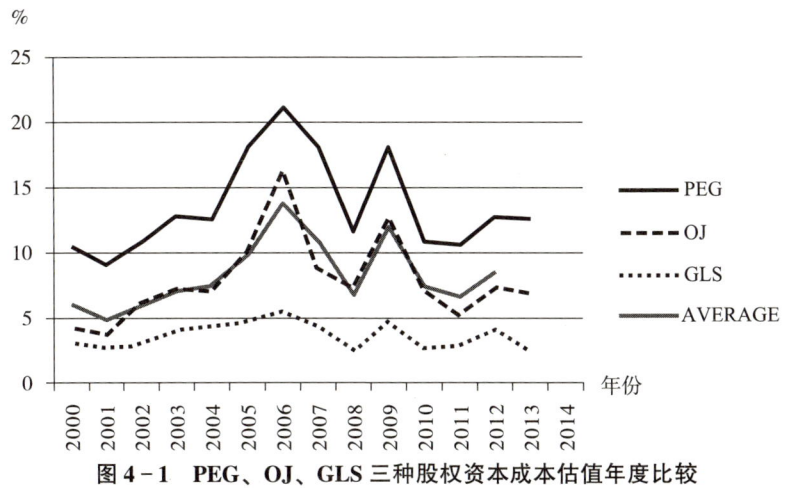

图4-1 PEG、OJ、GLS 三种股权资本成本估值年度比较

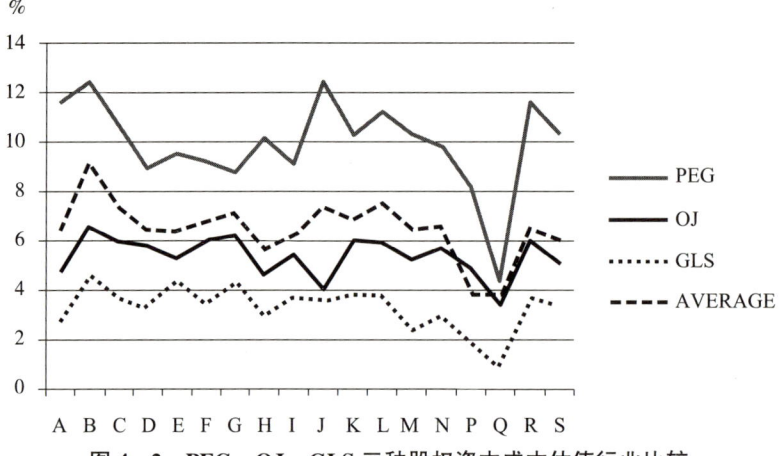

图4-2 PEG、OJ、GLS三种股权资本成本估值行业比较

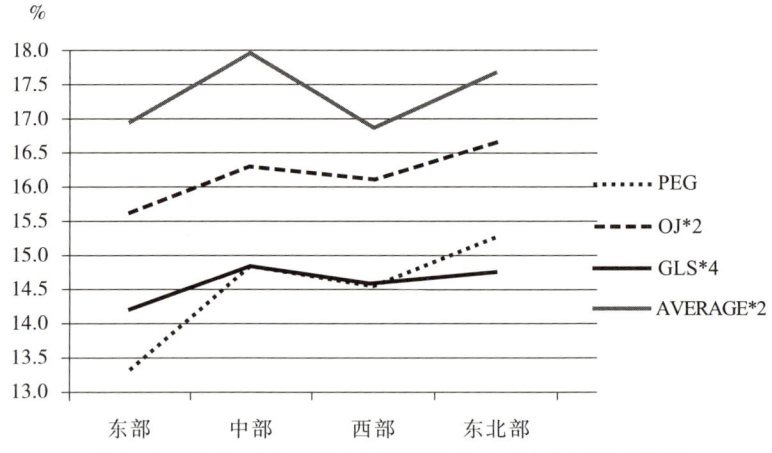

图4-3 PEG、OJ、GLS三种股权资本成本估值地区比较

年,为4.79%。CAPM方法相较AVERAGE方法,年度差异相对较小,但也比较明显:2008年最高,为11.02%,2009年最低,为8.11%。债务资本成本最高在2008年,为6.13%,最低在2003,为3.93%。企业的总资本成本水平,在AVERAGE下,最高也在2006年,为10.40%,最低也在2001年,是4.58%,和AVERAGE下股权资本成本最高和最低年份一致;在CAPM方法下,最高在2008年,为10.12%,最低也在2005年,是6.28%,最高年份和CAPM下股权资本成本最高年份一致。整体来看,资本成本的年度差距比较明显。

根据表3-6,本章进一步将资本成本与智力资本的年度趋势进行了比较。图4-4中显示,AVERAGE方法下股权及加权平均资本成本年度趋势非常类似,年度波动较大,样本期间内,大部分年度AVERAGE方法下股权及加权平均资本成本表现出与上市公司智力资本整体水平相反的年度趋势。这说明,通常年度智力资本水平的提高伴随着资本成本水平下降的现象。图4-5中，债务资本成本、CAPM方法股权及加权平均资本成本年度趋势基本相同，在2009年之前，表现出与上市公司智力资本整体水平相同的年度趋势，但在此之后，与上市公司智力资本整体水平相反的年度趋势特征非常明显。

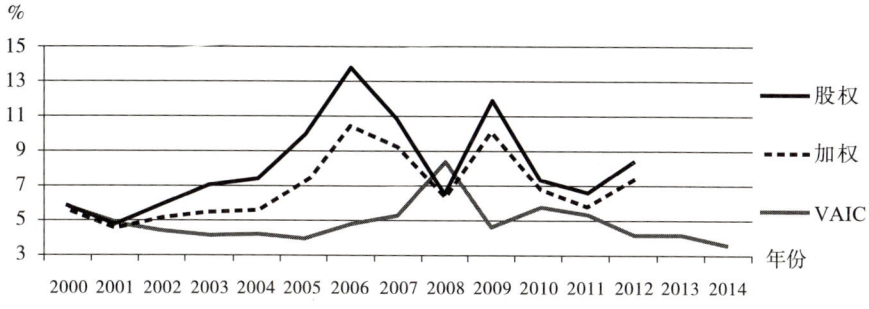

图4-4　AVERAGE方法下资本成本估值与智力资本年度趋势比较

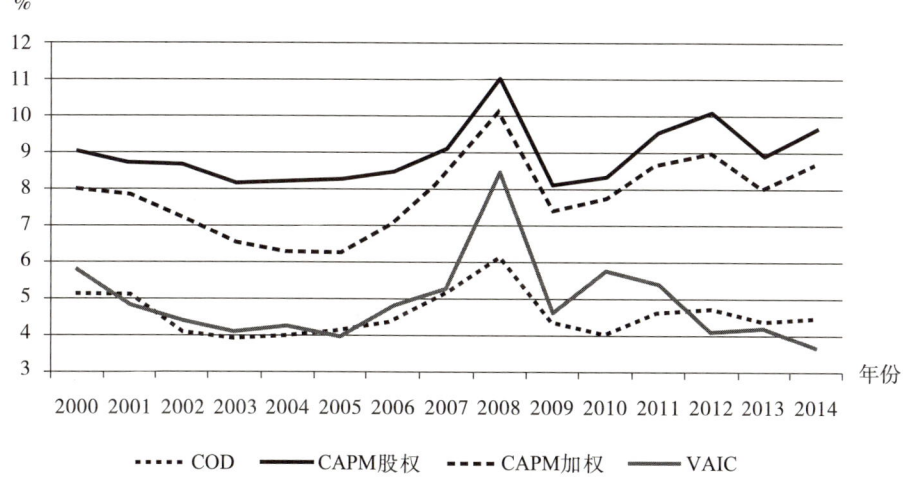

图4-5　债务资本成本、CAPM方法下资本成本估值与智力资本年度趋势比较

4.4.2.2　行业特征

表4-2显示，股权资本成本方法中：AVERAGE下，金融业（J）和采矿业（B）较高，均大于10%，分别为11.12%、10.69%，教育业（P）最低，仅3.53%；CAPM方法下，教育业（P）和信息技术行业（I）较高，分别为9.76%和9.37%，而规制较多的行业如金融业（J）、交通运输业（G）、电力、热力、燃气及水的生产和供应业（D）股权资本成本水平则相对较低，皆在8.6%以下。从规制的角度而言，CAPM的估算具有一定的合理性。规制行业通常经营风险较低。以此推论，其资本成本水平应相对较低。王含春等（2014）则用三阶段剩余收益贴现模型估算了我国2006~2010年电力上市公司的股权资本成本，发现该行业股权资本成本水平相对较

低，甚至低于债务资本成本。第3章的有关数据（表3-11）也表明，一些规制较多的行业，其智力资本水平相对也较高。从股权资本成本行业差异水平看，CAPM模型要低于AVERAGE方法，但行业最低值和最高值相差也在1.6个百分点。

债务资本成本中，交通运输业、仓储和邮政业（G）最低，为3.67%，金融业（J）、房地产业（K）、电力、热力、燃气及水的生产和供应业（D）以及综合业（S）都在末五位之列。农、林、牧、渔业（A）最高，为5.07%；卫生和社会工作（Q），文化、体育和娱乐业（R），制造业（C）和建筑业（E）皆在前五位之列。这些行业中，由表3-11显示，交通运输业、仓储和邮政业（G）最低，金融业（J）以及房地产业（K），电力、热力、燃气及水的生产和供应业（D）在1998~2014年都属于智力资本水平较高的行业，而农、林、牧、渔业、制造业（A）都属于智力资本水平较弱的行业。可见，一些智力资本水平较高的行业，存在其债务资本成本水平相对较低的现象。

企业的加权平均资本成本中：AVERAGE方法下，采矿业（B）最高，达9.12%，比位居第二的租赁和商务服务业（L）高出1.66个百分点。教育（P）、卫生和社会工作（Q）位居最后两位，均不超过4%，最低是教育（P），为3.77%。行业差距比较明显。CAPM方法下，信息传输、软件和信息技术服务业（I）和科学研究和技术服务业（M）均超过8.5%，分别为8.75%、8.69%。电力、热力、燃气及水的生产和供应业（D）、交通运输、仓储和邮政业（G）、房地产业（K）加权平均资本成本均较低，均不到7.5%，最低的为电力、热力、燃气及水的生产和供应业（D），加权平均资本成本为6.89%。CAPM方法下，加权平均资本成本较低的行业也多是规制行业。整体来看，企业的总资本成本水平与股权资本成本存在着极为相似的行业特征。

4.4.2.3 地区特征

根据表4-3，股权资本成本方法中：AVERAGE和CAPM方法都无一例外体现为：西部最低，中部最高，东部和东北部居中；债务资本成本也是中部最高，但东北部最低，西部和东部分居第二、第三位。加权平均资本成本下，AVERAGE方法下依然西部最低、中部最高，东部和东北部居中，且东部低于东北部水平，和股权资本成本方法中的AVERAGE顺次结果完全一致；CAPM方法，东部最高，东北部最低，中部和西部持平居中。综合看来：①中部地区无论股权资本成本、债务资本成本或是加权平均资本成本在所有地区中均处于高位。虽然基于CAPM方法下加权平均资本成本的顺次排列中，西部不在首位，但仅与首位（东部）相差0.02。第3章中，智力资本的估算结果（见表3-17）显示，2012~2014年、2010~2014年、1998~2014年三个阶段中，前两个阶段中部地区的智力资本总水平均居末位，从1998~

2014年来看，中部仅高于西部地区。智力资本与资本成本在中部地区呈现出相反的关系特征。②债务资本成本较低的东北部地区智力资本水平较高。债务资本成本东北部地区居最低水平，而表3-17中，东北部地区的智力资本水平在2012~2014年、2010~2014年、1998~2014年三个阶段都明显高于其他地区。③虽然资本成本存在地区差异，但从估值结果看，地区差异并不大。债务资本成本差异最大，最高与最低值也相差仅0.6个百分点，其余均相差不到0.5个百分点。

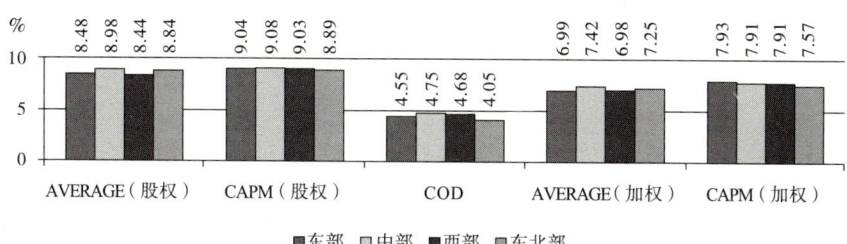

图4-6 资本成本估值地区比较

4.5 本章小结

本章在梳理国内外有关资本成本估算方法的基础上，选择目前运用相对较为广泛的PEG、OJ、GLS三种隐含资本成本估算方法以及经典的CAPM模型对我国2000~2014年上市公司的资本成本现状进行了估算与分析，并与我国上市公司的智力资本状况进行了对比，发现：①PEG、OJ、GLS和AVERAGE方法存在着相似的年度、行业和地区趋势，AVERAGE方法估值结果对PEG、OJ、GLS具有较高的代表性。②我国上市公司的资本成本存在年度、行业和地区差异，年度和行业差异较大，地区差异较小。③加权平均资本成本和股权资本成本均存在比较相似的年度、行业和地区特征，其年度差异、行业差异和地区差异整体上大于债务资本成本。④一些智力资本水平较高的年份、行业和地区伴随着较低的资本成本水平的现象，为后续智力资本与资本成本关系的研究奠定了初步基础。

不同的资本成本估算方法由于估算原理、参数、假设的不同，适用性和估算值也存在较大差异，即便是同一种方法，由于样本期间、样本筛选条件的不同其估值也不尽一致。因此，本书后续有关章节分别根据情况采用了不同的方法对研究的问题进行了实证检验，以便于更稳健地得出本书的研究结论。

5 智力资本对资本成本的总效应研究

5.1 引言

资本是企业发展的基础，但由于取得和利用能力的限制，不同资本在不同的社会生产发展阶段表现出来的地位亦有所不同。随着生产力水平的提高，社会必然由物质资本主导型向智力资本主导型转变。迈入知识经济时代，智力资本越来越多地被开发和利用。第3章的研究表明，物质资本与智力资本投资虽然都在不断增长，但物质资本占总资本的比例呈下降趋势，而智力资本占总资本的比例总体为上升趋势。改革开放以来，我国经济一直呈现出高速增长的态势，智力资本究竟在企业价值增长的过程中贡献如何？目前虽然不乏智力资本的研究文献，但较少有从资本成本角度去研究智力资本的价值。

已往的研究多从绩效角度考核企业的智力资本价值，这里存在的一个主要问题是：现有研究多是以短期绩效指标而非可持续的绩效指标去研究智力资本的价值。如当期销售利润率、市净率与资产报酬率指标（赵海林，2014），当期资产利润率、权益净利率、收入增长率指标（Mosavi 等，2012），当期资产利润率、权益净利率、收入增长率、员工生产率指标（Clark 等，2011）等。过分注重短期绩效视角的研究极易使我们忽略企业未来的发展潜力。

持续经营是企业生存之本。从资本成本角度研究企业的智力资本价值问题则有利于从企业长期发展角度审视企业的经营活动。资本成本是现代财务理论中的第一概念，资本成本估算则是财务学领域研究的技术起点（汪平，2008）。一切财务活动均始于企业的融资行为。考察智力资本对资本成本的作用，有利于合理评估企业的资本成本。有了这个基准，企业才能做出理性的对投资者的回报策略，真正实现投资者要求的最低报酬率，从而吸引、稳定投资者，企业发展也才会有持续的资金来源，也才能获取长期的竞争优势，从而促进其价值的不断提升。

本章基于资本成本视角探讨智力资本对资本成本的总效应问题。鉴于智力资本内部结构的差异性，通过对智力资本的资本成本效应研究，也有利于企业智力资本的差别化开发与管理，从而提升智力资本的总效率。

5.2 理论分析与研究假设

5.2.1 企业智力资本整体水平对资本成本的影响

智力资本是一种具有超额竞争能力的资源①。而这种超额竞争能力，使得企业在生产经营活动的各个方面包括投融资活动，相较于同业，能够更好地捕捉市场的先机，使其在与客户谈判的过程中处于相对优势地位，降低融资约束的压力，降低交易成本，从而产生超额收益。方旺贵（2008）从委托—代理理论的角度指出，人力资本由于实际控制一定的资源，因而可以在谈判中稀释物质资本所有者即股东的部分话语权。人力资本谈判能力的提升则势必影响投资者将关注焦点从物质资本向智力资本方面转移。

鉴于传统财务报表在披露技术等方面的缺陷，智力资本未能在目前的会计信息系统中得到较好的体现，但究其实质，智力资本是企业能够控制的，可以在未来为企业带来超额经济利益的经济资源，本质是企业的一种"资产"。"为规避风险，资金提供方越来越青睐于以资产为基础的融资活动"（孙羡，2012）。故此，智力资本同传统的物质资本一样，可以作为投资者未来投资报酬率的保障和基础，也因而具有融资功能，可以增强投资者的投资信心，从而影响企业的资本成本，包括股权资本成本和债务资本成本，进而降低企业的资本成本总水平。基于此，本章提出：

假设1a：企业智力资本整体水平越高，资本成本总水平越低。

假设1b：企业智力资本整体水平的提高可以有效降低企业的股权资本成本。

假设1c：企业智力资本整体水平的提高可以有效降低企业的债务资本成本。

我国长期以来实行利率管制，债权人在投资时，相较于股东，在报酬率要求方面的自主权受到更多的限制，且债权人通常以固定契约的形式与企业签订借款合同，有关利率、贷款期限等事先以合同的形式被予以明确。这种情况下，贷款人则较难依据企业智力资本水平的变化对其要求报酬率做出动态调整，尤其是在签订长期契约的情况下更是如此。契约的固定性也一定程度上使得部分债权人，相较于股东而言，对企业智力资本情况可能缺乏应有的关注。相反，股东由于缺乏债务契约作为其报酬率的保障，因而会更加关注智力资本等其他影响自身报酬率的因素。蒋琰（2009）即认为银行由于可以利用到期条款、续约、抵押条款等多种方式调整其风险报酬，故其比股东有更高的风险防范能力，因此股东会更多地寻求公司治理机制作为其监督被投资者（企业）的手段。智力资本管理作为公司治理机制的一个重要方

---

① 见前面2.1节的分析。

面，其管理水平的高低则应对股东的要求报酬率产生更为直接的影响。故本章进而提出：

假设2：企业智力资本整体水平对股权资本成本及债务资本成本的影响具有显著差别，其股权资本成本效应要大于债务资本成本效应。

5.2.2 智力资本价值的不同组成部分对资本成本的影响

5.2.2.1 智力资本增值效率、物质资本增值效率对资本成本影响的差异度分析

智力资本增值效率和物质资本增值效率分别反映了企业运用智力资本和物质资本创造价值的能力，两者之和代表企业的智力总能力，反映了企业智力资本的整体水平。但智力资本和物质资本固有的特性使得企业在智力资本和物质资本价值创造能力方面具有显著差异。智力资本通常具有不可复制性，如高水平的管理人员、技术秘方等，该特性使得企业可以在较长时间内保持其竞争优势。而物质资本则极易被仿效，其价值通常随着时间的变化而消耗。

一些实证研究也表明，智力资本比物质资本的价值创造水平更高。如从经济增长角度方面进行的实证研究中，Lucas（1988）指出专业化的人力资本才是经济增长的真正源泉；马箭和陈子华（2014）针对我国1996~2012年文化产业的有关数据进行研究，发现在我国，文化产业虽然仍属于粗放经济增长模式，但人力资本与物质资本均对产业经济增长具有重要的影响，并且人力资本的作用要大于物质资本。而人力资本是智力资本的重要组成部分，上述两项研究无疑也为智力资本增值效率与物质资本增值效率的显著差异性提供了证据。王月欣（2010）针对我国1998~2001年每股智力资本、每股账面净资产与股价之间的关系进行了研究，得出智力资本比账面净资产更能显著影响企业的权益市场价值的结论。

基于上述分析和研究，企业智力资本增值效率与物质资本增值效率应具有显著差异性，这种差异势必引起不同企业市场竞争力的差异，包括企业投资、融资等各方面。因而投资者通常会在较长时间内对智力资本比例较高的企业更有信心，从而愿意降低其要求的最低报酬率水平。故本章得出：

假设3a：智力资本与物质资本的增值效率均显著影响企业的整体资本成本水平，但相较于物质资本，智力资本增值效率与整体资本成本水平关系更密切。

假设3b：智力资本与物质资本的增值效率均显著影响企业的股权资本成本，但相较于物质资本，智力资本增值效率与股权资本成本水平关系更密切。

假设3c：智力资本与物质资本的增值效率均显著影响企业的债务资本成本，但相较于物质资本，智力资本增值效率与债务资本成本水平关系更密切。

5.2.2.2 智力资本增值效率的不同组成部分对资本成本的影响

智力资本增值效率由两部分构成：人力资本增值效率和结构资本增值效率。

人力资本增值效率的高低和企业员工的经验、能力、学识等个人特质具有密切关系，而这些特质对企业融资决策又有着至关重要的影响，人力资本水平高的企业也更容易捕捉市场投资机会，在融资过程中的议价能力更强，从而降低资本成本。张敏和李延喜（2014）针对2007~2009年部分上市公司的研究表明，企业家良好的声誉可以减轻其债务融资约束。现有一些案例亦表明，投资者在投资时，非常重视企业人力资本方面的有关特征。2014年9月26日，太平洋投资管理公司（Pacific Investment Management Company，PIMCO）的CEO，在业界有"债券之王"美誉的Bill Gross"跳槽"后的消息传出后，使得该公司的投资者非常恐慌①。李宁公司（02331. HK）也曾受高管离职传闻所累，股价当日遭遇重挫，盘中跌逾8%②。类似事件表明人力资本对投资者情绪具有重要影响，人力资本水平的高低影响到投资者对企业未来业绩的判断，从而会影响到投资者对自身投资风险水平的评估，进而势必会影响投资者的最低要求报酬率。

基于上述分析，本章提出：

假设4a：人力资本增值效率与资本成本整体水平负相关。

假设4b：人力资本增值效率越高，股权资本成本越低。

假设4c：人力资本增值效率越高，债务资本成本越低。

结构资本属于企业的组织类智力资本，是其他资本增值效率得以发挥的组织平台，其目的在于协调物与物、人与人、物与人之间的关系，达到发挥人与物增值效率的目的。具体包括内部组织资本（组织文化、规章制度、业务流程、管理政策等）、外部组织资本（客户关系等）。夏若江（2003）曾指出，我国中小民营企业之所以融资难，一个重要原因在于中小民营企业是近似的完全竞争市场，而信贷提供方如国有商业银行则具有相当的垄断势力；在同时面对同样具有垄断性的客户和不具有垄断性的中小民营企业时，国有商业银行会倾向于向同样具有垄断性的客户提供更优质的服务，所以解决中小民营企业的融资难问题，改善其制度文化水平及外部组织结构是至关重要的。

根据资源依赖理论，企业为减轻对外部环境的依赖性，可以依赖关系资源比较丰富的管理者以获取更多的企业经营发展过程中所需要的资源。游家兴和刘淳（2011）针对我国2003~2007年上市公司中的民营企业进行的研究，发现企业家所拥有的社会资本能显著降低企业的股权资本成本，尤其是在缺乏法律保护的地区。不

---

① 资料来源：环球网. 美媒：美"债券之王"离职引投资者恐慌［EB/OL］. http：//finance. huanqiu. com/view/2014 - 09/5156310. html，2014 - 09 - 30。

② 资料来源：中国新闻网. 高管离职传闻来袭，李宁公司股价盘中跌逾8%［EB/OL］. http：//www. chinanews. com/stock/2011/05 - 24/3063186. shtml，2011 - 05 - 24。

过,目前研究尚缺乏结构资本对资本成本效应的整体评价,对股权及债务资本成本的效应研究也非常匮乏。本章在上述推理的基础上,进一步推出如下假设进行研究:

假设5a:结构资本增值效率与资本成本整体水平负相关。

假设5b:结构资本增值效率越高,股权资本成本越低。

假设5c:结构资本增值效率越高,债务资本成本越低。

根据马克思价值创造理论,人类劳动是价值创造的唯一源泉,生产资料和生活资料只是被转移到新产品中,科学技术只是提高了生产效率,本身并不创造价值。美国钢铁大王 Andrew Carnegie 曾言,你可以把我的资金、设备和市场全部拿走,而把我的人才留下,四年后,我还是钢铁大王。可见,人力资本是一种主导性的资本。具体从价值创造能力方面来看,根据表3-6(见第3章3.4.1部分)计算可知,1998~2014年,智力增值系数的构成三要素中,按增值系数均值从大到小排序分别是人力资本增值系数(4.92)、结构资本增值系数(0.64)和物质资本增值系数(0.39)。诸多基于VAIC法对智力资本估算的研究也都得出了类似结论,如傅传锐(2015)、杨晓丹(2014)、Chang(2007)、Maditinos 等(2011)。人力资本价值创造能力整体上远超过物质资本与结构资本。"企业所有的智力资本最初都是以人力资本的形式进入企业的,组织资本和关系资本只不过是企业在长期经营过程中由人力资本创造或是人力资本沉淀固化而形成的产物"(万希,2009)。这种相对较高的价值创造能力意味着会更大程度地减少企业的投资风险和融资成本。基于此,本章得出:

假设6:智力资本中,人力资本增值效率是影响资本成本的核心因素。

5.3 研究设计

5.3.1 样本选择

本章使用PEG、OJ和GLS三种股权资本成本方法的均值作为股权资本成本水平的代表。估算时,所需有关预测指标以实际值替代。因为PEG和OJ方法下估算2014年股权资本成本均需要2015年公司每股收益数据,GLS方法下估算2013年股权资本成本需要2015年公司权益净利率数据,估算2014年股权资本成本需要2015年和2016年公司权益净利率数据,鉴于报表披露时间所限,本章股权资本成本研究期间界定为2012年及以前年份。另外,考虑到2006年会计准则变革对财务报表披露质量的影响,最终本章股权资本成本研究期间为2007~2012年。为便于三种资本成本——股权资本成本、债务资本成本及加权平均资本成本的比较,本章债务资本成本及加权平均资本成本研究期间均最终确定在2007~2012年。

本章在样本选择时，剔除了：①有关资本成本非正常范围内的公司：在研究股权资本成本时，剔除了股权资本成本大于或等于1、小于或等于0的公司；在研究债务资本成本时，剔除了债务资本成本大于或等于0.2、小于或等于0的公司；在研究加权平均资本成本时，剔除了股权资本成本大于或等于1、小于或等于0，并且债务资本成本大于或等于0.2、小于或等于0的公司。②数据缺失的样本。③在进行稳健性检验的时候，进一步剔除了全部金融业、ST及*ST公司。

考虑到极端值的影响，所有连续变量均在1%及99%分位上进行了Winsorize处理。本章后面报告的有关实证结果均为Winsorize后的变量分析结果。另外考虑到资本成本效应的滞后性及内生性问题，参考周嘉南和雷霆（2014）的做法，将因变量——资本成本有关变量均滞后一期进行处理。

本章有关原始数据资料主要来自Wind数据库、CSMAR数据库、CCER数据库。

5.3.2 变量设计

5.3.2.1 因变量

为全面分析智力资本对企业资本成本整体水平的影响以及股东和债权人因智力资本而产生的对企业要求报酬率的差异，本章所选因变量包括加权平均资本成本、股权资本成本以及债务资本成本。其中，股权资本成本以PEG、OJ、GLS三种方法的均值代表上市公司的股权资本成本水平。以上三种股权资本成本估算技术以及债务资本成本和加权平均资本成本的详细估算原理及方法见第4章有关内容。

5.3.2.2 自变量

（1）智力资本整体水平。本章分别用VAIC模型中的智力增值系数、市场价值与账面价值的差额作为企业智力资本整体水平的代理变量进行了研究。智力增值系数的估算方法见3.2节的研究。

（2）物质资本增值系数、智力资本增值系数、人力资本增值系数、结构资本增值系数。本章在考察物质资本增值效率、智力资本增值效率与资本成本的关系并进行比较研究时，分别用物质资本增值系数、智力资本增值系数作为自变量。为进一步分析智力资本增值系数构成中影响资本成本的核心因素，又分别使用了人力资本增值系数、结构资本增值系数作为自变量进行研究。上述有关增值系数的估算方法见3.2节的研究。

5.3.2.3 控制变量

本章参考相关已有文献，对控制变量的选择综合考虑了企业规模、产权性质、财务风险、公司治理、市场流动性等各方面的因素，具体包括：

(1) 企业规模。规模异象是许多金融研究关注的焦点。根据现有文献，较早研究规模效应的是 Banz（1981），其针对 1926~1975 年在美国纳斯达克上市的企业进行研究，发现小规模企业通常有较高的风险报酬率，平均而言，股东持有小规模企业的年化报酬率和持有大规模企业的年化报酬率相差达 19.8%。Fama 和 French（1992）进一步构建了著名的三因素模型，将规模因素作为股票收益率估算的一个重要变量予以考虑。但 Banz（1981）、Fama 和 French（1992）用权益价值代替企业规模程度，在资本市场并不十分规范的情况下，显然缺乏合理性。本书参考目前我国研究中普遍认可的做法，以资产规模代表企业的规模程度。

(2) 产权性质。与其他市场化程度较高的国家相比，国有企业是我国经济发展中的一大特色。产权性质历来是财务学诸多领域研究的焦点，关于资本成本的研究也不例外。

根据国际惯例，国有企业指用国有资产投资或国有持股超过 50% 的企业。国家统计局和国家工商总局于 1998 年 8 月 28 发布，2011 年 9 月进一步修订的《关于划分企业登记注册类型的规定》①指出国有企业是指企业全部资产归国家所有，并按《中华人民共和国企业法人登记管理条例》规定登记注册的非公司制的经济组织，不包括有限责任公司中的国有独资公司。2012 年 6 月 14 日，国家发展和改革委员会办公厅颁布了《关于印发全国股权投资企业备案管理工作会议纪要和股权投资企业备案文本指引/标准文本的通知》②，其中《股权投资企业合伙协议指引》界定国有企业为"国有股权合计达到或超过 50% 的企业"。

国有股权包括国家股和国家法人股。由于历史原因及我国国情所决定，国有股权在国有企业中一直保持着相当的比例。关于国家股权的作用，有"掠夺之手"和"帮助之手"之说。"掠夺之手"认为国有股权对于公司治理结构以及公司业绩都有消极影响。"掠夺之手"主要认为：政府的目标是多元化的，其要承担很多公共职能，不可能只专注于企业利润最大化的目标，因而导致企业绩效降低；国有股权存在主体缺位现象，其责权利不如私人股权那么明确，从而导致治理效率的丧失；政府具有行政职能，其违约成本可能较低，从而使公众的信任度降低；拥有国有股权的企业通常在企业亏损、破产时能够得到政府的资助，这使得经理人员缺乏工作的积极性。"帮助之手"则认为国有股权可能提高企业的治理效率：政府的行政职能使得其可以对管理者的无为或违规行为进行严厉处罚，从而减少股东与管理者之间的代理成本；作为股东之一，国有股东会相应减少对企业的盘剥，提高企业利润，取得与企业双赢的局面。

---

① 文件分别为国统字［1998］200 号与国统字［2011］86 号。
② 发改办财金［2012］1595 号。

5 智力资本对资本成本的总效应研究

计小青和曹啸（2009）认为国有控股的股权结构实际上为投资者提供了一种替代性保护。因此，国有股权有利于降低投资者的投资风险，从而降低企业的资本成本。但许小年用净资产报酬率、总资产报酬率、职工劳动生产率衡量企业效益，对沪、深上市公司1993~1995年的股本结构和公司效益进行分析，得出国有股比重越高，效益越差的结论。姚志存（2012）针对我国2006~2010年A股上市公司绩效的研究发现，国有参股、国有控股的公司分别弱于非国有参股、非国有控股的公司。而绩效的降低将加大投资者的投资风险。另有许多研究表明银行在贷款方面的确对于国有与非国有企业存在着信贷歧视，如方军雄（2007）、Loren和Hongbin（2003），信贷歧视不可避免地会对企业的资本成本产生一定的影响。

综上，当前国有企业的"帮助之手"及"掠夺之手"双重角色使得其在经济发展过程中的作用充满不确定性，因此投资者的投资风险也将很大程度上是个难以评估的未知数。但需强调的是，债务融资被普遍地与信贷歧视问题相联系。因此，本书参考诸多股权资本成本研究文献的做法，如郑伟光等（2014）、罗劲博（2014）、王艺霖和王爱群（2014）、何玉等（2014），未将产权纳入股权资本成本的控制变量，但参考施继坤和张广宝（2014）、陈少华等（2013）将其作为债务资本成本的控制变量，在研究加权平均资本成本时，将股票年换手率与产权性质均作为控制变量进行研究。

（3）财务风险。财务风险是指因负债融资的增加而使企业面临的可能无法按期偿还到期债务的风险。根据MM有税理论，有负债企业的股权资本成本不仅取决于企业的所得税税率，债务比例也有着至关重要的影响。放宽MM假设条件的静态权衡理论也认为，企业存在一个最佳的资本结构，在该资本结构下，企业价值最大，加权平均资本成本最低。动态权衡理论则进一步认为当期的融资方式取决于未来最优资本结构的预期。融资优序理论其实也间接表明不同的融资方式具有不同的资本成本，融资方式的不同影响企业的资本结构，即间接表明企业资本结构不同是导致企业资本成本差异的重要因素。

从代理理论考虑，由于债务契约具有固定性、强制性，因此管理当局不得不保有充足的现金以避免发生债务违约的情况，因此，债务的上升有利于减少公司经理人员的在职消费行为，避免投资过度，有效降低代理成本。并且，债务引致的利息费用在许多国家具有抵税效应，因此有利于债务资本成本的降低。但负债作为一把"双刃剑"，也具有负面的效应。随着负债增加，企业破产的可能性增大，会增加债务人的违约风险，由于股东是末位清偿人，该风险最终需由股东承担。因此，从这方面考虑，债务的增加会使投资者要求的报酬率上升。财务风险对企业资本成本的最终影响，则应视上述企业代理成本效应和破产风险效应孰高孰低而定。本书参考现有文献的普遍做法，以资产负债率作为衡量企业财务风险的指标。

(4) 股权集中度。股权集中度（Ownership Concentration）是指全部股东因持股比例的不同所表现出来的股权集中还是股权分散的数量化指标。股权集中度是衡量公司的股权分布状态的主要指标，也是衡量公司稳定性的重要指标。

在马科维茨资产组合理论下，理性的投资者通过多样化投资可以分散绝大多数的非系统风险。但这种投资方式产生的一个问题是投资者没有充裕的资金购入一个企业较多的股权，任何一个投资者在企业中所拥有的股权份额都是微乎其微的。这就可能产生严重的代理问题，没有任何一个股东能够单独对企业的经营决策产生实质性影响，管理者可能因此通过在职消费、帝国构建、壕沟防御等多种手段侵蚀股东的财富。股东因此产生代理成本。从这个角度讲，股权分散削弱了对股东的保护程度。如果企业有大股东，大股东将对管理决策产生足够的影响，甚至能左右企业管理层的决定，可以在一定程度上减轻股东与管理者之间的代理问题，也因此能降低股东的投资风险，进而降低股权资本成本。Demsetz（1983）、Demsetz 和 Lehn（1985）、Morck 等（1988）的研究都表明，美国大公司的股权结构是适度集中的。Shleifer 和 Vishny（1986）发现 20 世纪 80 年代初《财富》500 强公司中的 456 家样本公司中有 354 家至少有一个股东持股不低于 5%；456 家公司的第一大股东平均持股 15.4%，前五大股东平均总持股 28.8%。La Porta 等（1999）研究了 27 个比较富裕国家的大公司的所有权结构，发现除了投资者保护机制非常好的国家之外，很少有国家的企业股权是分散的。

大股东对企业管理者的约束增加，从管理者提高努力工作程度角度而言，显然也能减少债权人的代理成本。股东和债权人虽然都是企业的投资者，但又是不同的利益主体。由于在现代公司治理结构下，有股东大会、董事会等诸多对经理人员进行监督的机制，股东在这些机构中发挥着举足轻重的作用，而债权人是通常没有权利参与企业的任何经营管理决策的。因此，在股东和债权人利益发生冲突时，管理者总是倾向于维护股东的利益。管理者有可能为了股东的利益而选择增加债权人风险的政策。例如，管理者通过发行债务筹集资金给股东发放股利或为发放股利而拒绝投资净现值为正的项目、投资风险过高的项目等。在股东对管理控制增加的情况下，从这方面考虑反而可能会增加债权人的代理成本。秦莹和丁帅（2014）针对 2011 年之前沪深两市的 A 股公司进行研究，发现股权集中度与债务代理成本有显著的负相关关系。黄辉（2009）以 2002～2005 年我国有关 A 股上市公司为研究对象，得出了相反的结论：股权集中度一方面与股权资本成本负相关，另一方面与企业的加权平均资本成本正相关，表明控股股东的确利用举债减少管理者机会主义及在职消费行为，从而使股东的代理成本降低，但是债权人可能又考虑到资产替代效应，从而提高贷款利率，使得债务资本成本上升。无论如何，现有许多研究的确表明股权集中度对资本成本具有重要影响。

目前,相关实证中用到的衡量股权集中度的指标主要有第一大股东持股比例、赫芬德尔指数(Herfindahl Index)(每个股东持股比例的平方之和)、是否有终极控制权人等。本书参考张军华(2014)、陈德萍和陈永圣(2011)、黄越等(2011)的做法选择第一大股东持股比例,参考林钟高等(2015)、梁英和李清(2014)等以第2~10大股东持股比例代表。

(5)独立董事比例。独立董事指"不在上市公司担任除董事外的其他职务,并与其所受聘的上市公司及其主要股东不存在可能妨碍其进行独立客观判断关系的董事。"① 独立董事制度起源于20世纪30年代。美国1940年颁布了《公司投资法》,明确规定公司的董事会中必须有不低于40%的董事是公司的"非利害关系人"。我国最早在境外上市公司试点独立董事制度。1999年3月29日,中国证券监督管理委员会(以下简称"证监会")和经贸委联合发布《关于进一步促进境外上市公司规范运作和深化改革的意见》② 要求,董事会换届时,外部董事应占董事会人数的1/2以上,并应有两名以上的独立董事。我国证监会2001年8月16日颁布的《关于在上市公司建立独立董事制度的指导意见》规定:我国上市公司董事会成员中,2002年6月30日前,应当至少包括两名独立董事;在2003年6月30日前,应当至少包括1/3的独立董事。2014年新修订的《公司法》第122条明确规定上市公司要设立独立董事。

独立董事制度作为一种公司治理机制,其目的在于保护中小股东免于受到大股东及管理层的利益侵害。通过独立董事制度,理论上可以有效改善管理层的控制权结构,从而缓解管理层与大股东、大股东与中小股东、管理层与债权人之间的代理冲突,减少代理成本,从而降低企业的资本成本水平。但目前在我国,独立董事的就业机会及薪酬实质由上市公司控制,独立董事实际上并不独立,因此,在独立董事的自身利益受到威胁时,很难保证独立董事不屈从控股股东和管理当局的决定。所以,独立董事很多情况下并未表现出其应有的作用。刘浩等(2012)针对2001~2008年我国上市公司的数据实证研究即发现,具有银行背景的独立董事改善了企业的信贷融资状况,但由于我国股权较为集中,导致独立董事实质上并没有努力工作;金融化程度较低的地区以及银根紧缩时,独立董事的作用发挥得相对较好。张梅(2013)以2007~2010年上市公司为研究样本,实证得出:独董比例、具有会计专业背景的独董人数与控股股东的代理成本显著负相关。潘克勤(2010)对我国2003~2006年A股上市公司的研究发现,独立董事在民营企业具有较为稳定的债务融资效应。胡苏(2011)进而针对我国2005~2008年A股市场的总体研究,得出独立董事

---

① 证监发 [2001] 102号《关于在上市公司建立独立董事制度的指导意见》。
② 见国经贸企改 [1999] 230号。

制度对企业外部债务融资的获取具有较好的治理效应。上述文献表明，独立董事在我国特定地区、行业、情况下在一定程度上还是发挥了一定的作用，故本书将独立董事比例作为影响资本成本的公司治理方面的一个控制变量。

（6）股票流动性。股票流动性对资本成本的影响大致可从三个方面得以体现：①Kyle 和 Vila（1991）从企业并购角度，认为对于股票流动性较高的企业，大股东自然也较容易购买较高份额的股票，这样企业被接管的可能性相对增加，管理者被更换的概率提升，因此管理者会更努力地工作以提高公司的治理效应。②对于股东而言，股票流动性越高，当其不满意管理层的工作时，便可以以较低的成本"用脚投票"，便利其在市场上捕捉更合适的其他投资机会，因此，股东进行投资的风险相对较小。Adamati 和 Pfleiderer（2007）便支持了这种观点，且认为股票流动性越高，大股东越有可能实施抛售策略。③另有学者从信号理论角度认为，股票流动性越高，企业的私有信息越能够通过股价得以体现，亦即通过股价，投资者可以获取更多的关于被投资企业的信息，因此可以降低投资者的投资风险。如苏冬蔚和熊家财（2013）针对我国 2005~2011 年 A 股上市公司进行研究，也发现股票流动性的提高有助于促使投资者深入挖掘企业的信息，从而促使股价信息含量增加。

综上，股票流动性使得投资者投资风险在一定程度上下降，因此，投资者会相应降低其要求报酬率。高芳和傅仁辉（2012）针对我国 A 股市场的研究，表明由于 2006 年新会计准则增加了股票的流动性，进而使企业的股权资本成本显著下降。本书将股票流动性作为影响股权资本成本的一个重要控制变量。参考孙枭飞和晏超（2015）、袁放建等（2013）以年换手率衡量股票流动性。

具体有关变量的设计见表 5-1。

表 5-1 变量定义

变量类别	变量名称	变量符号	变量计算
因变量	股权资本成本	COE	PEG、OJ、GLS 三种方法均值（具体估算方法见第 4 章）
	债务资本成本	COD	具体估算方法见第 4 章
	加权平均资本成本	WACC	具体估算方法见第 4 章
	资本成本	COC	DU=1 时代表股权资本成本，DU=0 时代表债务资本成本
自变量	智力资本整体水平 1	VAIC	智力总能力，具体估算方法见第 3 章
	智力资本整体水平 2	LNMMB	市场价值与账面价值的差额取对数
	物质资本增值系数	PHCE	具体估算方法见第 3 章
	智力资本增值系数	ICE	具体估算方法见第 3 章
	人力资本增值系数	HCE	具体估算方法见第 3 章
	结构资本增值系数	SCE	具体估算方法见第 3 章

续表

变量类别	变量名称	变量符号	变量计算
控制变量	企业规模	lNASSET	用总资产的对数表示
	股权集中度1	FIRST1	用第1大股东持股比例表示
	股权集中度2	FIRST2-10	用第2~10大股东持股比例表示
	独立董事占比	RIND	独立董事占全部董事的比例
	财务风险	DEBT	用资产负债率表示
	股票流动性	YTURNR	用股票年换手率表示
	产权性质	STATE	虚拟变量,1代表国有企业,0代表非国有企业
	资本成本类型	DU	虚拟变量,DU=1时代表因变量为股权资本成本,DU=0时代表因变量为债务资本成本
	年度变量	YEAR	虚拟变量,当年为1,否则为0
	行业变量	INDU	虚拟变量,根据证监会《上市公司行业分类指引(2012年修订)》① 将行业共分为18类,故生成17个虚拟变量,剔除金融业后为16个虚拟变量

5.3.3 研究模型

为检验假设1,本书分别以智力增值系数及市价与账面价值的差额作为智力资本整体水平的代理变量(自变量)②,以股权资本成本、债务资本成本及加权平均资本成本作为因变量,构建模型1~模型6,如下:

模型1:

$$COE_{i,t} = \alpha_0 + \alpha_1 VAIC_{i,t-1} + \sum_{i=2}^{n} \alpha_i Control_{i,t-1} + \xi_{i,t-1} \qquad (5-1)$$

模型2:

$$COD_{i,t} = \alpha_0 + \alpha_1 VAIC_{i,t-1} + \sum_{i=2}^{n} \alpha_i Control_{i,t-1} + \xi_{i,t-1} \qquad (5-2)$$

模型3:

$$WACC_{i,t} = \alpha_0 + \alpha_1 VAIC_{i,t-1} + \sum_{i=2}^{n} \alpha_i Control_{i,t-1} + \xi_{i,t-1} \qquad (5-3)$$

模型4:

$$COE_{i,t} = \alpha_0 + \alpha_1 LNMMB_{i,t-1} + \sum_{i=2}^{n} \alpha_i Control_{i,t-1} + \xi_{i,t-1} \qquad (5-4)$$

模型5:

$$COD_{i,t} = \alpha_0 + \alpha_1 LNMMB_{i,t-1} + \sum_{i=2}^{n} \alpha_i Control_{i,t-1} + \xi_{i,t-1} \qquad (5-5)$$

---

① 证监会公告 [2012] 31号。
② 在以市价与账面价值的差额作为智力资本整体水平的代理变量的实证结果,本章作为稳健性检验在后面报告。

模型 6：

$$WACC_{i,t} = \alpha_0 + \alpha_1 LNMMB_{i,t-1} + \sum_{i=2}^{n} \alpha_i Control_{i,t-1} + \xi_{i,t-1} \quad (5-6)$$

其中：i 表示公司样本个体，t 表示年度，ξ 是随机误差项。以下模型含义同。

为进一步考察智力资本整体水平对股权资本成本与债务资本成本影响的差异，参考 Bharath 等 (2008)、蒋琰 (2009) 的研究方法构建模型 7 和模型 8，具体方法为：构造一个代表资本成本的因变量 COC，替换模型 1~模型 6 中的因变量。该因变量分为两部分，一部分为股权资本成本，另一部分为债务资本成本。同时在模型 1~模型 6 的基础上引入一个虚拟变量和智力资本整体水平变量的交乘项，该虚拟变量为 1 代表因变量为股权资本成本，为 0 代表因变量为债务资本成本。同时股权资本成本与债务资本成本各自不同的控制变量按照类似的方法设置交乘项引入模型中。为了保证结果的稳健性，参考蒋琰 (2009) 的研究采用了两种不同的引入方法，一种是仅引入虚拟变量与两种资本成本（股权资本成本与债务资本成本）不同的控制变量的交乘项（模型 7 和模型 8），另一种是不仅引入虚拟变量与两种资本成本（股权资本成本与债务资本成本）不同的控制变量的交乘项，同时将不同的控制变量也引入模型之中（模型 9 和模型 10）①。

模型 7：

$$COC_{i,t} = \alpha_0 + \alpha_1 VAIC_{i,t-1} + \alpha_2 DU_{i,t-1} \times VAIC_{i,t-1} + \alpha_3 DU_{i,t-1} \times YTURNR_{i,t-1} + \\ \alpha_4 \times (1 - DU_{i,t-1}) \times STATE_{i,t-1} + \sum_{i=5}^{n} \alpha_i Control_{i,t-1} + \xi_{i,t-1} \quad (5-7)$$

模型 8：

$$COC_{i,t} = \alpha_0 + \alpha_1 LNMMB_{i,t-1} + \alpha_2 DU_{i,t-1} \times VAIC_{i,t-1} + \alpha_3 DU_{i,t-1} \times YTURNR_{i,t-1} + \\ \alpha_4 \times (1 - DU_{i,t-1}) \times STATE_{i,t-1} + \sum_{i=5}^{n} \alpha_i Control_{i,t-1} + \xi_{i,t-1} \quad (5-8)$$

模型 9：

$$COC_{i,t} = \alpha_0 + \alpha_1 VAIC_{i,t-1} + \alpha_2 DU_{i,t-1} \times VAIC_{i,t-1} + \alpha_3 \times YTURNR_{i,t-1} + \\ \alpha_4 DU_{i,t-1} \times YTURNR_{i,t-1} + \alpha_5 \times STATE_{i,t-1} + \alpha_6 \times (1 - DU_{i,t-1}) \times \\ STATE_{i,t-1} + \sum_{i=7}^{n} \alpha_i Control_{i,t-1} + \xi_{i,t-1} \quad (5-9)$$

模型 10：

$$COC_{i,t} = \alpha_0 + \alpha_1 LNMMB_{i,t-1} + \alpha_2 DU_{i,t-1} \times VAIC_{i,t-1} + \alpha_3 \times YTURNR_{i,t-1} + \\ \alpha_4 DU_{i,t-1} \times YTURNR_{i,t-1} + \alpha_5 \times STATE + \alpha_6 \times (1 - DU_{i,t-1}) \times$$

---

① 其中模型 8 和模型 10 以市价与账面价值的差额作为智力资本整体水平的代理变量的实证结果，本章作为稳健性检验在后面报告。

$$\text{STATE}_{i,\,t-1} + \sum_{i=7}^{n} \alpha_i \text{Control}_{i,\,t-1} + \xi_{i,\,t-1} \tag{5-10}$$

模型7、模型8、模型9、模型10中，DU为虚拟变量，代表资本成本的类型（1=股权资本成本，0=债务资本成本）。当DU=1时，COC为下一年度的股权资本成本，当DU=0时，COC为下一年度的债务资本成本。如果模型中交乘项$\text{DU}_{i,t-1} \times \text{VAIC}_{i,t-1}$显著大于0，则表明智力资本整体水平对股权资本成本的影响大于对债务资本成本的影响，若显著小于0，则意味着智力资本整体水平对债务资本成本的效用更强。

智力资本增值效率与物质资本增值效率是构成企业智力资本整体水平的两个重要方面，这两个方面对资本成本的影响是否具有差异，本书进一步构建模型11~模型13进行验证：

模型11：

$$\text{COE}_{i,\,t} = \alpha_0 + \alpha_1 \text{PHCE}_{i,\,t-1} + \alpha_2 \text{ICE}_{i,\,t-1} + \sum_{i=3}^{n} \alpha_i \text{Control}_{i,\,t-1} + \xi_{i,\,t-1} \tag{5-11}$$

模型12：

$$\text{COD}_{i,\,t} = \alpha_0 + \alpha_1 \text{PHCE}_{i,\,t-1} + \alpha_2 \text{ICE}_{i,\,t-1} + \sum_{i=3}^{n} \alpha_i \text{Control}_{i,\,t-1} + \xi_{i,\,t-1} \tag{5-12}$$

模型13：

$$\text{WACC}_{i,\,t} = \alpha_0 + \alpha_1 \text{PHCE}_{i,\,t-1} + \alpha_2 \text{ICE}_{i,\,t-1} + \sum_{i=3}^{n} \alpha_i \text{Control}_{i,\,t-1} + \xi_{i,\,t-1} \tag{5-13}$$

模型11~模型13中，PHCE和ICE分别代表企业的物质资本增值效率和智力资本增值效率。

人力资本增值效率与结构资本增值效率是构成智力资本增值效率的两个重要方面。为进一步考察这两个方面对资本成本的影响，本章构建模型14~模型16进行验证：

模型14：

$$\text{COE}_{i,\,t} = \alpha_0 + \alpha_1 \text{PHCE}_{i,\,t-1} + \alpha_2 \text{HCE}_{i,\,t-1} + \alpha_3 \text{SCE}_{i,\,t-1} +$$
$$\sum_{i=4}^{n} \alpha_i \text{Control}_{i,\,t-1} + \xi_{i,\,t-1} \tag{5-14}$$

模型15：

$$\text{COD}_{i,\,t} = \alpha_0 + \alpha_1 \text{PHCE}_{i,\,t-1} + \alpha_2 \text{HCE}_{i,\,t-1} + \alpha_3 \text{SCE}_{i,\,t-1} +$$
$$\sum_{i=4}^{n} \alpha_i \text{Control}_{i,\,t-1} + \xi_{i,\,t-1} \tag{5-15}$$

模型16：

$$\text{WACC}_{i,\,t} = \alpha_0 + \alpha_1 \text{PHCE}_{i,\,t-1} + \alpha_2 \text{HCE}_{i,\,t-1} + \alpha_3 \text{SCE}_{i,\,t-1} +$$
$$\sum_{i=4}^{n} \alpha_i \text{Control}_{i,\,t-1} + \xi_{i,\,t-1} \tag{5-16}$$

5.4 实证检验与分析

5.4.1 描述性统计

表 5-2~表 5-7 分别报告了 2007~2012 年资本成本模型中有关变量的描述性统计指标。分析发现：①从表 5-2、表 5-4、表 5-6 可知：除了表 5-6 中债务资本成本模型中有关变量的描述性统计中 VAIC（均值=3.9363，标准差=3.9506）、HCE（均值=2.9968，标准差=3.3447）的标准差大于均值外，其余各有关变量的标准差均小于均值，说明样本整体离散程度不大。②表 5-2、表 5-4、表 5-6 中，各有关智力资本水平变量 VAIC、PHCE、ICE、HCE、SCE 中，除了股权资本成本模型及加权平均资本成本模型中的 SCE，其余变量均值均大于中位数，表明大部分公司智力资本水平尚低于平均水平①。又进一步发现 VAIC、ICE 和 HCE 的标准差相对较大（均高于 3），均值水平也均高于 PHCE、SCE，说明我国智力资本整体而言，特别是人力资本方面存在较大差异，这与第 3 章的研究结论相符。另外这也从侧面表明人力资本是影响我国智力资本整体水平的关键因素，隐含着假设 6 存在的可能性。③表 5-2、表 5-4、表 5-6 中，各有关模型中的 ICE 均远高于 PHCE，说明智力资本的增值效率要远高于物质资本的增值效率，隐含着假设 3a、假设 3b、假设 3c 可能成立。④观察有关模型变量的分年描述性统计（表 5-3、表 5-5、表 5-7）及年度趋势图（图 5-1、图 5-2、图 5-3）可发现：①加权平均资本成本模型中，WACC 与各有关智力资本变量的年度趋势负相关关系整体比较明显②，图 5-1 可以更清晰地体现出这种负相关关系。假设 1a、假设 4a 得到初步印证。②股权资本成本模型中，COE 基本与各有关智力资本变量的年度趋势存在负相关的关系③。这种负相关的关系从图 5-2 可以更直观地体现出来。假设 1b、假设 4b 得到初步印证。③债务资本成本模型中 COD 与各有关智力资本变量的负相关关系整体上从表 5-7 及图 5-3 中看不如 WACC 与 COE 明显。2010 年及 2012 年 COD 与各有关智力资本变量的负相关关系从

---

① 股权资本成本模型中 SCE 均值与中位数相等，加权平均资本成本模型中 SCE 均值虽然小于中位数，但相差不大（均值为 0.5730，中位数为 0.5735）。
② 不符合此趋势的为部分年份中的 PHCE 和 SCE：2010 年加权平均资本成本下降，下降幅度为 33.97%，但 PHCE 和 SCE 均略有下降，下降幅度分别为 1.07%、1.19%；2011 年加权平均资本成本下降，下降幅度为 13.20%，但 PHCE 仍是略有下降，下降幅度为 0.75%；2012 年加权平均资本成本上升，上升幅度为 27.97%，但 PHCE 也是略有上升，上升幅度为 1.19%。
③ 不符合此趋势的为部分年份中的 PHCE 和 SCE：2010 年股权资本成本下降，下降幅度为 37.96%，但 PHCE 和 SCE 均略有下降，下降幅度分别为 1.03%、3.32%；2011 年股权资本成本下降，下降幅度为 11.46%，但 PHCE 仍是略有下降，下降幅度为 2.08%。

表5-7及图5-3均可以观察到，这两年分别为下降、上升，而智力资本有关变量均分别为上升、下降。但2009年却均呈现出正相关特征，该年COD下降27.24%，但VAIC、PHCE、ICE、HCE、SCE分别也下降了24.17%、14.21%、24.18%、27.50%、6.04%。2011年COD上升了16.75%，而VAIC、PHCE、ICE、HCE也分别上升了9.61%、7.23%、10.11%、12.52%，只有SCE下降了1.23%。假设1c、假设3c、假设4c、假设5c从图表中未得到显著的验证。

整体从有关描述性统计初步得出：企业智力总能力的构成中，智力资本增值效率，尤其是人力资本增值效率发挥着非常重要的作用；企业资本成本整体水平与企业的智力资本总水平、智力资本增值效率、人力资本增值效率具有明显的负相关关系，与结构资本增值效率绝大部分年份也能呈现出负相关关系；资本成本的具体构成中，股权资本成本与智力资本的负相关关系要比债务资本成本明显，这体现了假设2的思想；股权资本成本与企业的智力资本总水平、智力资本增值效率、人力资本增值效率具有明显的负相关关系，与结构资本增值效率绝大部分年份也都能呈现出负相关关系；但债务资本成本除了与结构资本增值效率绝大部分年份也都能呈现出负相关关系外，与其他各有关智力资本变量的年度趋势关系未呈现出预期的显著负相关特点，但由于2008年各有关变量变化趋势欠缺，且本章研究所用数据属于非平衡面板数据，具体结论有待进一步通过实证进行分析。

表5-2 加权平均资本成本模型中有关变量的描述性统计（自变量=VAIC）

变量	样本	均值	中位数	最大值	最小值	标准差
WACC	2691	0.0713	0.0645	0.2713	0.0032	0.0398
VAIC	2691	4.1097	3.1531	24.4294	-14.3133	3.4546
PHCE	2691	0.2829	0.2482	1.3102	-0.8525	0.2014
ICE	2691	3.7785	2.8748	21.5692	-10.1438	3.2004
HCE	2691	3.2055	2.2951	20.5773	-11.2329	3.0562
SCE	2691	0.5730	0.5735	3.2991	-1.6267	0.3870
INASSET	2691	21.8489	21.6773	26.1468	18.8283	1.2426
FIRST1	2691	0.3716	0.3574	0.7525	0.0891	0.1565
FIRST2-10	2691	0.1957	0.1720	0.5498	0.0119	0.1307
RIND	2691	0.3658	0.3333	0.5556	0.1429	0.0524
DEBT	2691	0.4804	0.4889	0.9959	0.0483	0.1943
YTURNR	2691	7.1137	6.1486	19.7874	0.2068	4.3319
STATE	2691	0.6091	1.0000	1.0000	0.0000	0.4881

表5-3 加权平均资本成本模型中有关变量分年描述性统计（自变量=VAIC）

年份 变量	2008		2009		2010		2011		2012	
	样本	均值	样本	均值	样本	均值	样本	均值	样本	均值
WACC	431	0.0644	421	0.0998	551	0.0659	528	0.0572	760	0.0732
VAIC	431	4.7467	421	3.6145	551	3.9488	528	4.3741	760	3.9556
PHCE	431	0.3027	421	0.2816	551	0.2786	528	0.2765	760	0.2798
ICE	431	4.3675	421	3.3357	551	3.6670	528	3.9803	760	3.6303
HCE	431	3.7560	421	2.7968	551	3.1345	528	3.3581	760	3.0653
SCE	431	0.6116	421	0.5389	551	0.5325	528	0.6222	760	0.5650

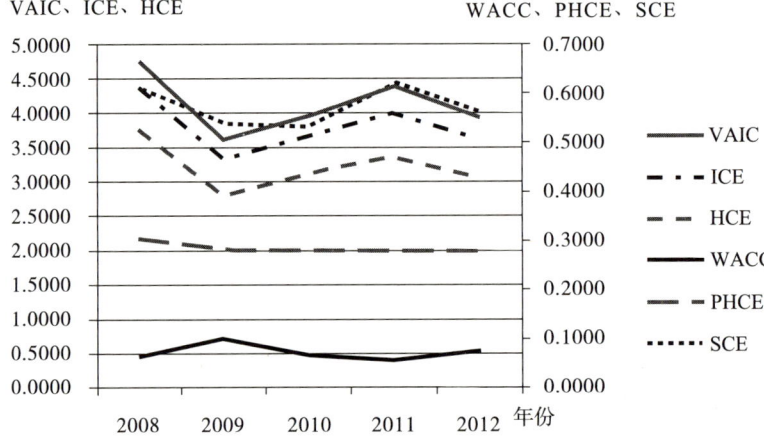

图5-1 WACC模型中有关变量年度趋势（自变量=VAIC）

表5-4 股权资本成本模型中有关变量整体描述性统计（自变量=VAIC）

变量	样本	均值	中位数	最大值	最小值	标准差
COE	3608	0.0816	0.0701	0.3687	0.0045	0.0515
VAIC	3608	4.1544	3.1803	24.4294	-11.5666	3.5594
PHCE	3608	0.2816	0.2455	1.3102	-0.8525	0.2049
ICE	3608	3.8255	2.9035	21.5709	-8.2361	3.3256
HCE	3608	3.2456	2.3174	20.5773	-9.3431	3.1893
SCE	3608	0.5800	0.5800	3.2991	-1.6267	0.3828
INASSET	3608	21.7281	21.5532	26.1468	18.8283	1.2163
FIRST1	3608	0.3707	0.3550	0.7525	0.0891	0.1560
FIRST2-10	3608	0.1998	0.1783	0.5498	0.0119	0.1316
RIND	3608	0.3646	0.3333	0.5556	0.1429	0.0518
DEBT	3608	0.4571	0.4694	0.9959	0.0483	0.2041
YTURNR	3608	7.1508	6.2329	19.7874	0.2068	4.3227

5 智力资本对资本成本的总效应研究

表 5-5 股权资本成本模型中有关变量分年描述性统计（自变量=VAIC）

年份 变量	2008		2009		2010		2011		2012	
	样本	均值	样本	均值	样本	均值	样本	均值	样本	均值
COE	626	0.0665	743	0.1167	662	0.0724	657	0.0641	920	0.0829
VAIC	626	4.7847	743	3.7057	662	4.0212	657	4.4065	920	4.0036
PHCE	626	0.3053	743	0.2819	662	0.2790	657	0.2732	920	0.2729
ICE	626	4.4090	743	3.3983	662	3.7371	657	4.0072	920	3.7075
HCE	626	3.7963	743	2.8347	662	3.1922	657	3.3861	920	3.1407
SCE	626	0.6127	743	0.5636	662	0.5449	657	0.6211	920	0.5668

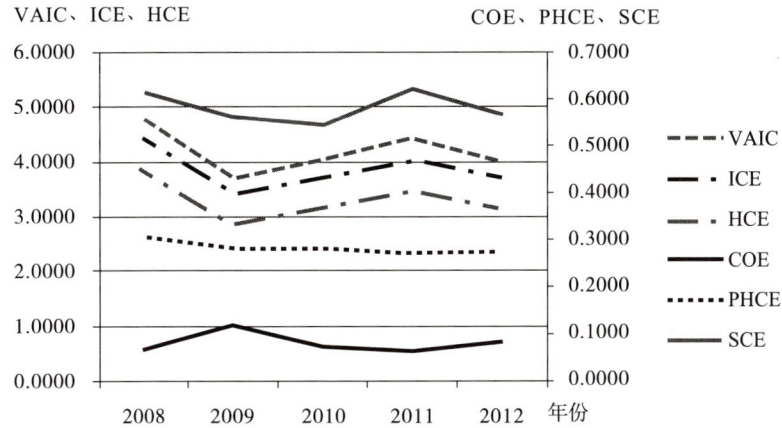

图 5-2 股权资本成本模型中有关变量年度趋势（自变量=VAIC）

表 5-6 债务资本成本模型中有关变量的描述性统计（自变量=VAIC）

变量	样本	均值	中位数	最大值	最小值	标准差
COD	6735	0.0451	0.0435	0.1942	0.0000①	0.0256
VAIC	6735	3.9363	3.1454	24.4294	-14.3133	3.9506
PHCE	6735	0.2681	0.2395	1.3102	-0.8525	0.2516
ICE	6735	3.5969	2.8570	21.5769	-11.2675	3.4429
HCE	6735	2.9968	2.2582	20.5773	-12.2699	3.3447
SCE	6735	0.6001	0.5847	3.2991	-1.6267	0.4880
INASSET	6735	21.7063	21.5589	26.1468	18.8283	1.3032
FIRST1	6735	0.3671	0.3525	0.7525	0.0891	0.1535
FIRST2-10	6735	0.2037	0.1846	0.5498	0.0119	0.1348
RIND	6735	0.3654	0.3333	0.5556	0.0909	0.0518
DEBT	6735	0.5073	0.4982	1.7113	0.0483	0.2537
STATE	6735	0.5679	1.0000	1.0000	0.0000	0.4954

---

① COD 最小值为 0.00000402，因表格数字保留四位小数，此处显示为 0。该公司为美盈森（002303）。

表5-7 债务资本成本模型中有关变量分年描述性统计（自变量=VAIC）

年份 变量	2008		2009		2010		2011		2012	
	样本	均值	样本	均值	样本	均值	样本	均值	样本	均值
COD	1012	0.0558	809	0.0406	1413	0.0382	1650	0.0446	1851	0.0469
VAIC	1012	4.5006	809	3.4126	1413	3.8156	1650	4.1824	1851	3.7294
PHCE	1012	0.2872	809	0.2464	1413	0.2574	1650	0.2760	1851	0.2681
ICE	1012	4.0945	809	3.1046	1413	3.4668	1650	3.8172	1851	3.4430
HCE	1012	3.4605	809	2.5089	1413	2.8582	1650	3.2161	1851	2.8671
SCE	1012	0.6340	809	0.5957	1413	0.6086	1650	0.6011	1851	0.5759

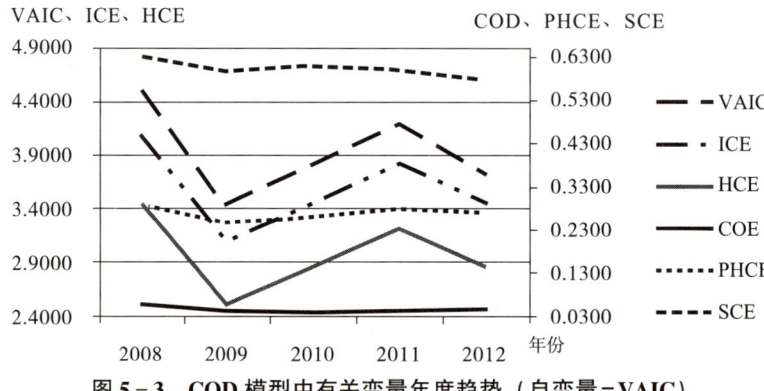

图5-3 COD模型中有关变量年度趋势（自变量=VAIC）

5.4.2 单因素方差分析

5.4.1节从年度特征分析了智力资本与资本之间可能存在的逻辑关系，本部分进一步按VAIC、PHCE、HCE和SCE从高到低将加权平均资本成本模型、股权资本成本模型和债务资本成本模型三个模型的样本分别等分为高组和低组进行了单因素方差分析。各模型中，大于或等于该模型VAIC、PHCE、HCE和SCE的中位数者归为高组，低于VAIC、PHCE、HCE和SCE的中位数者并入低组。有关结果见表5-8~表5-10。

结果显示：①加权平均资本成本模型中，在高PHCE和低PHCE组中，WACC通过了均值方差检验和Kwallis中位数检验，高PHCE组具有较低的WACC，为假设3a提供了部分证据。②股权资本成本模型中，PHCE通过了两个检验，VAIC与SCE未通过均值方差检验，但通过了Kwallis中位数检验①。但高VAIC、高PHCE、高SCE组的COE的均值及中位数均相对低VAIC、低PHCE、低SCE组的较低，假设1b、假

---

① VAIC与SCE均值方差检验结果并不符合同方差假定（Prob>chi2 = 0.000），结果以中位数检验为准。

5 智力资本对资本成本的总效应研究

设 3b、假设 5b 有了更多的佐证。③债务资本成本模型中，VAIC、HCE 和 SCE 均显著通过了均值方差检验和 Kwallis 中位数检验，PHCE 未显著通过均值方差检验，但显著通过了 Kwallis 中位数检验①，高 VAIC、高 PHCE、高 HCE 和高 SCE 组的 COD 均值和中位数水平皆相对低 VAIC、低 PHCE、低 HCE 和低 SCE 组的要低，这和假设 1c、假设 3c、假设 4c、假设 5c 的思路是一致的。④加权资本成本模型中的 VAIC 组、HCE 组、SCE 组，以及股权资本成本模型中的 HCE 组未通过均值方差检验和 Kwallis 中位数检验，与相关理论研究不符。鉴于均值方差检验和 Kwallis 中位数检验并未控制其他相关变量，本章后文通过回归分析进一步进行实证检验。

表 5-8 加权平均资本成本模型单因素分析（观测值=2691）

变量	高 VAIC (n=1346)			低 VAIC (n=1345)			均值方差检验（p 值）	Kwallis 中位数检验（p 值）
	均值	中位数	标准差	均值	中位数	标准差		
WACC	0.0707	0.0646	0.0365	0.0720	0.0638	0.0428	0.4082	0.4225

PANEL B：

变量	高 PHCE (n=1346)			低 PHCE (n=1345)			均值方差检验（p 值）	Kwallis 中位数检验（p 值）
	均值	中位数	标准差	均值	中位数	标准差		
WACC	0.0689	0.0609	0.0403	0.0737	0.0677	0.0391	0.0019***	0.0001***

PANEL C：

变量	高 HCE (n=1346)			低 HCE (n=1345)			均值方差检验（p 值）	Kwallis 中位数检验（p 值）
	均值	中位数	标准差	均值	中位数	标准差		
WACC	0.0704	0.0646	0.0362	0.0723	0.0641	0.0430	0.2164	0.6522

PANEL D：

变量	高 SCE (n=1346)			低 SCE (n=1345)			均值方差验验（p 值）	Kwallis 中位数检验（p 值）
	均值	中位数	标准差	均值	中位数	标准差		
WACC	0.0709	0.0646	0.0373	0.0718	0.0640	0.0421	0.5715	0.4833

表 5-9 股权资本成本模型单因素分析（观测值=3608）

PANEL A：

变量	高 VAIC (n=1804)			低 VAIC (n=1804)			均值方差检验（p 值）	Kwallis 中位数检验（p 值）
	均值	中位数	标准差	均值	中位数	标准差		
COE	0.0815	0.0683	0.0546	0.0818	0.0717	0.0482	0.8791	0.0511*

---

① 由于该变量的均值方差检验结果并不符合同方差假定（Prob>chi2 = 0.000），结果以中位数检验为准。

续表

变量	高 PHCE（n=1804）			低 PHCE（n=1804）			均值方差检验（p值）	Kwallis 中位数检验（p值）
	均值	中位数	标准差	均值	中位数	标准差		

PANEL B：

变量	均值	中位数	标准差	均值	中位数	标准差		
COE	0.0777	0.0664	0.0499	0.0856	0.0744	0.0527	0.0000***	0.0001***

PANEL C：

变量	高 HCE（n=1804）			低 HCE（n=1804）			均值方差检验（p值）	Kwallis 中位数检验（p值）
	均值	中位数	标准差	均值	中位数	标准差		
COE	0.0811	0.0715	0.0481	0.0821	0.0685	0.0546	0.5611	0.2490

PANEL D：

变量	高 SCE（n=1804）			低 SCE（n=1804）			均值方差检验（p值）	Kwallis 中位数检验（p值）
	均值	中位数	标准差	均值	中位数	标准差		
COE	0.0812	0.0684	0.0536	0.0821	0.0717	0.0493	0.5865	0.0606*

表 5-10　债务资本成本模型单因素分析（观测值=6735）

PANEL A：

变量	高 VAIC（n=3368）			低 VAIC（n=3367）			均值方差检验（p值）	Kwallis 中位数检验（p值）
	均值	中位数	标准差	均值	中位数	标准差		
COD	0.0436	0.0418	0.0262	0.0466	0.0449	0.0248	0.0000***	0.0001***

PANEL B：

变量	高 PHCE（n=3368）			低 PHCE（n=3367）			均值方差检验（p值）	Kwallis 中位数检验（p值）
	均值	中位数	标准差	均值	中位数	标准差		
COD	0.0449	0.0428	0.0271	0.0453	0.0440	0.0240	0.5171	0.0568*

PANEL C：

变量	高 HCE（n=3368）			低 HCE（n=3367）			均值方差检验（p值）	Kwallis 中位数检验（p值）
	均值	中位数	标准差	均值	中位数	标准差		
COD	0.0430	0.0414	0.0258	0.0472	0.0451	0.0252	0.0000***	0.0001***

PANEL D：

变量	高 SCE（n=3368）			低 SCE（n=3367）			均值方差检验（p值）	Kwallis 中位数检验（p值）
	均值	中位数	标准差	均值	中位数	标准差		
COD	0.0439	0.0420	0.0268	0.0463	0.0447	0.0242	0.0001***	0.0001***

注：表 5-8~表 5-10 中***、**、*分别代表在1%、5%和10%的水平上显著

5.4.3　相关性分析

表 5-11~表 5-13 分别报告了加权平均资本成本、股权资本成本及债务资本成本各有关模型变量的 Pearson 相关系数。从各模型相关系数看：①除了极个别的变量

5 智力资本对资本成本的总效应研究

表5-11 加权平均资本成本模型中有关变量相关系数表（观测值=2691）

	WACC	VAIC	PHCE	ICE	HCE	SCE	INASSET	FIRST1	FIRST2-10	RIND	DEBT	YTURN	STATE
WACC	1.0000												
VAIC	-0.0273***	1.0000											
PHCE	-0.0495**	0.1269***	1.0000										
ICE	-0.0295***	0.9563***①	0.0555***	1.0000									
HCE	-0.0294***	0.9394***②	0.0770***	0.9934***③	1.0000								
SCE	-0.0113**	0.4899***	-0.1490***	0.4246***	0.3181***	1.0000							
INASSET	0.1061***	0.2022***	0.1759***	0.2230***	0.2237***	0.0781***	1.0000						
FIRST1	0.0043	0.1005***	0.0571***	0.1086***	0.1156***	-0.0151	0.2946***	1.0000					
FIRST2-10	-0.0775***	0.0295	0.0092	0.0364**	0.0323*	0.0461**	-0.1062***	-0.3347***	1.0000				
RIND	-0.0332*	-0.0099	-0.0517	0.0026	0.0053	-0.0207	0.0904***	0.0679***	-0.0527***	1.0000			
DEBT	0.0720***	0.0529***	0.3673***	0.0242	0.0242	0.0094	0.3886***	0.0303	-0.2035***	-0.0050	1.0000		
YTURNR	-0.1328***	-0.0608***	-0.1087***	-0.0551***	-0.0532***	-0.0355*	-0.3415***	-0.0963***	-0.0236	-0.0254	-0.0436**	1.0000	
STATE	0.0562***	-0.0764***	0.1298***	-0.0867***	-0.0764***	-0.1139***	0.3286***	0.1677***	-0.2795***	-0.0391**	0.2391***	-0.1128***	1.0000

注：***、**、*分别代表在1%、5%和10%的水平上显著

①②③ 不在同一研究模型，可以不予考虑。

表5-12 股权资本成本模型中有关变量相关系数表（观测值=3608）

	COE	VAIC	PHCE	ICE	HCE	SCE	INASSET	FIRST1	FIRST2-10	RIND	DEBT	YTURN
COE	1.0000											
VAIC	-0.0072***	1.0000										
PHCE	-0.0486***	0.1421***	1.0000									
ICE	-0.0088***	0.9704***①	0.0779***	1.0000								
HCE	-0.0103***	0.9571***②	0.0991***	0.9940***③	1.0000							
SCE	-0.0090***	0.4562***	-0.1493***	0.4062***	0.3035***	1.0000						
INASSET	0.1957***	0.1925***	0.1793***	0.2051***	0.2042***	0.0807***	1.0000					
FIRST1	0.0106	0.1084***	0.0680***	0.1138***	0.1188***	0.0008	0.2601***	1.0000				
FIRST2-10	-0.0967***	0.0420**	-0.0083	0.0488***	0.0463***	0.0382***	-0.1299***	-0.3539***	1.0000			
RIND	-0.0211	-0.0096	-0.0454***	-0.0011	0.0014	-0.0212	0.0593***	0.0799***	0.0435***	1.0000		
DEBT	0.1925***	0.0517***	0.3602***	0.0214	0.0200	0.0198	0.4246***	0.0259	-0.2376***	0.0201	1.0000	
YTURNR	-0.1703***	-0.0815***	-0.1224***	-0.0782***	-0.0760***	-0.0463***	-0.3157***	-0.0841***	-0.0200	-0.0187	-0.0414**	1.0000

注：***、**、*分别代表在1%、5%和10%的水平上显著

---

①②③ 不在同一研究模型，可以不予考虑。

5 智力资本对资本成本的总效应研究

表 5-13 债务资本成本模型中有关变量相关系数表（观测值=6735）

	COD	VAIC	PHCE	ICE	HCE	SCE	INASSET	FIRST1	FIRST2-10	RIND	DEBT	STATE
COD	1.0000											
VAIC	-0.0685***	1.0000										
PHCE	-0.0626**	0.1269***	1.0000									
ICE	-0.0873***	0.9563***①	0.0555***	1.0000								
HCE	-0.0899***	0.9394***②	0.0770***	0.9934***③	1.0000							
SCE	-0.0117	0.4899***	-0.1490***	0.4246***	0.3181***	1.0000						
INASSET	-0.0972***	0.2022***	0.1759***	0.2230***	0.2237***	0.0781***	1.0000					
FIRST1	-0.0819***	0.1005***	0.0571***	0.1086***	0.1156***	0.0151	0.2946***	1.0000				
FIRST2-10	-0.0162	0.0295***	0.0092	0.0364*	0.0323*	0.0461***	-0.1062***	-0.3347***	1.0000			
RIND	-0.0019	-0.0099	-0.0517***	0.0026	0.0053	-0.0207	0.0904***	0.0679***	0.0527***	1.0000		
DEBT	0.0635***	0.0529***	0.3673***	0.0242	0.0242	0.0094	0.3886***	0.0303	-0.2035***	-0.0050	1.0000	
STATE	-0.0322*	-0.0764***	0.1298***	-0.0867***	-0.0764***	-0.1139***	0.3286***	0.1677***	0.2795***	-0.0391**	0.2391***	1.0000

注：***、**、*分别代表在1%、5%和10%的水平上显著

---

① ② ③ 不在同一研究模型，可以不予考虑。

外①，各变量之间的相关系数均不超过 0.5，而根据 Ho 和 Wong（2001），相关系数不超过 0.8，本书模型不存在严重多重共线性问题。②加权平均资本成本分别与 VAIC、PHCE、ICE、HCE、SCE 在 1%、5%、1%、1%、5% 的水平下显著负相关，说明智力资本不仅从整体上，而且其具体构成部分物质资本增值效率、人力资本增值效率和结构资本增值效率可能均对企业整体资本水平有重要影响。假设 1a、假设 3a、假设 4a、假设 5a 存在成立的可能性。进一步分析股权资本成本与债务资本成本，发现股权资本成本与各有关智力资本变量之间的相关性整体要强于债务资本成本：股权资本成本与各有关智力资本变量均在 1% 的水平上显著负相关（为假设 1b、假设 3b、假设 4b、假设 5b 进一步提供佐证），而债务资本成本分别与 VAIC、PHCE、ICE、HCE 在 1%、5%、1%、1% 的水平上显著负相关，但与 SCE 没表现出明显的相关性（支持假设 1c、假设 3c、假设 4c，但未能为假设 5c 提供进一步佐证）。

5.4.4 多变量回归分析

5.4.4.1 企业智力资本整体水平对资本成本的效应检验

表 5-14 报告了企业智力资本整体水平与资本成本的回归结果。模型均采用面板固定效应进行分析。回归结果显示，智力资本整体水平均在 1% 的水平上显著负影响企业的加权平均资本成本。进一步观察资本成本的两个方面：股权资本成本与债务资本成本，模型 1 显示企业智力资本整体水平越高，股东要求的报酬率越低，两者在 1% 的水平上显著负相关。模型 2 也反映出债权人对企业的要求报酬率也随着企业智力资本整体水平的提高而显著降低（显著水平为 5%）。总体来看，企业智力资本水平从整体上对企业投融资活动产生了极为深刻的影响。假设 1a、假设 1b、假设 1c 均得到支持。

表 5-14 企业智力资本整体水平与资本成本的回归结果 1

变量	自变量=VAIC			自变量=LNMMB		
	模型 1	模型 2	模型 3	模型 4	模型 5	模型 6
VAIC	-0.0029*** (-6.69)	-0.0002** (-2.04)	-0.0023*** (-5.28)			
LNMMB				-0.0138*** (-9.89)	-0.0009* (-1.79)	-0.0100*** (-6.46)
INASSET	-0.0205*** (-5.16)	-0.0001 (-0.14)	-0.0260*** (-6.80)	-0.0252*** (-5.19)	-0.0002 (-0.17)	-0.0279*** (-5.45)

---

① 相关系数超过 0.5 的为表 5-8~表 5-10 中 VAIC 与 ICE、VAIC 与 HCE、ICE 与 HCE 的相关系数，相关系数均在 0.9 以上，且在 1% 的水平上显著正相关，但并不影响本章模型的有效性。因为本章研究过程中，这三个变量均不在同一模型内。

5 智力资本对资本成本的总效应研究

续表

变量	自变量=VAIC			自变量= LNMMB		
	模型1	模型2	模型3	模型4	模型5	模型6
CONSTANT	0.5316*** (6.73)	0.0608*** (3.40)	0.6577*** (8.62)	0.8728*** (8.56)	0.0793*** (2.64)	0.8743*** (8.11)
FIRST1	−0.0417* (−1.78)	−0.0281*** (−4.32)	−0.0469** (−2.02)	−0.0161 (−0.56)	−0.0269*** (−2.85)	−0.0301 (−0.89)
FIRST2−10	−0.0963*** (−4.90)	−0.0181*** (−3.24)	−0.0904*** (−4.72)	−0.0179 (−0.82)	−0.0192** (−2.52)	−0.0325 (−1.32)
RIND	−0.0025 (−0.08)	0.0096 (1.09)	−0.0334 (−1.09)	0.0215 (0.66)	0.0187 (1.52)	−0.0583 (−1.45)
DEBT	0.05376*** (3.79)	0.0096*** (3.85)	0.0402*** (2.92)	0.0487*** (3.20)	0.0125*** (3.32)	0.0530*** (3.09)
YTURNR	−0.0005* (−1.64)		−0.0002 (−0.76)	0.0005 (1.57)		0.0005 (1.51)
STATE		0.0060** (2.52)	0.0047 (0.54)		0.0064* (1.91)	0.0077 (0.70)
观测值	3608	6735	2691	2580	4748	1882
年度	控制	控制	控制	控制	控制	控制
F	70.38***	55.06***	42.02***	34.46***	34.09***	20.32***
R^2	0.2864	0.1144	0.2812	0.2522	0.1155	0.2551
Hausman: Prob>chi2	0.0000***	0.0000***	0.0000***	0.0000***	0.0422**	0.0000***
模型	固定效应	固定效应	固定效应	固定效应	固定效应	固定效应

注:***、**、*分别代表在1%、5%和10%的水平上显著,括号内为t值

进一步通过对智力资本整体水平对股权资本成本与债务资本成本效应的差异性检验,发现权益投资者比债权投资者更关心企业的智力资本水平。表5−15、模型7和模型9均显示:DU与智力资本水平的交乘项的回归系数均在1%在水平上显著为正,说明企业智力资本整体水平越高,股权资本成本相较于债务资本成本会在更大程度上降低。这验证了假设2。

表5−15 企业智力资本整体水平对股权资本成本与债务资本成本效应的差异性检验1

	模型7		模型8		模型9		模型10	
	回归系数	t值	回归系数	t值	回归系数	t值	回归系数	t值
DU * VAIC	0.0031***	14.09			0.0025***	11.26		
VAIC	−0.0011***	−8.67			−0.0009***	6.81		
DU * LNMMB			0.0013***	16.46			0.0014***	15.34

续表

	模型7		模型8		模型9		模型10	
	回归系数	t值	回归系数	t值	回归系数	t值	回归系数	t值
LNMMB			-0.0039***	9.54			-0.0038***	-9.28
INASSET	0.0027***	7.07	0.0013***	2.87	0.0015***	3.94	0.0015***	3.30
FIRST1	-0.0178***	6.57	-0.0114***	4.09	-0.0176***	-6.58	-0.0117***	-4.18
FIRST2-10	-0.0269***	-8.59	-0.0160***	-4.94	-0.0199***	-6.27	-0.0160***	-4.87
RIND	-0.0086	-1.28	-0.0021	-0.28	-0.0047	-0.70	-0.0018	-0.25
DEBT	0.0148***	7.86	0.0085***	4.31	0.0141***	7.64	0.0089***	4.54
STATE					0.0162***	10.09	-0.0005	-0.31
YTURNR					-0.0001	-0.81	0.0004***	3.64
DU*YTURNR	0.0008***	5.88	-0.0008***	-4.58	0.0004***	2.71	-0.0011***	-5.78
（1-DU）*STATE	-0.0149***	-16.84	-0.0043***	-5.02	-0.0270***	-16.74	-0.0035*	-1.95
CONSTANT	0.0128	1.60	0.1156***	11.58	0.0324***	3.79	0.1047***	9.74
观测值	10023		7185		10023		7185	
年度	控制		控制		控制		控制	
行业	控制		控制		控制		控制	
F	54.50***		35.78***		53.81***		34.78***	
R^2	0.1918		0.1592		0.2067		0.1605	
模型	截面OLS							

注:***、**、*分别代表在1%、5%和10%的水平上显著

5.4.4.2 智力资本价值的不同组成部分对资本成本影响的回归分析

（1）智力资本增值效率、物质资本增值效率对资本成本影响的整体比较。表5-16的回归结果显示，无论是智力资本还是物质资本，其增值效率均与企业加权平均资本成本显著负相关，这表明智力资本与物质资本均从整体上明显降低了企业的资本成本水平。智力资本增值效率、物质资本增值效率回归系数显著水平分别是1%、5%，且前者回归系数的绝对值要大于后者，说明企业对智力资本的运用能力相较于物质资本更能降低企业的整体资本成本水平，投资者更愿意在智力资本增值效率较高时，提出较低的要求报酬率，这符合假设3a的推理。

5 智力资本对资本成本的总效应研究

表5-16 智力资本增值效率、物质资本增值效率对资本成本影响的整体比较1

变量	模型11：因变量=COE		模型12：因变量=COD		模型13：因变量=WACC	
	回归系数	t值	回归系数	t值	回归系数	t值
PHCE	-0.1060***	-2.73	-0.0202*	-1.93	-0.1189**	-2.28
ICE	-0.2023***	-5.08	-0.0353***	-2.62	-0.2033***	-3.74
INASSET	-0.4781***	-5.23	-0.0031	-0.09	-0.8010***	-6.70
FIRST1	-0.0961	-1.48	-0.1264***	-3.97	-0.1530*	-1.75
FIRST2-10	-0.2268***	-4.78	-0.0733***	-3.09	-0.2842***	-4.52
RIND	-0.0015	-0.02	0.0361	1.08	-0.0927	-1.03
DEBT	0.2598***	3.89	0.0731***	3.68	0.2585***	2.95
YTURNR	-0.0387*	-1.71			-0.0230	-0.79
STATE			0.1815**	2.48	0.1070	0.52
CONSTANT	-0.3206***	-6.30	0.2746***	5.71	-0.2375*	-1.67
观测值	3608		6735		2691	
年度	控制		控制		控制	
F	66.07***		51.28***		39.37***	
R^2	0.2914		0.1160		0.2844	
Hausman：Prob>chi2	0.0000***		0.0028***		0.0000***	
模型	固定效应		固定效应		固定效应	
回归系数Wald统计量 H_0：PHCE=ICE	Prob > F = 0.1522		Prob > F = 0.4129		Prob > F = 0.3523	

注：***、**、*分别代表在1%、5%和10%的水平上显著。为便于回归系数的比较，本表报告的是各变量标准化后的回归系数

进一步分别考察智力资本增值效率、物质资本增值效率对股权资本成本与债务资本成本的影响。发现：无论是股权资本成本还是债务资本成本，智力资本增值效率、物质资本增值效率均对其都有显著影响：智力资本增值效率、物质资本增值效率均在1%的水平上显著负影响企业的股权资本成本，分别在1%、10%的水平上显著负影响企业的债务资本成本；股权资本成本与债务资本成本模型中智力资本增值效率的回归系数绝对值均大于物质资本增值效率回归系数的绝对值。这说明无论是权益投资者还是债权投资者，虽然关注物质资本，但更重视智力资本对其期望报酬率水平的影响。这也从侧面反映出，智力资本相较于物质资本对企业的成长，或者一个地区、国家的经济贡献有着更为深远或者说特殊的意义。假设3b、假设3c均通过。

但进一步的回归系数卡方检验表明，在三个资本成本模型中，智力资本增值效

率和物质资本增值效率的回归系数绝对值的差异并不显著。这可能和我国长期以来企业粗放型的经济增长方式有一定的关系。长期以来，我国经济以粗放型经济增长方式为主，物质资本在经济增长中起着主导地位。但随着20世纪以来知识经济的兴起，智力资本在企业中的投资比例不断加大，物质资本在经济中的投资比例不断降低。智力资本在经济发展中的作用虽然逐步加大并逐渐超越物质资本，但样本期间回归结果从侧面表明两种资本的作用尚未拉开明显的差距，这与目前我国正处于由粗放型向集约型经济增长方式转型阶段是相符的。与此相适应，投资者的确日益重视智力资本增值效率对企业发展的重要性，并基于此考虑其报酬率要求，甚至在一定程度上超越了对物质资本增值效率的重视程度，但并未对资本成本产生显著影响，物质资本增值效率对企业融资的影响目前仍不可低估。

（2）智力资本增值效率的不同组成部分对资本成本的影响。人力资本与结构资本是目前学界普遍认可的关于智力资本价值构成的两个重要方面，这两个方面是否都影响着企业的资本成本？人力资本是否是智力资本中影响资本成本的核心因素？为进一步明确这些问题，根据模型14~模型16进一步回归，有关结果见表5-17，发现：①企业资本成本整体水平、股权资本成本与债务资本成本均在1%的水平上与人力资本增值效率负相关，说明股东和债权人都很重视企业的人力资本对自身未来报酬率的影响。②加权平均资本成本与结构资本增值效率也显著负相关，但显著水平为10%，股权资本成本在5%的水平上与结构资本增值效率负相关，债务资本成本未与企业结构资本增值效率表现出密切的关系特征。假设4a、假设4b、假设4c、假设5a、假设5b通过，假设5c未得到验证。整体上结构资本增值效率对资本成本的影响力不如其他资本，尤其是债权人对企业组织类资本对其报酬的影响并未重视。

表5-17 智力资本增值效率的不同组成部分对资本成本影响的整体比较1

变量	模型14：因变量=COE		模型15：因变量=COD		模型16：因变量=WACC	
	回归系数	t值	回归系数	t值	回归系数	t值
PHCE	-0.1135***	-2.89	-0.0190*	-1.80	-0.1249**	-2.38
HCE	-0.1856***	-4.61	-0.0367***	-2.72	-0.1823***	-3.31
SCE	-0.0639**	-2.18	0.0021	0.24	-0.0765*	-1.81
INASSET	-0.4722***	-5.16	-0.0025	-0.07	0.2583***	2.95
FIRST1	-0.0965	-1.48	-0.1267***	-3.98	-0.1526*	-1.75
FIRST2-10	-0.2259***	-4.76	-0.0734***	-3.10	-0.2837***	-4.51
RIND	0.0019	0.03	0.0362	1.09	-0.0900	-1.00
DEBT	0.2620***	3.92	0.0711***	3.55	0.2583***	2.95
YTURNR	-0.0391*	-1.73			-0.0235	-0.80

续表

变量	模型 14：因变量=COE		模型 15：因变量=COD		模型 16：因变量=WACC	
	回归系数	t 值	回归系数	t 值	回归系数	t 值
STATE			0.1804 **	2.47	0.1021	0.50
CONSTANT	-0.3208 ***	-6.30	0.2750	5.72	-0.2360 *	-1.66
观测值	3608		6735		2691	
年度	控制		控制		控制	
F	61.13 ***		47.38 ***		36.67 ***	
R^2	0.2920		0.1161		0.2851	
Hausman：Prob>chi2	0.0000 ***		0.0000 ***		0.0000 ***	
模型	固定效应		固定效应		固定效应	
回归系数 Wald 统计量 H_0：HCE=SCE	Prob > F = 0.0182 **		Prob > F = 0.0165 **		Prob > F = 0.1443	
回归系数 Wald 统计量 H_0：PHCE=HCE	Prob > F = 0.2918		Prob > F = 0.3450		Prob > F = 0.5320	

注：***、**、* 分别代表在1%、5%和10%的水平上显著；为便于回归系数的比较，本表报告的是各变量标准化的回归系数

不仅人力资本增值效率的显著性强于结构资本增值效率，进一步发现，人力资本增值效率回归系数的绝对值均大于结构资本增值效率回归系数的绝对值，回归系数 Wald 检验表明，人力资本增值效率与结构资本增值效率的回归系数对于股权资本成本与债务资本成本均存在显著差异（显著水平为5%）。人力资本增值效率与物质资本增值效率的回归系数 Wald 检验表明，两者不存在明显差异，但是人力资本增值效率之于加权平均资本成本、股权资本成本与债务资本成本的回归系数绝对值均大于物质资本增值效率。整体表明，投资者在考虑最低报酬率时，对企业人力资本的重视程度要高于结构资本与物质资本。加权平均资本成本模型中人力资本增值效率与结构资本增值效率回归系数的绝对值差异虽亦不显著，但人力资本增值效率回归系数绝对值大于物质资本增值效率回归系数的绝对值。可以说，智力资本中，人力资本是影响资本成本的核心因素，假设6得到支持。

5.5 稳健性检验

5.5.1 剔除全部金融业后的检验

剔除全部金融业后,检验结果几乎没有变化,如表5-18~表5-21所示。

表5-18 企业智力资本整体水平与资本成本的回归结果2

变量	自变量=VAIC			自变量=LNMMB		
	模型1	模型2	模型3	模型4	模型5	模型6
VAIC	-0.0030*** (-6.75)	-0.0002** (-2.03)	-0.0023*** (-5.28)			
LNMMB				-0.0138*** (-9.83)	-0.0009* (-1.79)	-0.0100*** (-6.46)
INASSET	-0.0207*** (-5.20)	-0.0001 (-0.14)	-0.0260*** (-6.80)	-0.0256*** (-5.25)	-0.0002 (-0.17)	-0.0279*** (-5.45)
FIRST1	-0.0431* (-1.84)	-0.0281*** (-4.32)	-0.0469** (-2.02)	-0.0193 (-0.68)	-0.0269*** (-2.85)	-0.0301 (-0.89)
FIRST2-10	-0.0976*** (-4.96)	-0.0181*** (-3.24)	-0.0904*** (-4.72)	-0.0225 (-1.03)	-0.0191** (-2.51)	-0.0325 (-1.32)
RIND	-0.0026 (-0.09)	0.0094 (1.07)	-0.0334 (-1.09)	0.0187 (0.57)	0.0184 (1.50)	-0.0583 (-1.45)
DEBT	0.0565*** (3.96)	0.0096*** (3.85)	0.0402*** (2.92)	0.0525*** (3.42)	0.0125*** (3.32)	0.0530*** (3.09)
YTURNR	-0.0005 (-1.61)		-0.0002 (-0.76)	0.0005 (1.55)		0.0005 (1.51)
STATE		0.0060** (2.52)	0.0047 (0.54)		0.0064* (1.91)	0.0077 (0.70)
CONSTANT	0.5350*** (6.76)	0.0609*** (3.40)	0.6577*** (8.62)	0.8813*** (8.60)	0.0794*** (2.64)	0.8743*** (8.11)
观测值	3591	6733	2690	2549	4746	1881
年度	控制	控制	控制	控制	控制	控制
F	70.80***	55.04***	42.02***	34.76***	34.07***	20.32***
R^2	0.2888	0.1144	0.2812	0.2561	0.1155	0.2551
Hausman:Prob>chi2	0.0000***	0.0000***	0.0000***	0.0000***	0.0000***	0.0000***
模型	固定效应	固定效应	固定效应	固定效应	固定效应	固定效应

注:***、**、*分别代表在1%、5%和10%的水平上显著,括号内为t值;本表剔除了全部金融类公司

表 5-19 企业智力资本整体水平对股权资本成本与债务资本成本效应的差异性检验 2

	模型 7		模型 8		模型 9		模型 10	
	回归系数	t 值	回归系数	t 值	回归系数	t 值	回归系数	t 值
DU * VAIC	0.0031***	14.09			0.0025***	11.26		
VAIC	-0.0011***	-8.67			-0.0009***	6.81		
DU * LNMMB			0.0013***	16.46			0.0014***	15.34
LNMMB			-0.0039***	-9.54			-0.0038***	-9.28
INASSET	0.0027***	7.07	0.0013***	2.87	0.0015***	3.94	0.0015***	3.30
FIRST1	-0.0178***	-6.57	-0.0114***	-4.09	-0.0176***	-6.58	-0.0117***	-4.18
FIRST2-10	-0.0269***	-8.59	-0.0160***	-4.94	-0.0199***	-6.27	-0.0160***	-4.87
RIND	-0.0086	-1.28	-0.0021	-0.28	-0.0047	-0.70	-0.0018	-0.25
DEBT	0.0148***	7.86	0.0085***	4.31	0.0141***	7.64	0.0089***	4.54
STATE					0.0162***	10.09	-0.0005	-0.31
YTURNR					-0.0001	-0.81	0.0004***	3.64
DU * YTURNR	0.0008***	5.88	-0.0008***	4.58	0.0004***	2.71	-0.0011***	-5.78
(1-DU) * STATE	-0.0149***	-16.84	-0.0043***	5.02	-0.0270***	-16.74	-0.0035*	-1.95
CONSTANT	0.0128	1.60	0.1156***	11.58	0.0324***	3.79	0.1047***	9.74
观测值	10023		7185		10023		7185	
年度	控制		控制		控制		控制	
行业	控制		控制		控制		控制	
F	54.50***		35.78***		53.81***		34.78***	
R^2	0.1918		0.1592		0.2067		0.1605	
模型	截面 OLS							

注：***、**、* 分别代表在 1%、5% 和 10% 的水平上显著；本表剔除了全部金融类公司

表 5-20 智力资本增值效率、物质资本增值效率对资本成本影响的整体比较 2

变量	模型 11：因变量=COE		模型 12：因变量=COD		模型 13：因变量=WACC	
	回归系数	t 值	回归系数	t 值	回归系数	t 值
PHCE	-0.1113***	-2.86	-0.0202*	-1.93	-0.1189**	-2.28
ICE	-0.2022***	-5.08	-0.0351***	-2.60	-0.2033***	-3.74
INASSET	-0.4838***	-5.29	-0.0031	-0.09	-0.8010***	-6.70
FIRST1	-0.0998	-1.53	-0.1264***	-3.97	-0.1530*	-1.75
FIRST2-10	-0.2296***	-4.84	-0.0733***	-3.09	-0.2842***	-4.52
RIND	-0.0019	-0.03	0.0357	1.07	-0.0927	-1.03
DEBT	0.2741***	4.08	0.0731***	3.68	0.2585***	2.95
YTURNR	-0.0381*	-1.68			-0.0230	-0.79
STATE			0.1815**	2.48	0.1070	0.52
CONSTANT	-0.3175***	-6.22	0.2744***	5.71	-0.2371*	-1.66
观测值	3591		6733		2690	
年度/行业	控制		控制		控制	
F	66.56***		51.25***		39.37***	

续表

变量	模型11：因变量=COE		模型12：因变量=COD		模型13：因变量=WACC	
	回归系数	t值	回归系数	t值	回归系数	t值
R^2	0.2941		0.1160		0.2844	
Hausman：Prob>chi2	0.0000***		0.0000***		0.0000***	
模型	固定效应		固定效应		固定效应	
回归系数Wald统计量 H_0：PHCE = ICE	Prob > F = 0.1766		Prob > F = 0.4190		Prob > F = 0.3523	

注：***、**、*分别代表在1%、5%和10%的水平上显著，为便于回归系数的比较，表中报告的是各有关变量标准化的回归系数；本表剔除了全部金融类公司

表5-18中，以VAIC作为企业智力资本整体水平的代理变量的情况下，其与加权平均资本成本、股权资本成本和债务资本成本依然显著负相关，支持假设1a、假设1b、假设1c。

表5-19仍然反映出企业智力资本整体水平对股权资本成本及债务资本成本的影响具有显著差异的现象，且对股权资本成本的效应要大于对债务资本成本的效应，假设2检验结论不变。

从表5-20可以看出：①智力资本增值效率、物质资本增值效率在非金融类企业中仍然都能显著影响企业的股权资本成本与债务资本成本，从而降低企业的资本成本总体水平。②所有模型中智力资本增值效率的回归系数绝对值依然大于物质资本增值效率回归系数绝对值。物质资本增值效率与智力资本增值效率回归系数假设相等的Wald统计量对于加权平均资本成本以及股权资本成本与债务资本成本仍然都不显著。③从理论上而言，包括金融业与不包括金融业时企业智力资本增值效率与物质资本增值效率对资本成本整体水平的效用差异应该有实质的变化。因为从行业特点分析，金融业负债率较高。如图5-4所示，2000年以来，除了2006年，其余年份金融类企业资产负债率均高于非金融类企业，特别是2006年以来，金融类企业与非金融类企业负债率之间的差距在明显加大（2007年金融类企业为80.29%，非金融类企业是68.64%，相差11.65%；截至2014年金融类企业为78.39%，非金融类企业是45.91%相差32.48%，差距比2007年大了20.83%）。且智力资本增值效率与物质资本增值效率对股权资本成本的效应差异要大于对债务资本成本的效应差异。由此，我们可以推出，剔除金融类企业后的智力资本对整体资本成本水平的效用要强于剔除前。但本章剔除金融类企业后智力资本之于加权平均资本成本的效应并没有反映出这样的变化。究其原因，金融业在我国上市公司数量较少，截至2015年6月底，仅49家，截至本章样本研究期间，仅43家。而本章非金融业企业仅剔除了一家①，其资产负债率于2007~2012年分别为

---

① 此处删除的一家金融类上市公司为民生控股（000416）。

17.6653%、19.4119%、24.1461%、23.2765%、12.1643%、11.8874%，在金融类企业中属于偏低水平。故对我们的研究结果并没产生实质性的影响。剔除金融企业后假设3a、假设3b、假设3c的推论依然稳健。

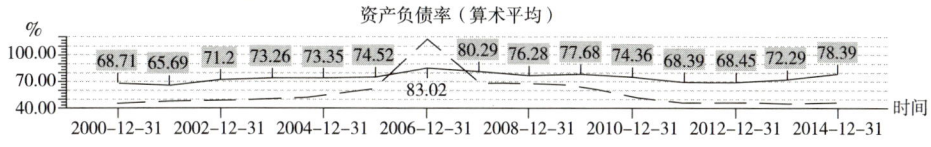

图5-4 金融业与非金融业负债比率比较

注：图中虚线为全部A股（非金融类企业），实线为金融类企业

数据来源：Wind资讯

表5-21反映出的结果与剔除金融业之前也是基本一致。结构资本增值效率与债务资本成本仍未体现出明显的负相关关系，假设5c仍未得验证，但假设4a、假设4b、假设4c、假设5a、假设5b推论依然稳健通过。综合表5-20和表5-21可以看出，人力资本增值效率的整体回归系数显著性及回归系数的绝对值仍然均强（大）于物质资本增值效率与结构资本增值效率的回归系数绝对值，作为智力资本对资本成本影响的核心作用依然得到体现。

总体来看，金融类企业未对我们本章的研究结论构成实质性影响。

表5-21 智力资本增值效率不同组成部分对资本成本影响的整体比较2

变量	模型14：因变量=COE		模型15：因变量=COD		模型16：因变量=WACC	
	回归系数	t值	回归系数	t值	回归系数	t值
PHCE	-0.1192***	-3.03	-0.0190*	-1.79	-0.1249**	-2.38
HCE	-0.1848***	-4.59	-0.0366***	-2.71	-0.1823***	-3.31
SCE	-0.0659**	-2.24	0.0023	0.26	-0.0765*	-1.81
INASSET	-0.4777***	-5.22	-0.0025	-0.07	-0.7896***	-6.59
FIRST1	-0.1003	-1.54	-0.1267***	-3.98	-0.1526*	-1.75
FIRST2-10	-0.2286***	-4.82	-0.0734***	3.10	-0.2837***	4.51
RIND	0.0017	0.03	0.0357	1.07	-0.0900	-1.00
DEBT	0.2766***	4.12	0.0711***	3.55	0.2583***	2.95
YTURNR	-0.0385*	-1.70			-0.0235	-0.80
STATE			0.1804**	2.47	0.1021	0.50
CONSTANT	-0.3178***	-6.23	0.2749***	5.72	-0.2357*	-1.65
观测值	3591		6733		2690	
年度	控制		控制		控制	
F	61.61***		47.35***		36.67***	
R^2	0.2948		0.1161		0.2851	
Hausman：Prob>chi2	0.0000***		0.0000***		0.0000***	

续表

变量	模型14：因变量=COE		模型15：因变量=COD		模型16：因变量=WACC	
	回归系数	t值	回归系数	t值	回归系数	t值
模型	固定效应		固定效应		固定效应	
回归系数Wald统计量 H_0：HCE=SCE	Prob > F = 0.0209**		Prob > F = 0.0163**		Prob > F = 0.1443	
回归系数Wald统计量 H_0：PHCE=HCE	Prob > F = 0.3376		Prob > F = 0.3479		Prob > F = 0.5320	

注：***、**、*分别代表在1%、5%和10%的水平上显著；为便于回归系数的比较，本表报告的是各变量标准化的回归系数；本表剔除了金融业公司。

5.5.2 剔除金融业、ST、*ST企业后的检验

为进一步保证样本数据的可比性与稳健性，在剔除了金融行业以及ST、*ST企业后，本章进一步做了检验。结果见表5-22~表5-25。

表5-22显示，以VAIC作为企业智力资本整体水平的代理变量的情况下，其与加权平均资本成本、股权资本成本和债务资本成本均在1%的水平上显著负相关，依然支持假设1a、假设1b、假设1c。

表5-23中，模型7与模型9中的DU*VAIC的回归系数在1%的水平上显著为正，表明企业智力资本整体水平仍然是对股权资本成本的影响显著大于对债务资本成本的影响，假设2结果不变。

表5-24关于智力资本增值效率、物质资本增值效率对资本成本影响比较结果显示：智力资本增值效率与加权平均资本成本、股权资本成本和债务资本成本均在1%的水平上显著负相关，而物质资本增值效率与加权平均资本成本、股权资本成本和债务资本成本分别在5%、1%和10%的水平上显著负相关。虽然物质资本增值效率与智力资本增值效率回归系数假设相等的Wald统计量除了债务资本成本模型外，其余均不显著，但所有模型中智力资本增值效率的回归系数绝对值依然大于物质资本增值效率回归系数的绝对值。以上表明假设3a、假设3b、假设3c的结果依然能够得到支持。

表5-22 企业智力资本整体水平与资本成本的回归结果3

变量	自变量=VAIC			自变量=LNMMB		
	模型1	模型2	模型3	模型4	模型5	模型6
VAIC	-0.0029*** (-6.34)	-0.0003*** (-2.75)	-0.0022*** (-4.94)			
LNMMB				-0.0129*** (-8.86)	-0.0013*** (-2.62)	-0.0093*** (-5.74)

5 智力资本对资本成本的总效应研究

续表

变量	自变量=VAIC			自变量=LNMMB		
	模型1	模型2	模型3	模型4	模型5	模型6
INASSET	-0.0217*** (-5.24)	-0.0006 (-0.66)	-0.0275*** (-6.96)	-0.0269*** (-5.28)	-0.0003 (-0.21)	-0.0298*** (-5.61)
FIRST1	-0.0378 (-1.57)	-0.0276*** (-4.25)	-0.0353 (-1.47)	-0.0132 (-0.45)	-0.0294*** (-3.14)	-0.0155 (-0.44)
FIRST2-10	-0.0957*** (-4.59)	-0.0216*** (-3.79)	-0.0765*** (-3.79)	-0.0158 (-0.67)	-0.0235*** (-3.01)	-0.0166 (-0.62)
RIND	0.0044 (0.14)	0.0077 (0.87)	-0.0216 (-0.69)	0.0245 (0.72)	0.0123 (0.99)	-0.0498 (-1.21)
DEBT	0.0584*** (3.92)	0.0102*** (3.94)	0.0392*** (2.72)	0.0544*** (3.39)	0.0093** (2.42)	0.0535*** (2.93)
YTURNR	-0.0008** (-2.14)		-0.0003 (-0.95)	0.0002 (0.40)		0.0005 (1.21)
STATE		0.0052** (2.17)	0.0041 (0.48)		0.0056* (1.66)	0.0064 (0.58)
CONSTANT	0.5551*** (6.75)	0.0718*** (3.85)	0.6805*** (8.67)	0.8889*** (8.32)	0.0949*** (3.08)	0.8881*** (7.98)
观测值	3241	5895	2447	2233	4012	1667
年度	控制	控制	控制	控制	控制	控制
F	66.39***	0.0000***	39.23***	30.73***	32.26***	17.78***
R^2	0.2921	0.1249	0.2829	0.2539	0.1278	0.2506
Hausman: prob>chi2	0.0000***	0.0000***	0.0000***	0.0000***	0.0000***	0.0000***
模型	固定效应	固定效应	固定效应	固定效应	固定效应	固定效应

注：***、**、*分别代表在1%、5%和10%的水平上显著，括号内为t值；本表剔除了全部金融类企业、ST及*ST公司

表5-23 企业智力资本整体水平对股权资本成本与债务资本成本效应的差异性检验3

	模型7		模型8		模型9		模型10	
	回归系数	t值	回归系数	t值	回归系数	t值	回归系数	t值
DU*VAIC	0.0033***	14.44			0.0027***	11.70		
VAIC	-0.0013**	-9.65			-0.0011***	7.89		
DU*LNMMB			0.0014***	16.69			0.0016***	15.57
LNMMB			-0.0040***	-9.47			-0.0040***	-9.38
INASSET	0.0025***	6.20	0.0010**	2.10	0.0014***	3.46	0.0014***	2.73
FIRST1	-0.0144***	-4.94	-0.0085***	-2.80	-0.0150***	-5.17	-0.0086***	-2.82

续表

	模型7		模型8		模型9		模型10	
	回归系数	t值	回归系数	t值	回归系数	t值	回归系数	t值
FIRST2-10	-0.0240***	-7.01	-0.0146***	-4.12	-0.0185***	-5.36	-0.0154***	-4.28
RIND	-0.0058	-0.80	0.0018	0.23	-0.0025	-0.34	0.0013	0.17
DEBT	0.0140***	7.02	0.0070**	3.23	0.0137***	6.93	0.0076***	3.47
STATE					0.0150***	8.74	-0.0032*	-1.72
YTURNR					-0.0001	-0.99	0.0003***	2.76
DU*YTURNR	0.0009***	5.98	-0.0009***	4.72	0.0005	2.92	-0.0012***	5.64
(1-DU)*STATE	-0.0152***	-16.31	-0.0040***	-4.35	-0.0264***	-15.33	-0.0007	-0.37
CONSTANT	0.0129	1.52	0.1220***	11.41	0.0320***	3.43	0.1105***	9.36
观测值	8840		6125		8840		6125	
年度	控制		控制		控制		控制	
行业	控制		控制		控制		控制	
F	55.37***		35.79***		54.42***		34.15***	
R^2	0.2059		0.1764		0.2186		0.1780	
模型	截面OLS							

注：***、**、*分别代表在1%、5%和10%的水平上显著；本表剔除了全部金融类企业、ST及*ST公司

表5-24 智力资本增值效率、物质资本增值效率对资本成本影响的整体比较3

变量	模型11：因变量=COE		模型12：因变量=COD		模型13：因变量=WACC	
	回归系数	t值	回归系数	t值	回归系数	t值
PHCE	-0.1150***	-2.96	-0.0116*	-1.85	-0.1230**	-2.35
ICE	-0.1787***	-4.59	-0.0493***	-3.57	-0.1770***	-3.35
INASSET	-0.4841***	-5.34	-0.0167	-0.47	-0.8111***	-6.88
FIRST1	-0.0862	-1.30	-0.1271***	-3.98	-0.1116	-1.24
FIRST2-10	-0.2166***	-4.48	-0.0865***	-3.68	-0.2308***	-3.60
RIND	0.0126	0.19	0.0288	0.88	-0.0568	-0.63
DEBT	0.2707***	4.10	0.0714***	3.63	0.2442***	2.81
YTURNR	-0.0554**	-2.25			-0.0329	-1.01
STATE			0.1540**	2.07	0.0933	0.45
CONSTANT	-0.2927***	-5.54	0.2732***	5.29	-0.1807	-1.19
观测值	3241		5895		2447	
年度	控制		控制		控制	

5 智力资本对资本成本的总效应研究

续表

变量	模型11：因变量=COE		模型12：因变量=COD		模型13：因变量=WACC	
	回归系数	t值	回归系数	t值	回归系数	t值
F	62.44***		49.50***		36.78***	
R^2	0.2975		0.1267		0.2863	
Hausman：prob>chi2	0.0000***		0.0061***		0.0000***	
模型	固定效应		固定效应		固定效应	
回归系数Wald统计量 H0：PHCE=ICE	Prob>F=0.3390		Prob>F=0.0494**		Prob>F=0.5471	

注：***、**、*分别代表在1%、5%和10%的水平上显著；为便于回归系数的比较，本表报告的是各有关变量标准化的回归系数；本表剔除了全部金融类企业、ST及*ST公司。

表5-25 智力资本增值效率不同组成部分对资本成本影响的整体比较3

变量	模型14：因变量=COE		模型15：因变量=COD		模型16：因变量=WACC	
	回归系数	t值	回归系数	t值	回归系数	t值
PHCE	-0.1210***	-3.09	-0.0106	-0.97	-0.1258**	-2.40
HCE	-0.1638***	-4.18	-0.0500***	-3.63	-0.1622***	-3.03
SCE	-0.0578*	-1.91	-0.0009	-0.10	-0.0582	-1.31
INASSET	-0.4798***	-5.29	-0.0160	-0.45	-0.8044***	-6.80
FIRST1	-0.0861	-1.29	-0.1274***	-3.99	-0.1107	-1.23
FIRST2-10	-0.2155***	-4.45	-0.0867***	-3.68	-0.2301***	-3.59
RIND	0.0155	0.24	0.0288	0.88	-0.0549	-0.61
DEBT	0.2725***	4.13	0.0697***	3.51	0.2436***	2.80
YTURNR	-0.0553**	-2.24			-0.0325	-1.00
STATE			0.1532*	2.06	0.0900	0.44
CONSTANT	-0.2936***	5.56	0.2737***	5.29	-0.1806	-1.19
观测值	3241		5895		2447	
年度	控制		控制		控制	
F	57.74***		45.72***		34.18***	
R^2	0.2980		0.1268		0.2866	
Hausman：prob>chi2	0.0000***		0.0000***		0.0000***	
模型	固定效应		固定效应		固定效应	
回归系数Wald统计量 H0：HCE=SCE	Prob>F=0.0382**		Prob>F=0.0032***		Prob>F=0.1534	
回归系数Wald统计量 H0：PHCE=HCE	Prob>F=0.5252		Prob>F=0.0425**		Prob>F=0.6867	

注：***、**、*分别代表在1%、5%和10%的水平上显著；为便于回归系数的比较，本表报告的是各变量标准化的回归系数；本表剔除了全部金融类企业、ST及*ST公司。

表 5-25 中，人力资本增值效率与加权平均资本成本、股权资本成本和债务资本成本均在 1% 的水平上显著负相关，假设 4a、假设 4b、假设 4c 结论不变。股权资本成本与结构资本增值效率在 1% 的水平上显著负相关，债务资本成本与结构资本增值效率未有显著相关性，与前文研究结论一致。不同的是，加权平均资本成本与结构资本增值效率的关系的显著性未体现出来，但与前文研究相差并不大（表 5-17 中两者的回归系数 t 值为 -1.81，表 5-25 中为 -1.31），债务资本成本与物质资本增值效率的负相关关系在表 5-25 中未显著体现。

表 5-24 与表 5-25 中，人力资本增值效率的整体回归系数显著性及回归系数的绝对值均强（大）于物质资本增值效率与结构资本增值效率回归系数的绝对值，作为智力资本对资本成本影响的核心作用依然得到体现。

总体来看，ST、*ST 类企业对我们的大部分研究结论也未产生实质性影响。与主检验研究唯一不同的是，债务资本成本与物质资本增值效率的负相关关系在剔除 ST 类企业后，表现得不够稳健。但智力资本增值效率与物质资本增值效率之于债务资本成本的影响差异、人力资本增值效率与物质资本增值效率之于债务资本成本的影响差异均变得更显著。人力资本的核心作用得到更明显的体现。

5.5.3 以市账差作为智力资本总水平的代理变量进行的检验

本章进一步使用市账差作为智力资本整体水平的代理变量进行了分析，结果见表 5-14、表 5-15、表 5-18、表 5-19、表 5-22、表 5-23。表 5-14、表 5-18、表 5-22 中模型 4~模型 6 下结果依然支持假设 1a、假设 1b、假设 1c。表 5-15、表 5-19、表 5-23 也依然支持企业智力资本整体水平对股权资本成本影响显著大于对债务资本成本影响的结论，假设 2 结果不变。

5.6 本章小结

本章对我国上市公司智力资本对资本成本的总效应进行了研究。研究主要分为以下几个层次：

首先，论证了智力资本整体水平对企业资本成本的影响。研究表明：智力资本整体水平越高，企业资本成本整体水平越低。并且，智力资本整体水平对企业两种主要的资金来源——权益和债务的资本成本都有着至关重要的影响，虽然影响存在显著差异，但都能对企业资本成本的降低起到积极的作用。

其次，检验了资本的两种主要形式——物质资本和智力资本增值效率的不同对投资者要求报酬率的影响。人利用物质资本和智力资本进行价值创造的效率代表了

5 智力资本对资本成本的总效应研究

企业不同方面的智力资本水平,两者的差异显然也影响到它们各自的资本成本效应。投资者,无论是股东还是债权人对智力资本增值效率的敏感度要大于对物质资本增值效率的敏感度。一致的是,无论物质资本增值效率还是智力资本增值效率,对企业资本成本整体水平的降低都发挥了有益的作用。

再次,研究了构成智力资本增值效率的两个重要方面——人力资本增值效率和结构资本增值效率对资本成本是否有影响,以及影响的差异性。研究得出:人力资本增值效率不仅可以降低企业的资本成本总体水平,且对权益投资者和债权投资者的要求报酬率也有着至关重要的影响。而结构资本增值效率对资本成本的作用显然低于人力资本。特别是在剔除全部金融业和ST、*ST类企业后,债务资本成本与物质资本增值效率的关系虽然为负,但不太稳健,加权平均资本成本与结构资本增值效率的关系也随之下降。这表明,结构资本对不同类型企业的资本成本效应显然存在差异。

最后,提出一个问题:人力资本增值效率是影响企业资本成本的核心智力资本因素吗?本章的研究表明:无论是从显著性水平,还是从回归系数方面比较,人力资本增值效率都要强(大于)其他资本。人力资本的核心作用表现比较明显。

通过上述结论,有必要进一步澄清以下问题:

第一,智力资本投资并非越多越好。从资本成本角度看,物质资本增值效率的作用弱于智力资本增值效率的作用,人利用智力资本的能力、技术和经验都在不断提升。但是物质资本增值效率和智力资本增值效率对于资本成本的作用差别整体多数并不显著①,这表明,基于资本成本的智力资本开发和利用尚待进一步加强,这也与我国经济增长方式转变的要求相适应。但是智力资本并不能过度投资,因为:①从资本成本角度看,物质资本同样具有较强的价值创造性。我国各地生产力发展并不平衡,利用智力资本的能力必定存在差异,盲目投资智力资本,反而是拔苗助长。②物质资本是企业发展的基础,虽然其是人力资本的附属资本,但其作用不能忽视。企业必须重视人力资本、物质资本和结构资本的适度协调发展,这样才可能更充分地发挥企业智力资本的作用,提升企业智力总能力。

第二,从研究结果看,结构资本并未引起债权人的高度重视,表现为是否剔除金融企业、ST、*ST类企业,与债务资本成本的关系均不显著。特别是在将金融企业ST、*ST类企业全部剔除后,加权平均资本成本与结构资本增值效率的关系也随之下降。结构资本作为组织类资本,其为人力资本和物质资本作用的发挥提供着强大的制度、技术保障,作为其他资本发挥的基础平台,如果没有得到应有的重视,其他资本的作用也很难体现出来,该问题应该予以关注。

---

① 在剔除全部金融类企业、ST和*ST类企业后,结果显著。

第三,虽然智力资本总水平及内部不同智力资本的股权资本成本效应要大于债务资本成本效应,但并不等于企业只考虑募集权益资金,而不需债务资金。本章的研究目的并不在于通过比较智力资本对权益与债务资本成本效应的大小,以便于企业选择合适的融资方式,而在于指导企业无论是权益融资还是债务融资,都应明确企业自身智力资本的价值可能对资本成本产生的影响,以便企业对外进行投资时确定一个合适的报酬率要求,保证企业投资项目的营利性。企业在选择融资方式时,应综合考虑权益资金和债务资金融资难易程度、公司治理、智力资本等各方面的因素。

本章研究促使我们进一步讨论以下问题:既然智力资本具有资本成本效应,那么如何基于资本成本开发和利用企业的智力资本,提高智力资本总效率?这还需要我们进一步明确智力资本通过何种路径影响企业的资本成本,后续章节将进行研究。

6 中介效应研究：智力资本、会计信息披露质量与资本成本

6.1 引言

本章在第5章研究的基础上，进一步探讨智力资本对资本成本的影响机制。第5章的研究已经实证证明智力资本具有资本成本效应，需要进一步深思的问题是：智力资本对资本成本的影响路径如何？是直接影响还是间接影响？该路径是影响股权资本成本还是债务资本成本？目前尚鲜见该方面的研究。本章的研究目的在于进一步明晰智力资本对资本成本的作用机理，构建更清晰、完整的智力资本对资本成本效用发挥的逻辑研究框架，同时也为资本成本的估算以及基于资本成本角度加强对企业智力资本的管理提供新的视角和思路。

当前的研究尚未见将会计信息披露质量作为智力资本与资本成本的中介变量来进行分析。而财务报表是企业会计信息披露的重要载体，也是投资者评估自身投资风险和解读企业经营状况的重要依据。会计信息披露质量对资本成本的作用不言而喻。企业的智力资本虽然目前尚无法通过传统的复式记账法准确地反映出来，但是可以通过有关会计信息进行识别。管理层通过有效地向外界传递企业智力资本方面的信息，从而避免企业价值被投资者低估，致使企业资本成本水平上升。虽然结论不尽相同，但目前有不少研究表明会计信息披露质量与企业的资本成本具有密切的关系，也有少数研究证实智力资本对于企业会计信息披露质量具有积极的影响①。因此，本章尝试引入会计信息披露质量作为智力资本与资本成本的中介变量进行研究。

但是我国关于会计信息披露质量的衡量多是基于局部的会计信息披露质量评价，如郑伟光等（2014）、王俊秋（2013）、闫华红和张明（2012）、杨照江和蔡正毅（2011）、张晓东（2008）等，而非企业总体会计信息披露质量的评判。因此，本书认为结论不免有些片面，有必要从整体会计信息质量的视角对其与资本成本的关系

---

① 第2章2.2节的分析。

进行进一步的研究。为数不多的关于智力资本与会计信息披露质量之间的研究，如曾洁婷和张婷（2014）也仅从智力资本的分项指标实证研究了高新技术企业智力资本对企业会计信息披露质量的影响。投资者在进行投资时，多数是基于企业的整体投资，而非企业某一方面的投资，更应该立足于企业整体情况，把握智力资本于自身要求报酬率的影响。因此，本章在以往研究的基础上，在进行中介效应研究时，立足于从会计信息披露质量总体水平角度，剖析智力资本整体水平及智力资本不同方面的资本成本效用。

6.2 中介效应的检验方法

Baron 和 Kenny（1986）提出的逐步法是最传统的中介效应的检验方法。假定因变量为 y，自变量为 x，拟验证的中介变量是 m。三者之间的关系如图 6-1 所示。

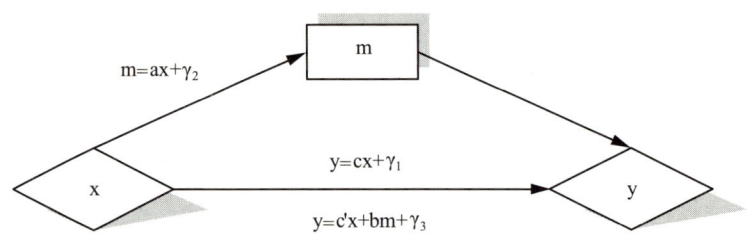

图 6-1 中介效应示意图

逐步法检验步骤依次为：

（1）检验 x 对 y 的总效应。设 y 对 x 的回归方程为 $y=cx+\gamma_1$，其中 γ_1 为随机误差项。如果 c 显著，则表明中介效应可能存在，则进行第二步，否则就需要停止中介效应检验。

（2）分别检验 x 对 m、m 对 y 的效应是否显著。假设 m 对 x 的回归方程是 $m=ax+\gamma_2$，y 对 m 的回归方程为 $y=c'x+bm+\gamma_3$，γ_2、γ_3 分别为随机误差项。首先检验 a，如果 a 不显著，则表明中介效应不存在；如果显著，则继续检验 b。若 b 显著，则表明中介效应存在。这即是我们所称的依次检验法。

但这种检验方法有一定的缺点。因为中介效应本质上是检验 a 与 b 的乘积不显著为 0，但在 a 与 b 只有其中一个不显著的情况下，也可能会出现 a 与 b 的乘积显著的情况，即依次检验很可能会遗漏实际上中介效应显著的情况，因此中介效应被检验出来显著的概率会比实际显著的概率要低。这也是目前依次检验法受到抨击的一个原因。

6 中介效应研究：智力资本、会计信息披露质量与资本成本

（3）检验完全中介效应和部分中介效应。所谓完全中介效应即是方程 $y=c'x+bm+\gamma_3$ 的检验中，c' 不显著，但 b 显著，而部分中介效应是指 c' 和 b 均显著。完全中介效应意味着自变量是完全通过中介变量对因变量间接起到影响作用的。而部分中介效应则是指自变量不仅通过中介变量间接对因变量产生影响，而且能直接作用于因变量。但关于完全中介效应的提法，一些学者也提出了质疑，认为完全中介效应是很少见的，如温忠麟和叶宝娟（2014），甚至可以完全摒弃完全中介效应之说（Preacher 和 Hayes，2008）。

由于逐步检验法在第（2）步的缺陷，Sobel（1982）的系数乘积检验法得到了广泛的推崇。即直接检验 a 与检验 b 乘积的联合显著性，这样可以避免产生"弃真"错误。Sobel 统计量公式为：

$$z = \frac{\hat{a} \times \hat{b}}{s_{ab}}$$

其中，$s_{ab}=\sqrt{\hat{a}\times s_b^2 + \hat{b} \times s_a^2}$，$\hat{a}$ 和 $\hat{b}$ 分别是 a 和 b 的估计值，S_a 和 S_b 分别是 $\hat{a}$ 和 $\hat{b}$ 的标准差。

由于 Sobel 检验的原假设为：ab = 0。因此，在检验结果显著的情况下，则拒绝原假设，表示 m 的中介效应是存在的。但由于该检验法要求 ab 为正态分布，检验等于默认两个正态分布 a 和 b 的乘积也为正态分布，但这是不完全正确的，因此，检验结果可能会出现有偏的情况（温忠麟和叶宝娟，2014）。

由于 c 是 x 对 y 的总效应，c' 是在控制了 m 的情况下 x 对 y 的效应，因此如果 m 的中介效应是 0，等于认同 $c=c'$，因此产生了另一种中介效应的检验方法，即差异检验法。该检验的原假设即是 $c=c'$，如果检验结果显著，即拒绝原假设，表明 m 的中介效应是存在的。该方法犯第一类错误的概率明显高于系数乘积检验法（温忠麟等，2004；MacKinnon 等，2002），应用并不广泛。

虽然如此，但逐步法相对简单，易于理解。如果按逐步法检验结果显著，自然不需要再进行其他检验。因此，温忠麟和叶宝娟（2014）认为可以先进行逐步检验，如果出现 a 和 b 不全部显著的情况，再进行其他检验，这比单纯地用系数乘积检验法，无论是否从犯"第一类错误"错误角度考虑，还是从结果的解释力度而言，只会更好，而不会差。因此本章参考温忠麟和叶宝娟（2014）提倡的做法，具体如图 6-2 所示。

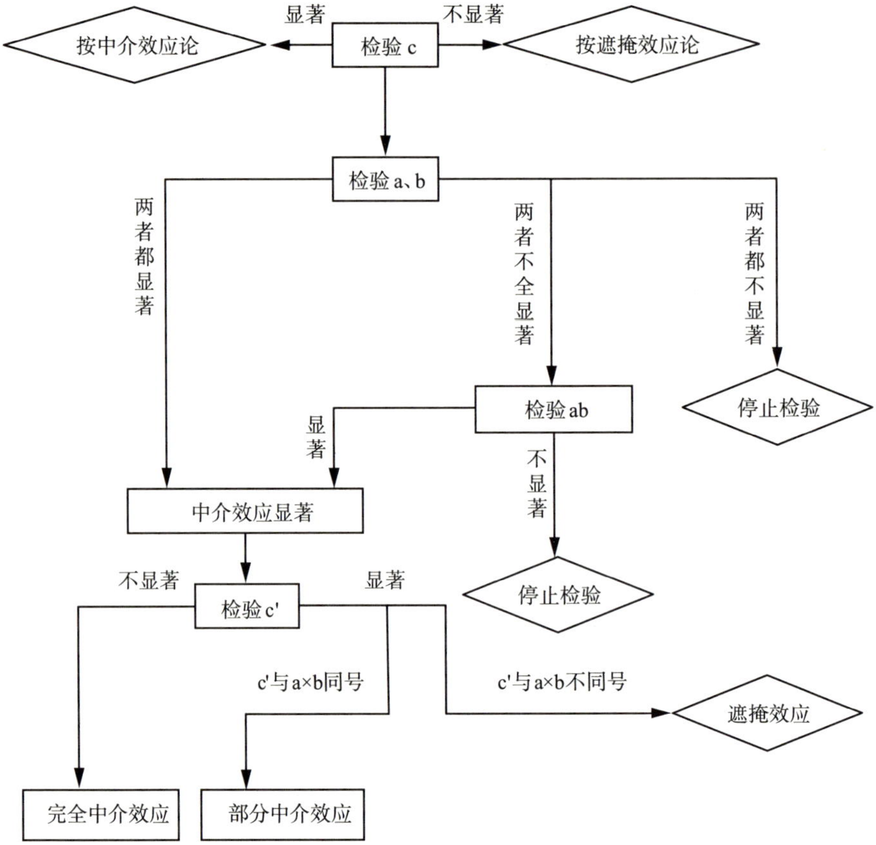

图6-2 中介效应检验流程图①

6.3 理论分析与研究假设

6.3.1 智力资本与会计信息披露质量

会计收益具有信息含量，Ball 和 Brown（1968）以及 Beaver（1968）通过实证研究的方法证实了这一点，开辟了会计信息披露与企业价值关系研究的先河。后续的许多研究也都证实了会计信息披露质量与企业价值的正向关系，如蒋艳辉和李林纯（2014）、李朝（2012）、张淑惠等（2011）、Orens 等（2009）。从管理者角度考虑，会计信息披露的内容也会和管理者的薪酬水平、职位升迁存在密切的关系，其与企

---

① 当 c′ 与 ab 不同号时，直接效应与间接效应相反，抵消了总效应，文献称为"遮掩效应"（Suppressing Effects）。

6 中介效应研究：智力资本、会计信息披露质量与资本成本

业的声誉、形象也不无联系。

会计信息的有用性继而影响到了会计信息的披露质量。根据"经济人"假设的思想，企业的一切目的是获取最大限度的利润，一切从利己主义出发，那么企业将会有选择地去披露会计信息。从"社会人"的角度看，出于自我满足、社会认可等方面的需要，也会考虑会计信息披露对其带来的影响。这样就可能形成一条"有用"——"为我所用"的企业决策链条。在这个链条上，从代理理论角度而言，会计信息的披露将减少企业与投资者之间的信息不对称，企业决策者总是力图披露"好"消息，避免"坏消息"，从理论上而言"好"消息的披露将吸引投资者投资，"坏"消息的披露则会降低投资者信心，企业更愿意隐藏"坏"消息以降低投资者对企业投资风险的评估程度。Milgrom（1981）即指出关于企业前景的好消息促使企业股价上升，产品购买方认为被销售方隐藏的消息都是对产品不利的信息。不同实力的企业信息传递的意愿也会存在差异。信号传递理论即认为，高质量的企业会通过信号传递效应将自己与差的企业区别开来。而低质量的企业由于模仿高质量企业的信号传递行为会存在较高的模仿成本，从而会选择放弃模仿，被迫将自己与高质量的企业区别开来。因此，相较于智力资本状况较差的企业，智力资本状况较好的企业会计信息披露质量会更高，故本章提出假设1a。

假设1a：企业智力资本整体水平的提高能有效改善其会计信息披露质量。

构成企业智力资本整体水平的三个具体构成要素——物质资本增值效率、人力资本增值效率和结构资本增值效率在资本特征方面又存在差异，三者可能对会计信息披露质量产生不同的影响。结构资本相较于物质资本和人力资本，其内涵相对宽泛，并不具体，主要分为两大类：内部组织资本和外部组织资本（客户资本），具体内容涉及企业的组织规章制度、经营政策、生产方式、运作流程、文化理念、公共关系、研发政策等各个方面，而这些多属于企业的商业机密。出于商业竞争的需要，可能并不愿意过多披露该方面的会计信息，从而使得企业会计信息披露质量不升反降。因此本章进一步推出假设1b、假设1c、假设1d。

假设1b：企业物质资本增值效率与会计信息披露质量正相关。

假设1c：企业人力资本增值效率与会计信息披露质量正相关。

假设1d：企业结构资本增值效率与会计信息披露质量负相关。

6.3.2 智力资本、会计信息披露质量与资本成本

Baron和Kenny（1986）指出，作为中介变量必须具备以下条件：①自变量首先与因变量之间具有密切的关系；②假定的中介变量必须显著受自变量影响；③当引入假定的中介变量后，假定的中介变量若显著，则表明中介效应是存在的。且若自

变量与因变量的关系此时不显著，表明假定的中介变量对于自变量与因变量存在完全的中介效应；若依然显著，表明假定的中介变量对于自变量与因变量而言，仅为部分中介效应。

6.3.2.1 智力资本、会计信息披露质量与股权资本成本

Jensen 和 Meckling（1976）认为，只要管理当局持有的公司普通股份不足100%，股东即所有者与管理当局之间的利益冲突（即代理问题）便不可避免。如果管理当局完全拥有他所管理的企业，即集所有者（投资者）与管理者为一身，他便拥有企业全部的收益，也承担企业全部的风险，管理者便会很努力、很勤勉地工作，为企业服务，便是为自己服务。如果管理者持有的股权不足100%，管理者便只能拥有企业部分收益，也只需承担部分风险，就如同管理者付出大量心血很精心地制作了一个美味蛋糕，但却不得不和其他股东们一起品味它的香甜，自私的管理者总是不由自主地在切蛋糕的时候将刀刃从原本属于其他股东的那块蛋糕中间划过。但控制权和所有权的分离本身并不足以使代理冲突发生，或者即使发生也不会持久。信息不对称应是引发代理冲突的直接原因。现代公司治理下，作为内部人的管理者比股东及其他利益相关者拥有绝对的关于企业经营状况、未来发展前景等方面的信息优势。由于信息的匮乏，股东们可能津津有味地品尝自己从管理者手中分到的那份实际上已被包装过的，注入水分的蛋糕而尚不自知。会计信息披露质量对于股东估算资本成本的作用至此便不言而喻。

关于会计信息披露质量与股权资本成本的关系，目前国内外研究相对成熟且结论比较统一。普遍认为会计质量的提高会降低企业的股权资本成本水平（如 Dhaliwal 等，2011；Fatma 和 Abdelwahed，2010；Botosan，1997；郑伟光等，2014；王俊秋，2013；等等）。因此，会计信息披露质量作为智力资本与股权资本成本的假定代理变量，应该满足条件③。同样基于①和②两个条件已在第5章及本章6.3.1节进行的理论分析，本章认为企业通过提高智力资本水平可以有效促进会计信息披露质量的提升，进而降低企业的股权资本成本，故本章提出假设2a、假设2b、假设2c。

假设2a：企业通过提高智力资本整体水平能显著改善其会计信息披露质量，从而降低其股权资本成本水平。

假设2b：企业通过提高物质资本增值效率能显著改善其会计信息披露质量，从而降低其股权资本成本水平。

假设2c：企业通过提高人力资本增值效率能显著改善其会计信息披露质量，从而降低其股权资本成本水平。

基于本章6.3.1节的分析，结构资本与会计信息披露质量的关系由于企业出于商业竞争需要，保密为先，会计信息披露质量则可能反而下降。基于此，本章继续提

出假设 2d：

假设 2d：企业不能通过提高结构资本增值效率来改善其会计信息披露质量，从而达到降低其股权资本成本水平的目的。

6.3.2.2 智力资本、会计信息披露质量与债务资本成本

关于会计信息披露质量与债务资本成本关系的研究相对较少。但从代理理论而言，会计信息披露质量对于企业的债务资本成本应该具有更为深刻的意义。

作为债权人，通常没有企业的经营管理决策权，在对贷出的资金实施有效控制方面逊于大股东。管理者可通过将从债权人处募集的资金用于在职消费、发放职工薪酬，甚至发放股利等手段，将债权人的财富转移到股东手中。在信息严重不对称情况下，债权人无法了解企业是否将资金用到约定的用途，债权人要想充分了解企业对各种要求权的履行状况，则要付出更高昂的监督成本。

债权人对企业的要求权（本金和利息、期限、抵押等）通常以契约形式确定下来。Fama 和 Jensen 于 1983 年合作发表了经典论文《所有权与控制权的分离》，文中指出"代理关系的产生是因为契约的制定和强制执行不是无代价的"。

那么债权人因为契约的履行会付出什么样的代价呢？在现代企业，管理者通常不再是仅有"合同收益"的普通员工，其优秀的管理技能、丰富的工作经验、敏锐的职业判断、卓越的应变能力等各种出类拔萃之处使得企业通过各种手段、千方百计地将其挽留下来。例如，通过期权将管理人员的收益与企业的收益紧密联系在一起。另外，通过这种机制也可以激励管理人员更好地为企业服务。管理人员因此除了"合同收益"之外，另外拥有了大量的"剩余收益"。但无论是"合同收益"还是"剩余收益"都会导致管理者做出侵害债权人利益的行为。管理者的"合同收益"是排在债权人的要求权之后的，因此，在企业处于财务困境时，管理者会诱使债权人投入更多的资金用于高风险项目，因为一旦成功，管理者排在债权人之后的"合同收益"就会实现。倘若失败，本来因财务困境无法收回其"合同收益"的管理者也没有任何更进一步的损失。但债权人可能因投资失败而失去原本可以收回的部分权益。"剩余收益"使得管理者享有了对企业利润的要求权。"剩余收益"同样导致管理者在企业处于财务困境时诱使债权人注入更多的资金投资于高风险项目，以期企业扭亏为盈，管理者因此能享有"剩余收益"。一旦投资失败，因原本企业亏损而无法享有"剩余收益"的管理者也不会有任何损失。

无论是出于"合同收益"目的，还是"剩余收益"目的，都会增加管理者粉饰财务报表的可能性，以期从债权人处募集更多的资金。但对于债权人而言，则相应增加了投资风险。提高会计信息披露质量也是缓解管理者和债权人代理冲突的不可或缺的途径之一。因此，会计信息披露质量作为智力资本与债务资本成本的假定代

理变量,应该满足条件③。同样鉴于①和②两个条件已在第5章及本章6.3.1节进行了理论上的论证,以及结构资本的特殊性,故本章提出假设3a、假设3b、假设3c和假设3d。

假设3a:企业通过提高智力资本整体水平能显著改善其会计信息披露质量,从而降低其债务资本成本。

假设3b:企业通过提高物质资本增值效率能显著改善其会计信息披露质量,从而降低其债务资本成本。

假设3c:企业通过提高人力资本增值效率能显著改善其会计信息披露质量,从而降低其债务资本成本。

假设3d:企业不能通过提高结构资本增值效率显著改善其会计信息披露质量,以达到降低其债务资本成本的目的。

6.4 研究设计

6.4.1 样本选择

在用相关变量实际值估算股权资本成本时,由于PEG与OJ两种方法最新可以估算至2013年,而GLS方法下,只能估算至2012年,因此,本章选择PEG与OJ两种方法分别估算企业的股权资本成本,这样将研究期间在第五章的基础上向后推进一年,即以2007~2013年作为研究期间,另一方面也便于用不同的方法、不同的研究期间进一步对第5章的相关实证进行稳健性检验。

有关数据的筛选、极端值的处理原则、数据来源同第5章。在以资本成本作为因变量时,仍然滞后一期处理。

6.4.2 变量设计

6.4.2.1 资本成本模型中的有关变量设计

(1)因变量。本章选择PEG模型估算股权资本成本进行主检验,在进行相关稳健性检验时,使用了OJ方法。其余同第5章。

(2)自变量。资本成本模型中涉及的有关自变量包括:

会计信息披露质量:通常认为,出具标准无保留意见的情况下,企业的会计信息披露质量相对较高(吴克平和于富生,2013;姜付秀等,2013)。"目前对企业会计信息质量评价鉴定的方法主要是常规审计方法。即注册会计师在获取审计证据的基础上对被审计单位所提供的会计信息披露质量进行评鉴"(杨世忠,2008)。郁玉环（2012）针对深市2005~2010年的A股上市公司进行的研究表明，被审计师出具非标准审计意见的企业会计信息披露水平较低，周冬华（2014）也得出了同样的结论。

因此，本章参考程新生等（2015）、张文等（2015）、吴克平和于富生（2013）、Aggarwal等（2005）、王克敏和陈井勇（2004）的研究，以会计师事务所出具的审计意见代表企业会计信息披露质量整体情况。但不同的是，以往研究通常将所有非标准意见归为一类，为了区别各类非标意见对资本成本的影响，本章做了更具体的分类，具体见表6-1。

智力资本整体水平、物质资本增值系数、人力资本增值系数、结构资本增值系数：本章主检验中用VAIC模型中的智力增值系数进行了分析，相关稳健性检验中，进一步以市场价值与账面价值的差额作为企业智力资本整体水平的代理变量进行了研究。具体估算方法同第5章。

（3）控制变量。主检验中的控制变量同第5章。后面有关稳健性检验中，对股权资本成本模型中进一步加入β作为控制变量，债务资本成本模型中进一步加入长短期负债比作为控制变量以检验结果的稳健性。

6.4.2.2 会计信息披露质量模型中的有关变量设计

（1）因变量：会计信息披露质量。以审计师出具的审计意见类型代表会计信息披露质量的整体水平。

（2）自变量。**智力资本整体水平**。本章主检验中用VAIC模型中的智力增值系数进行了分析，相关稳健性检验中，进一步以市场价值与账面价值的差额作为企业智力资本整体水平的代理变量进行了研究。

物质资本增值系数、人力资本增值系数、结构资本增值系数。

具体估算方法同第5章。

（3）控制变量。参考刘晓华和王华（2015）、梁英和李清（2014）、汪平和邹颖（2014）、谭兴民等（2009）、刘婉立和朱红（2013）、蒋弘和刘星（2012）、柯剑和谢易颖（2014）、于团叶等（2013）、高明华等（2012），控制变量的设计考虑了规模、股权集中度、独董比例、董事会规模、财务风险、股票流动性、股改程度、企业成长性、上市年限等。

具体有关变量的设计见表6-1。

表6-1 变量定义

变量类别	变量名称	变量符号	变量计算
因变量	股权资本成本	COE	PEG、OJ（具体估算方法见第4章）
	债务资本成本	COD	同第5章
	会计信息披露质量	OPINION	根据审计师出具的年报审计意见类型将会计信息披露质量从低到高划分为4类：1代表"差"（以否定意见或无法表示意见衡量）；2代表"中等"（以保留意见衡量）；3代表"良"（以带强调事项段的无保留意见衡量）；4代表"优"（以标准无保留意见衡量）
自变量	智力资本整体水平1	VAIC	同第5章
	智力资本整体水平2	LNMMB	
	物质资本增值系数	PHCE	
	智力资本增值系数	ICE	
	人力资本增值系数	HCE	
	结构资本增值系数	SCE	
	会计信息披露质量	OPINION	根据审计师出具的年报审计意见类型将会计信息披露质量从低到高划分为4类：1代表"差"（以否定意见或无法表示意见衡量）；2代表"中等"（以保留意见衡量）；3代表"良"（以带强调事项段的无保留意见衡量）；4代表"优"（以标准无保留意见衡量）
控制变量	企业规模	INASSET	同第5章
	股权集中度1	FIRST1	
	股权集中度2	FIRST2-10	
	独立董事占比	RIND	
	财务风险	DEBT	
	股票流动性	YTURNR	
	产权性质	STATE	
	董事会规模	BOARD	董事总人数
	股改程度	SHREFORM	流通股股数/总股本
	资产增长率	GROWTH	（期末总资产−期初总资产）/期初总资产
	上市年限	LISTYEAR	上市不足一年的按一年计算
	β	BETA	市场回报率以所有股票综合市场回报率表示
	长期资本负债率	LDEBT	非流动负债/（非流动负债+所有者权益）
	长短期负债比	LSRATIO	长期负债/短期负债
	年度变量	YEAR	同第5章
	行业变量	INDU	

6.4.3 研究模型

本章继续沿用第 5 章的模型 1、模型 2 作为第 6 章的模型 1、模型 2 进一步验证智力总能力对股权资本成本、债务资本成本的影响，以验证本章中介效应的步骤 1 之智力资本总体水平与资本成本的关系，如下：

模型 1：

$$COE_{i,t} = \alpha_0 + \alpha_1 VAIC_{i,t-1} + \sum_{i=2}^{n} \alpha_i Control_{i,t-1} + \xi_{i,t-1} \quad (6-1)$$

模型 2：

$$COD_{i,t} = \alpha_0 + \alpha_1 VAIC_{i,t-1} + \sum_{i=2}^{n} \alpha_i Control_{i,t-1} + \xi_{i,t-1} \quad (6-2)$$

本章继续沿用第 5 章的模型 14、模型 15 作为第 6 章的模型 3、模型 4 进一步验证物质资本增值效率、人力资本增值效率和结构资本增值效率分别对股权资本成本、债务资本成本的影响，以验证本章中介效应的步骤 1 之智力资本的不同构成部分与资本成本的关系，如下：

模型 3：

$$COE_{i,t} = \alpha_0 + \alpha_1 PHCE_{i,t-1} + \alpha_2 HCE_{i,t-1} + \alpha_3 SCE_{i,t-1} + \sum_{i=4}^{n} \alpha_i Control_{i,t-1} + \xi_{i,t-1}$$

$$(6-3)$$

模型 4：

$$COD_{i,t} = \alpha_0 + \alpha_1 PHCE_{i,t-1} + \alpha_2 HCE_{i,t-1} + \alpha_3 SCE_{i,t-1} + \sum_{i=4}^{n} \alpha_i Control_{i,t-1} + \xi_{i,t-1}$$

$$(6-4)$$

由于步骤 2 的检验（智力资本对会计信息披露质量影响的检验）中，因变量会计信息披露质量为多值有序离散变量，因此本章构建如下两个多值有序响应模型进行研究：

模型 5：

$$OPINION_{i,t-1} = \alpha_0 + \alpha_1 VAIC_{i,t-1} + \sum_{i=2}^{n} \alpha_i Control_{i,t-1} + \xi_{i,t-1} \quad (6-5)$$

模型 6：

$$OPINION_{i,t-1} = \alpha_0 + \alpha_1 PHCE_{i,t-1} + \alpha_2 HCE_{i,t-1} + \alpha_3 SCE_{i,t-1} + \sum_{i=4}^{n} \alpha_i Control_{i,t-1} + \xi_{i,t-1}$$

$$(6-6)$$

步骤 3 中，进一步将 OPINION 引入本章模型 1 ~ 模型 4，得到模型 7 至模型 10，如下：

模型 7：

$$COE_{i,t} = \alpha_0 + \alpha_1 VAIC_{i,t-1} + \alpha_2 OPINION_{i,t-1} + \sum_{i=3}^{n} \alpha_i Control_{i,t-1} + \xi_{i,t-1}$$

(6-7)

模型 8：

$$COD_{i,t} = \alpha_0 + \alpha_1 VAIC_{i,t-1} + \alpha_2 OPINION_{i,t-1} + \sum_{i=3}^{n} \alpha_i Control_{i,t-1} + \xi_{i,t-1}$$

(6-8)

模型 9：

$$COE_{i,t} = \alpha_0 + \alpha_1 PHCE_{i,t-1} + \alpha_2 HCE_{i,t-1} + \alpha_3 SCE_{i,t-1} + \alpha_4 OPINION_{i,t-1} + \sum_{i=5}^{n} \alpha_i Control_{i,t-1} + \xi_{i,t-1}$$

(6-9)

模型 10：

$$COD_{i,t} = \alpha_0 + \alpha_1 PHCE_{i,t-1} + \alpha_2 HCE_{i,t-1} + \alpha_3 SCE_{i,t-1} + \alpha_4 OPINION_{i,t-1} + \sum_{i=5}^{n} \alpha_i Control_{i,t-1} + \xi_{i,t-1}$$

(6-10)

6.5 实证检验与分析

6.5.1 描述性统计和单因素方差分析

6.5.1.1 我国会计信息披露质量现状

表6-2为有关会计信息披露质量模型中有关变量的描变性统计。样本期间，会计信息披露质量的均值小于中位数，均值为3.9186，表明我国大部分上市公司的会计信息披露质量处于较高水平。进一步对会计信息披露质量按年进行统计（见表6-3），样本企业2008~2013年各年均值（样本数）分别为：3.8906（1344）、3.8939（1451）、3.8959（1537）、3.9150（1683）、3.9349（2042）、3.9536（2328）。从会计信息披露质量总体水平的均值来看，各年是逐步上升的，被出具标准无保留意见的企业所占比例也在逐年上升，被出具其他审计意见的企业所占比例个别年份有起伏，但在样本期间，整体上是在不断下降的。从注册会计师监管的角度来看，我国企业会计信息披露质量整体状况是值得信赖的。

6 中介效应研究：智力资本、会计信息披露质量与资本成本

表6-2 会计信息披露质量模型中有关变量的描述性统计

变量	样本	均值	中位数	最大值	最小值	标准差
OPINION	10385	3.9186	4.0000	4.0000	1.0000	0.3590
VAIC	10385	3.7856	3.0089	24.4294	-14.3133	4.0903
PHCE	10385	0.2647	0.2348	1.3102	-0.8525	0.2584
HCE	10385	2.8881	2.1376	20.5773	-12.2699	3.4589
SCE	10385	0.5741	0.5633	3.2991	-1.6267	0.5113
INASSET	10385	21.6882	21.5428	26.1468	18.8283	1.3113
FIRST1	10385	0.3596	0.3392	0.7525	0.0891	0.1541
FIRST2-10	10385	0.1981	0.1793	0.5498	0.0119	0.1307
RIND	10385	0.3656	0.3333	0.5556	0.0909	0.0517
BOARD	10385	9.0719	9.0000	16.0000	5.0000	1.8444
DEBT	10385	0.4982	0.4922	1.7113	0.0483	0.2651
YTURNR	10385	6.6624	5.5829	19.7874	0.2068	4.4823
SHREFORM	10385	0.7007	0.7067	1.0000	0.1533	0.2631
GROWTH	10385	0.1062	0.0979	0.7168	-0.8163	0.2074
LISTYEAR	10385	13.9634	15.0000	22.0000	3.0000	5.2806

表6-3 会计信息披露质量分年描述性统计

OPINION	2008年		2009年		2010年		2011年		2012年		2013年	
	样本	占比(%)	样本	占比(%)	样本	占比(%)	样本	占比(%)	样本	占比(%)	样本	占比(%)
1	13	0.97	18	1.24	18	1.17	6	0.36	4	0.20	3	0.13
2	12	0.89	16	1.10	13	0.85	21	1.25	19	0.93	14	0.60
3	84	6.25	68	4.69	80	5.20	83	4.93	83	4.06	71	3.05
4	1235	91.89	1349	92.97	1426	92.78	1573	93.46	1936	94.81	2240	96.22
总样本	1344	100	1451	100	1537	100	1683	100	2042	100	2328	100
均值	3.8906		3.8939		3.8959		3.9150		3.9349		3.9536	

进一步将样本企业按智力总能力分成高低两组，分组依据为大于或等于中位数者为高组，反之为低组。结果见表6-4。发现高水平组OPINION均值为3.9430，大于低水平组均值3.8943，说明智力资本总体水平较高的组别会计信息披露质量总体水平也较高。进一步均值方差检验和Kwallis中位数检验都表明智力资本高水平组和低水平组其会计信息披露质量的差异是显著的。按照是否大于中位数的原则，本章进一步将PHCE、HCE和SCE分成高低两组，见表6-5、表6-6、表6-7。

表6-4 会计信息披露质量模型中有关变量单因素分析1（观测值=10385）

变量	高VAIC（n=5193）			低VAIC（n=5192）			均值方差检验（p值）	Kwallis中位数检验（p值）
	均值	中位数	标准差	均值	中位数	标准差		
OPINION	3.9430	4.0000	0.2915	3.8943	4.0000	0.4143	0.0000***	0.0001***
VAIC	5.9368	4.3466	4.3139	1.6340	2.2494	2.3653	0.0000***	0.0001***
PHCE	0.3043	0.2613	0.2470	0.2251	0.2089	0.2634	0.0000***	0.0001***
HCE	4.6218	3.2604	3.8087	1.1542	1.5743	1.8465	0.0000***	0.0001***
SCE	0.7630	0.7021	0.3823	0.3851	0.3985	0.5526	0.0000***	0.0001***
INASSET	21.9216	21.7823	1.3409	21.4548	21.3144	1.2378	0.0000***	0.0001***
FIRST1	0.3686	0.3472	0.1593	0.3505	0.3333	0.1483	0.0000***	0.0001***
FIRST2-10	0.2098	0.1937	0.1317	0.1864	0.1667	0.1286	0.0000***	0.0001***
RIND	0.3649	0.3333	0.0508	0.3663	0.3333	0.0525	0.1642	0.4081
BOARD	9.1192	9.0000	1.8750	9.0247	9.0000	1.8123	0.0090***	0.0188**
DEBT	0.4984	0.4959	0.2612	0.4980	0.4892	0.2690	0.9337	0.1672
YTURNR	6.4877	5.4713	4.4318	6.8372	5.6745	4.5259	0.0001***	0.0001***
SHREFORM	0.6788	0.6739	0.2697	0.7227	0.7377	0.2545	0.0000***	0.0001***
GROWTH	0.1513	0.1348	0.2093	0.0610	0.0618	0.1954	0.0000***	0.0001***
LISTYEAR	13.9902	15.0000	5.2946	13.9366	15.0000	5.2669	0.6054	0.4892

注：***、**、*分别代表在1%、5%和10%的水平上显著

表6-5 会计信息披露质量模型中有关变量单因素分析2（观测值=10385）

变量	高PHCE（n=5193）			低PHCE（n=5192）			均值方差检验（p值）	Kwallis中位数检验（p值）
	均值	中位数	标准差	均值	中位数	标准差		
OPINION	3.9470	4.0000	0.2932	3.8902	4.0000	0.4125	0.0000***	0.0001***
VAIC	4.2593	3.2200	3.8405	3.3119	2.7568	4.2739	0.0000***	0.0001***
PHCE	0.4293	0.3571	0.2176	0.1000	0.1446	0.1787	0.0000***	0.0001***
HCE	3.1815	2.2323	3.4124	2.5947	2.0379	3.4804	0.0000***	0.0001***
SCE	0.5642	0.5591	0.2461	0.5839	0.5665	0.6798	0.0492**	0.7160
INASSET	21.9964	21.8439	1.3341	21.3800	21.2381	1.2122	0.0000***	0.0001***
FIRST1	0.3729	0.3581	0.1566	0.3462	0.3232	0.1505	0.0000***	0.0001***
FIRST2-10	0.1949	0.1734	0.1271	0.2013	0.1850	0.1341	0.0135**	0.0988*
RIND	0.3645	0.3333	0.0522	0.3667	0.3333	0.0511	0.0321**	0.0388**
BOARD	9.2526	9.0000	1.8961	8.8912	9.0000	1.7731	0.0000***	0.0001***
DEBT	0.5565	0.5655	0.2139	0.4399	0.4081	0.2967	0.0000***	0.0001***
YTURNR	6.1696	5.1475	4.2679	7.1554	6.0098	4.6352	0.0000***	0.0001***
SHREFORM	0.7276	0.7543	0.2568	0.6738	0.6597	0.2666	0.0000***	0.0001***
GROWTH	0.1346	0.1268	0.1987	0.0778	0.0652	0.2121	0.0000***	0.0001***
LISTYEAR	14.6742	16.0000	4.7354	13.2525	15.0000	5.6869	0.0000***	0.0001***

注：***、**、*分别代表在1%、5%和10%的水平上显著

6 中介效应研究：智力资本、会计信息披露质量与资本成本

表6-6　会计信息披露质量模型中有关变量单因素分析3（观测值=10385）

变量	高HCE（n=5193）			低HCE（n=5192）			均值方差检验（p值）	Kwallis中位数检验（p值）
	均值	中位数	标准差	均值	中位数	标准差		
OPINION	3.9522	4.0000	0.2619	3.8850	4.0000	0.4324	0.0000***	0.0001***
VAIC	5.7605	4.2689	4.1495	1.8104	2.2531	2.9055	0.0000***	0.0001***
PHCE	0.2833	0.2485	0.2286	0.2460	0.2194	0.2839	0.0000***	0.0001***
HCE	4.6846	3.2635	3.7513	1.0913	1.5473	1.8439	0.0000***	0.0001***
SCE	0.7100	0.6936	0.1180	0.4381	0.3969	0.6870	0.0000***	0.0001***
INASSET	21.9013	21.7488	1.3374	21.4752	21.3389	1.2490	0.0000***	0.0001***
FIRST1	0.3683	0.3466	0.1595	0.3508	0.3334	0.1481	0.0000***	0.0001***
FIRST2-10	0.2105	0.1938	0.1322	0.1857	0.1660	0.1279	0.0000***	0.0001***
RIND	0.3648	0.3333	0.0508	0.3664	0.3333	0.0525	0.1209	0.1612
BOARD	9.1023	9.0000	1.8682	9.0416	9.0000	1.8200	0.0938*	0.0898*
DEBT	0.4837	0.4793	0.2595	0.5127	0.5024	0.2698	0.0000***	0.0001***
YTURNR	6.5598	5.5489	4.4489	6.7651	5.6114	4.5135	0.0196**	0.0233**
SHREFORM	0.6740	0.6630	0.2706	0.7275	0.7440	0.2526	0.0000***	0.0001***
GROWTH	0.1537	0.1346	0.2069	0.0587	0.0613	0.1969	0.0000***	0.0001***
LISTYEAR	13.8096	15.0000	5.3613	14.1173	15.0000	5.1946	0.0030***	0.0076***

注：***、**、*分别代表在1%、5%和10%的水平上显著

表6-7　会计信息披露质量模型中有关变量单因素分析4（观测值=10385）

变量	高SCE（n=5193）			低SCE（n=5192）			均值方差检验（p值）	Kwallis中位数检验（p值）
	均值	中位数	标准差	均值	中位数	标准差		
OPINION	3.8889	4.0000	0.4284	3.9484	4.0000	0.2692	0.0000***	0.0001***
VAIC	5.4439	4.3341	5.0315	2.1271	2.3664	1.6260	0.0000***	0.0001***
PHCE	0.2451	0.2326	0.2867	0.2842	0.2367	0.2249	0.0000***	0.0004***
HCE	4.1620	3.2635	4.5265	1.6141	1.6580	0.4389	0.0000***	0.0001***
SCE	0.8515	0.7317	0.4707	0.2966	0.3969	0.3838	0.0000***	0.0001***
INASSET	21.8083	21.6776	1.3873	21.5681	21.4177	1.2189	0.0000***	0.0001***
FIRST1	0.3617	0.3374	0.1597	0.3575	0.3425	0.1483	0.1683	0.8464
FIRST2-10	0.2075	0.1920	0.1310	0.1887	0.1675	0.1297	0.0000***	0.0001***
RIND	0.3652	0.3333	0.0508	0.3660	0.3333	0.0525	0.4143	0.8171
BOARD	9.0672	9.0000	1.8499	9.0767	9.0000	1.8391	0.7940	0.6981
DEBT	0.5152	0.4966	0.2984	0.4812	0.4889	0.2257	0.0000***	0.0025***
YTURNR	6.5624	5.5529	4.4523	6.7625	5.6037	4.5102	0.0230**	0.0282**
SHREFORM	0.6797	0.6769	0.2674	0.7217	0.7388	0.2571	0.0000***	0.0001***
GROWTH	0.1249	0.1222	0.2380	0.0874	0.0758	0.1695	0.0000***	0.0001***
LISTYEAR	14.0882	15.0000	5.2695	13.8386	15.0000	5.2892	0.0160**	0.0142**

注：***、**、*分别代表在1%、5%和10%的水平上显著

表6-5、表6-6、表6-7的结果表明，高PHCE和低PHCE、高HCE和低HCE、高SCE和低SCE组中，根据均值方差检验和Kwallis中位数检验，高水平组和低水平组都存在OPINION的显著差异。高PHCE、高HCE组比低PHCE、低HCE有着更高的OPINION均值。与假设预测的一致，高SCE组在本样本中出现了比低SCE组的OPIOION均值低的情况。以上表明本章中介效应所需的第二个条件：智力资本对企业的会计信息披露质量有显著影响存在成立的可能性。

另外，表6-4、表6-5、表6-6、表6-7中有关控制变量绝大部分都同时通过了均值方差检验和Kwallis中位数检验，表明我们选择的控制变量整体上是适用于该模型的。

6.5.1.2 关于资本成本与会计信息披露质量

表6-8和表6-9为两个资本成本模型中的有关变量描述性统计。模型中，OPINION的中位数仍然均大于均值，和表6-2是相符的。

表6-8 股权资本成本模型中有关变量整体描述性统计

变量	样本	均值	中位数	最大值	最小值	标准差
COE	5571	0.1290	0.0999	0.6860	0.0027	0.1068
VAIC	5571	3.7094	2.9798	24.4294	-14.3133	3.8432
PHCE	5571	0.2588	0.2287	1.3102	-0.8525	0.2420
HCE	5571	2.8496	2.1256	20.5773	-12.2699	3.2451
SCE	5571	0.5612	0.5572	3.2991	-1.6267	0.4975
OPINION	5571	3.9291	4.0000	4.0000	1.0000	0.3387
INASSET	5571	21.7203	21.5426	26.1468	18.8283	1.3112
FIRST1	5571	0.3627	0.3430	0.7525	0.0891	0.1553
FIRST2-10	5571	0.2011	0.1816	0.5498	0.0119	0.1317
RIND	5571	0.3658	0.3333	0.5556	0.1429	0.0519
DEBT	5571	0.4839	0.4858	1.7113	0.0483	0.2473
YTURNR	5571	6.6931	5.5984	19.7874	0.2068	4.4222

表6-9 债务资本成本模型中有关变量的描述性统计

变量	样本	均值	中位数	最大值	最小值	标准差
COD	8690	0.0447	0.0435	0.1942	0.0000①	0.0253
VAIC	8690	3.8016	3.0827	24.4294	-14.3133	3.7999
PHCE	8690	0.2674	0.2340	1.3102	-0.8525	0.2467
HCE	8690	2.9051	2.1932	20.5773	-12.2699	3.2001
SCE	8690	0.5765	0.5701	3.2991	-1.6267	0.4956
OPINION	8690	3.9327	4.0000	4.0000	1.0000	0.3330
INASSET	8690	21.7507	21.5975	26.1468	18.8283	1.2999
FIRST1	8690	0.3671	0.3522	0.7525	0.0891	0.1534

① COD最小值为0.00000402，因表格数字保留四位小数，此处显示为0。该公司为美盈森（002303）。

续表

变量	样本	均值	中位数	最大值	最小值	标准差
FIRST2-10	8690	0.2066	0.1885	0.5498	0.0119	0.1356
RIND	8690	0.3661	0.3333	0.5556	0.0909	0.0518
DEBT	8690	0.4980	0.4916	1.7113	0.0483	0.2499
STATE	8690	0.5433	1.0000	1.0000	0.0000	0.4982

　　进一步根据会计信息披露质量从低到高分别将两个资本成本模型分为四组。分组依据为审计意见类型，见表6-1。分组结果见表6-10、表6-11。股权资本成本模型中，随着会计信息披露质量的改善，COE逐渐下降，均值方差检验和Kwallis中位数检验显示组间的COE水平的差异是显著的，隐含着企业资本成本的总体水平会随着会计信息披露质量总体水平的改善而降低。这与本章进行中介效应检验的第3个条件相符。

　　债务资本成本模型中，虽然组间差异检验是显著的，但发现第1组、第2组、第3组并未随着会计信息披露质量的上升而下降，反而出现了上升的趋势，但第4组在第3组的基础上有明显的下降。组间趋势和假设不是非常吻合，后文进一步通过实证进行验证。

　　以上表明，会计信息披露质量的总体水平基本能显著影响企业的资本成本，两个模型中绝大多数控制变量也通过了均值方差检验和Kwallis中位数检验，和第5章一样，说明投资者包括股东和债权人进行投资时基本上是慎重考虑到了我们资本成本模型中的控制变量。

6.5.2　相关性分析

　　表6-12、表6-13、表6-14的相关系数显示：会计信息披露质量模型中，OPINION与VAIC、PHCE、HCE均显著正相关，但和SCE显著负相关。和我们假设预期的情况一样，不同类型的智力资本可能会对会计信息披露质量产生不同的影响，这就需要我们的企业针对不同情况有重点地监督和管理企业的会计活动。

　　两个资本成本模型中，OPINION也都与COE、COD存在显著的负相关性，进一步表明我们假定的中介变量存在中介效应所需的条件3有可能成立。有关智力资本变量均和资本成本呈现出程度不等的显著负相关关系，和第5章没有实质性变化。另外，相关系数除了极个别的，其他均不超过0.5[①]，模型不存在严重的多重共线性问题。

　　综合相关系数的结果，也表明会计信息披露质量存在作为智力资本影响资本成本的中介变量的可能性。

---

　　①　相关系数超过0.5的为表6-12、表6-13、表6-14中VAIC与HCE，相关系数均在0.8以上且在1%水平上显著正相关，但并不影响本章模型的有效性。因为本章研究过程中，这两个变量均不在同一模型内。

表6-10 股权资本成本模型中有关变量单因素分析（观测值=5571）

变量	1 (n=27)			2 (n=55)			3 (n=209)			4 (n=5285)			均值方差检验（p值）	Kwallis中位数检验（p值）
	均值	中位数	标准差	均值	中位数	标准差	均值	中位数	标准差	均值	中位数	标准差		
COE	0.4270	0.3773	0.2207	0.2597	0.2350	0.1755	0.2337	0.1776	0.1819	0.1220	0.0973	0.0954	0.0000***	0.0001***
VAIC	−0.6899	−4.0509	12.7196	0.2008	1.5495	6.6444	3.4872	2.5063	7.3287	3.7770	3.0095	3.4678	0.0000***	0.0001***
PHCE	−0.0082	−0.0220	0.5446	0.0430	0.0181	0.5466	0.1357	0.1106	0.5480	0.2671	0.2319	0.2102	0.0000***	0.0001***
HCE	−2.3277	−4.9995	10.0956	−0.9206	0.0413	4.5665	2.2254	1.5379	5.8249	2.9394	2.1527	2.9622	0.0000***	0.0001***
SCE	1.2750	1.0410	0.7634	0.9764	0.9167	1.0175	0.8239	0.7337	0.9209	0.5431	0.5524	0.4555	0.0000***	0.0001***
INASSET	1.0000	1.0000	0.0000	2.0000	2.0000	0.0000	3.0000	3.0000	0.0000	4.0000	4.0000	0.0000	0.0000***	0.0001***
FIRST1	20.1496	20.2604	1.1407	20.9104	20.8972	1.1350	20.5158	20.5404	1.2184	21.7833	21.5810	1.2869	0.0000***	0.0001***
FIRST2-9	0.2968	0.2858	0.1456	0.2674	0.2441	0.1166	0.2899	0.2591	0.1361	0.3669	0.3493	0.1553	0.0407**	0.1754
RIND	0.1708	0.1753	0.0842	0.1950	0.1822	0.1069	0.1779	0.1708	0.1113	0.2022	0.1820	0.1328	0.1772	0.2094
DEBT	0.3865	0.3750	0.0640	0.3706	0.3636	0.0487	0.3668	0.3333	0.0517	0.3656	0.3333	0.0518	0.0000***	0.0001***
YTURNR	1.2201	1.4487	0.5304	0.7136	0.6249	0.3473	0.8321	0.7576	0.4566	0.4643	0.4748	0.2132	0.0089***	0.0041***

注：***、**、*分别代表在1%、5%和10%的水平上显著

表6-11 债务资本成本模型中有关变量单因素分析（观测值=8690）

变量	1 (n=47)			2 (n=68)			3 (n=308)			4 (n=8267)			均值方差检验（p值）	Kwallis中位数检验（p值）
	均值	中位数	标准差	均值	中位数	标准差	均值	中位数	标准差	均值	中位数	标准差		
COD	0.0451	0.0413	0.0338	0.0553	0.0512	0.0267	0.0592	0.0545	0.0316	0.0445	0.0436	0.0247	0.0000***	0.0001***
VAIC	−0.1377	−1.3955	12.6619	0.8714	1.7602	6.1350	3.7720	2.5350	7.1837	3.7367	2.9870	3.4005	0.0000***	0.0001***
PHCE	0.0889	−0.0109	0.5419	0.1035	0.0548	0.5629	0.1710	0.1697	0.5406	0.2680	0.2330	0.2052	0.0000***	0.0001***
HCE	−2.0173	−2.8790	9.8343	−0.6904	0.9750	4.2636	2.0514	1.5652	5.2293	2.9197	2.1335	2.8802	0.0000***	0.0001***
SCE	1.1819	1.0219	0.7156	1.0226	0.7104	0.9234	0.8390	0.6246	0.9705	0.5354	0.5464	0.4566	0.0000***	0.0001***

6 中介效应研究：智力资本、会计信息披露质量与资本成本

续表

变量	1 (n=47)			2 (n=68)			3 (n=308)			4 (n=8267)			均值方差检验（p值）	Kwallis中位数检验（p值）
	均值	中位数	标准差	均值	中位数	标准差	均值	中位数	标准差	均值	中位数	标准差		
INASSET	20.2801	20.4800	1.2191	21.0628	21.0293	1.1671	20.7267	20.7400	1.2035	21.8767	21.6834	1.2808	0.0000***	0.0001***
FIRST1	0.3011	0.2860	0.1505	0.2794	0.2481	0.1225	0.3022	0.2671	0.1381	0.3704	0.3564	0.1552	0.0000***	0.0001***
FIRST2-9	0.1663	0.1893	0.0899	0.1941	0.1807	0.1112	0.1711	0.1543	0.1120	0.1978	0.1756	0.1315	0.0005***	0.1978
RIND	0.3791	0.3485	0.0595	0.3731	0.3636	0.0485	0.3624	0.3333	0.0501	0.3668	0.3333	0.0526	0.3957	0.3053
DEBT	1.3020	1.7113	0.5556	0.7274	0.6116	0.3309	0.8412	0.7702	0.4103	0.4829	0.4909	0.2024	0.0000***	0.0001***
STATE	0.1500	0.0000	0.3663	0.4286	0.0000	0.5009	0.6058	1.0000	0.4905	0.5834	1.0000	0.4931	0.0126**	0.0002***

注：***、**、*分别代表在1%、5%和10%的水平上显著

表6-12 会计信息披露质量模型中有关变量相关系数表（观测值=10385）

	OPINION	VAIC	PHCE	HCE	SCE	INASSET	FIRST1	FIRST2-10	RIND	BOARD	DEBT	YTURNR	SHREFORM	GROWTH	LISTYEAR
OPINION	1.0000														
VAIC	0.1056***	1.0000													
PHCE	0.1428***	0.1911***	1.0000												
HCE	0.1497***	0.9073***①	0.1216***	1.0000											
SCE	−0.1478***	0.3706***	−0.1241***	0.1398***	1.0000										
INASSET	0.2354***	0.1262***	0.2037***	0.1497***	−0.0051	1.0000									
FIRST1	0.1322***	0.0706***	0.0904***	0.0888***	−0.0319***	0.2956***	1.0000								
FIRST2-10	0.0244***	0.039***	0.0137	0.0434***	0.0192***	−0.0689***	−0.3541***	1.0000							
RIND	−0.0213**	0.0264***	0.0115	0.0311***	0.0004	0.0306	0.0445***	−0.0147	1.0000						
BOARD	0.0627***	−0.028***	0.0868***	−0.0309***	−0.0093***	0.3268***	0.0195***	0.0518***	−0.3185***	1.0000					
DEBT	−0.3889***	0.0179*	0.1105***	−0.0235***	0.1151***	0.1561***	−0.0487***	−0.1744***	0.0063	0.0754***	1.0000				

① 不在同一研究模型，可以不予考虑。

续表

	OPINION	VAIC	PHCE	HCE	SCE	INASSET	FIRST1	FIRST2-10	RIND	BOARD	DEBT	YTURNR	SHREFORM	GROWTH	LISTYEAR
YTURNR	0.0259***	0.0452***	0.0861***	0.0436***	0.0025	-0.2805***	0.0396***	0.0155	-0.0302**	0.0856***	0.1074***	1.0000			
SHREFORM	-0.0146	-0.0759***	0.0539***	0.0876***	0.0223*	0.111***	0.2897***	0.3252***	0.0095	0.0426***	0.1783***	0.3348***	1.0000		
GROWTH	0.2702***	0.2139***	0.1647***	0.2544***	0.0214*	0.2755***	0.1470***	0.1423***	0.0044	0.0603***	0.1166***	0.0323**	0.1789***	1.0000	
LISTYEAR	-0.1315***	0.0663***	0.0976***	0.0503***	0.0525***	0.0919***	0.1168***	0.4289***	0.0304**	0.0265**	0.3674***	0.137***	0.4223***	0.1435***	1.0000

注：***、**、*分别代表在1%、5%和10%的水平上显著

表6-13 股权资本成本模型中有关变量相关系数表（观测值=5571）

	COE	VAIC	PHCE	HCE	SCE	OPINION	INASSET	FIRST1	FIRST2-10	RIND	DEBT	YTURN
COE	1.0000											
VAIC	-0.1172***	1.0000										
PHCE	-0.0945***	0.1790***	1.0000									
HCE	-0.1355***	0.9047***①	0.1178***	1.0000								
SCE	-0.0356***	0.3983***	-0.1209***	0.1641***	1.0000							
OPINION	-0.2972***	0.1086***	0.1543***	0.157***	-0.1674***	1.0000						
INASSET	0.0444***	0.1458***	0.1975***	0.1693***	0.0038	0.1868***	1.0000					
FIRST1	-0.0517***	0.0901***	0.0897***	0.1078***	-0.0344***	0.1048***	0.2759***	1.0000				
FIRST2-10	-0.0998***	0.0436***	0.0168	0.0495***	0.0324**	0.0317**	-0.0675***	-0.3413***	1.0000			
RIND	-0.0367	0.0087	-0.0216	0.0153	-0.0094	-0.0247*	0.0542***	0.0630***	-0.0289**	1.0000		
DEBT	0.3327***	0.0232*	0.1604***	0.0216	0.1099***	-0.3343***	0.2451***	0.0297**	-0.2041***	-0.0030	1.0000	
YTURN	-0.0863***	-0.0542***	-0.1048***	-0.0600***	0.0059	-0.0121	-0.3246***	-0.0737***	0.0057	-0.0241*	-0.0833***	1.0000

注：***、**、*分别代表在1%、5%和10%的水平上显著

① 不在同一研究模型，可以不予考虑。

6　中介效应研究：智力资本、会计信息披露质量与资本成本

表6-14　债务资本成本模型中有关变量相关系数表（观测值=8690）

	COD	VAIC	PHCE	HCE	SCE	OPINION	INASSET	FIRST1	FIRST2-10	RIND	DEBT	STATE
COD	1.0000											
VAIC	-0.0626***	1.0000										
PHCE	-0.0049*	0.1631***	1.0000									
HCE	-0.0967***	0.9003***①	0.0985***	1.0000								
SCE	0.0053	0.3980***	-0.1395***	0.1546***	1.0000							
OPINION	-0.0850***	0.1054***	0.1366***	0.1633***	-0.1538***	1.0000						
INASSET	-0.1006***	0.1271***	0.1978***	0.1527***	-0.0153	0.1855***	1.0000					
FIRST1	-0.1081***	0.0767***	0.0889***	0.0988***	-0.0295***	0.1128***	0.3064***	1.0000				
FIRST2-10	-0.0316***	0.0518***	0.0584**	-0.0236	0.0258**	0.0387***	-0.1238***	-0.3521***	1.0000			
RIND	-0.0194*	0.0194*	-0.0149	0.0250**	0.0020	-0.0111	0.0629***	0.0499***	-0.0146	1.0000		
DEBT	0.1012***	0.0009	0.1477***	-0.0483***	0.0942***	-0.3941***	0.1899***	-0.0371***	-0.2292***	0.0033	1.0000	
STATE	-0.0243**	-0.0772***	0.1212***	-0.0886***	-0.0626***	0.0276***	0.3713***	0.1847***	-0.3190***	-0.0478***	0.2110***	1.0000

注：***、**、*分别代表在1%、5%和10%的水平上显著。

① 不在同一研究模型，可以不予考虑。

6.5.3 回归分析

6.5.3.1 智力资本与资本成本的回归分析

表6-15中，模型1和模型2中，股权资本成本、债务资本成本分别与智力资本总水平在1%、5%的水平上显著负相关，模型3中股权资本成本分别与物质资本增值效率、人力资本增值效率和结构资本增值效率在1%、1%、5%水平上显著负相关；但模型4中的债务资本成本仅与物质资本增值效率、人力资本增值效率在5%的水平上显著负相关，和第5章的结论一致，结构资本增值效率未与债务资本成本表现出显著的相关性。整体来看，本章的研究结论进一步稳健验证了第5章的回归结果，表明智力资本总水平具备通过影响企业的会计信息披露质量从而影响企业的股权资本成本、债务资本成本的前提条件1；物质资本增值效率、人力资本增值效率和结构资本增值效率具备通过影响企业的会计信息披露质量从而影响企业的股权资本成本的前提条件1；物质资本增值效率、人力资本增值效率具备通过影响企业的会计信息披露质量从而影响企业的债务资本成本的前提条件1。

表6-15 中介效应检验之步骤1：检验c

	因变量=COE				因变量=COD			
	模型1		模型3		模型2		模型4	
	回归系数	t值	回归系数	t值	回归系数	t值	回归系数	t值
VAIC	-0.1071***	6.36			-0.0229**	-2.25		
PHCE			-0.0728***	-4.51			-0.0205**	-2.26
HCE			-0.1062***	-5.49			-0.0302**	-2.53
SCE			-0.0299**	-2.36			-0.0009	-0.12
INASSET	0.0767	1.61	0.0747	1.57	-0.0295	-1.05	-0.0304	-1.08
FIRST1	-0.2766***	6.95	-0.2598***	-6.52	-0.1397***	-5.41	-0.1300***	-5.01
FIRST2-10	-0.2886***	-9.32	-0.2785***	-9.01	-0.0697***	-3.58	-0.0665***	-3.42
RIND	-0.0545	-1.22	-0.0519	-1.17	0.0040	0.14	0.0034	0.12
DEBT	0.1449***	4.93	0.1384***	4.68	0.0629***	3.92	0.0602***	3.70
YTURNR	-0.0291*	-1.73	-0.0301*	-1.80				
STATE					0.1475***	2.62	0.1414**	2.51
CONSTANT	-0.1257***	-3.21	-0.1236***	-3.17	0.3052***	7.92	0.3122***	8.09
观测值	5571		5571		8690		8690	
年度	控制		控制		控制		控制	
F	48.48***		43.92***		53.82***		46.91***	
R^2	0.1458		0.1529		0.0904		0.0918	
Hausman：Prob>chi2	0.0000***		0.0000***		0.0154**		0.0057***	
模型	固定效应		固定效应		固定效应		固定效应	

注：本表回归系数为标准化后的回归系数，***、**、*分别代表在1%、5%和10%的水平上显著。

6.5.3.2 智力资本与会计信息披露质量的回归分析

表 6-16 中，模型 5 显示，OPINION 与 VAIC 在 1% 的水平上显著正相关，说明智力资本能有效提高企业的会计信息披露质量的总体水平。模型 6 中，OPINION 与 PHCE 和 HCE 分别在 5%、1% 的水平上显著正相关，说明物质资本增值效率与人力资本增值效率较高的企业，会计信息披露的质量较高。综合来看，假设 1a、假设 1b、假设 1c 均得到验证。模型 6 中 OPINION 与 SCE 的关系和其他智力资本不同，在 1% 的水平上表现出显著的负相关关系。这也证实了前文我们的猜测，结构资本增值效率对于会计信息披露质量的作用及该作用产生的经济后果具有两面性：①结构资本水平高→详细披露→会计信息披露质量提高→降低投资者风险→资本成本降低；②结构资本水平高→简单披露→会计信息披露质量降低→避免丧失竞争力→提高投资者风险→资本成本上升。本章的研究表明在很大程度上符合②的预期。但该结论并不代表企业的结构资本没有价值，价值创造具有多种途径。我们第 5 章的研究表明，结构资本也显著降低了企业的股权资本成本。只能说明，目前在我们国家，结构资本增值效率可能不能通过提高企业的会计信息披露水平达到降低企业资本成本的目的，但是有可能通过其他途径促进企业资本成本水平的下降。

综上可见，会计信息披露质量符合作为智力资本总体水平影响企业的股权资本成本、债务资本成本的中介变量的第 2 个条件，也符合通过物质资本增值效率、人力资本增值效率、结构资本增值效率影响企业的股权资本成本和债务资本成本的第 2 个条件，同时符合通过物质资本增值效率、人力资本增值效率影响企业的债务资本成本的第 2 个条件。

表 6-16 中介效应检验之步骤 2：检验 a

	因变量=OPINION			
	模型 5		模型 6	
	回归系数	z 值	回归系数	z 值
VAIC	0.2327 ***	4.19		
PHCE			0.0922 **	2.31
HCE			0.3298 ***	5.36
SCE			-0.1127 ***	-3.37
INASSET	0.9527 ***	12.73	0.9234 ***	12.04
FIRST1	0.3810 ***	4.75	0.3767 ***	4.62
FIRST2-10	0.2131 **	2.43	0.2074 **	2.37
RIND	-0.0274	-0.20	-0.0266	-0.19
BOARD	-0.1388 **	-1.99	-0.1277 *	-1.76
DEBT	-0.7167 ***	-17.73	-0.6881 ***	-16.34
YTURNR	0.1595 **	2.43	0.1755 ***	2.62

续表

	因变量=OPINION			
	模型 5		模型 6	
	回归系数	z 值	回归系数	z 值
SHREFORM	0.2616***	2.93	0.2893***	3.19
GROWTH	0.2976***	5.91	0.2570***	5.17
LISTYEAR	-0.6606***	5.51	-0.6940***	-5.75
观测值	10385		10385	
/CUT1	-6.2420		-6.3134	
/CUT2	-5.1178		-5.1855	
/CUT3	-2.9564		-3.0023	
年度/行业	控制		控制	
Prob >chi2	0.0000***		0.0000***	
Pseudo R²	0.3373		0.3474	
模型	有序多值响应模型			

注：本表回归系数为标准化后的回归系数，***、**、* 分别代表在1%、5%和10%的水平上显著

6.5.3.3 资本成本、智力资本与会计信息披露质量的回归分析

进一步在资本成本模型中加入会计信息披露质量变量之后的结果见表6-17。

模型7和模型8中OPINION均在1%的水平上显著负向影响企业的股权资本成本、债务资本成本，这符合我们中介效应检验的第3个条件，表明会计信息披露质量的中介效应是存在的。模型中，VAIC 的 t 值水平及回归系数的绝对值都有所下降①，符合预期，但仍然分别在1%、10%的水平上与股权资本成本、债务资本成本负相关。根据温忠麟和叶宝娟（2014）、温忠麟（2004）、Baron 和 Kenny（1986）等的观点，会计信息披露质量在智力资本整体水平与企业的股权资本成本、智力资本整体水平与企业的债务资本成本中均存在显著的部分中介效应。假设2a、假设3a 均得到验证。

模型9和模型10中，OPINION 也均在1%的水平上显著负向影响企业的股权资本成本和债务资本成本，这符合会计信息披露质量作为智力资本各组成部分与企业的股权资本成本、智力资本各组成部分与企业债务资本成本的中介变量应具备的第3个条件。进一步观察资本成本模型中加入会计信息披露质量变量后的显著性水平。发现：①股权资本成本模型中，PHCE、HCE 和 SCE 依然在1%的水平上与 COE 显著负相关。其中 PHCE、HCE 较加入 OPINION 之前回归系数和 t 值的绝对值都有所下

---

① 股权资本成本模型、债务资本成本模型中加入 OPINION 后的回归系数与 t 值的绝对值分别为 0.0910 和 5.35、0.0175 和 1.70，分别小于未加入 OPINION 之前的 0.1071 和 6.36、0.0230 和 2.25。

6 中介效应研究：智力资本、会计信息披露质量与资本成本

降①，表明 PHCE、HCE 通过影响企业的会计信息披露质量从而降低了企业的股权资本成本，但 SCE 的回归系数和 t 值的绝对值都有所上升②，表明企业会计信息披露质量不是结构资本增值效率影响股权资本成本的有效中介变量；②债务资本成本模型中，PHCE、HCE 依然在 5%、10% 的水平上与 COD 显著负相关。其中 PHCE、HCE 较加入 OPINION 之前回归系数和 t 值的绝对值都有所下降③，表明 PHCE、HCE 通过影响企业的会计信息披露质量从而降低了企业的债务资本成本；但 SCE 的回归系数和 t 值的绝对值都上升④，表明会计信息披露质量不是结构资本增值效率影响债务资本成本的有效中介变量。假设 2b、假设 3b、假设 2c、假设 3c、假设 2d、假设 3d 均得到验证。

在会计信息披露质量模型中，SCE 即具有较为特殊的特征，其水平越高，会计信息披露水平越低，即 a 值为负；而表 6-17 中的 b 值亦为负，即得出 a×b 为正，而此时 c′ 为负，出现了与 c′ 与 a×b 不同号的情况，根据温忠麟和叶宝娟（2014），SCE 通过会计信息披露质量实际上作用于企业的资本成本，但是由于直接效应与间接效应相反，发生了总效应被遮掩的情形。结构资本增值效率不能通过会计信息披露质量对企业的资本成本起到积极的降低作用。

表 6-17　中介效应检验之步骤 3：检验 b 和 c′

	因变量=COE				因变量=COD			
	模型 7		模型 9		模型 8		模型 10	
	回归系数	t 值	回归系数	t 值	回归系数	t 值	回归系数	t 值
VAIC	-0.0910***	-5.35			-0.0175*	-1.70		
PHCE			-0.0693***	-4.31			-0.0195**	-2.15
HCE			-0.0841***	-4.26			-0.0226*	-1.86
SCE			-0.0364***	-2.87			-0.0033	-0.44
OPINION	-0.2612***	-5.38	-0.2487***	-5.04	-0.1124***	-3.56	-0.1027***	-3.20
INASSET	0.0921*	1.94	0.0903*	1.90	-0.0201	-0.71	-0.0219	-0.78
FIRST1	-0.2701***	-6.81	-0.2562***	-6.45	-0.1335***	-5.17	-0.1255***	-4.83
FIRST2-10	-0.2839***	-9.20	-0.2750***	-8.93	-0.0689***	-3.55	-0.0662***	-3.40
RIND	-0.0528	-1.19	-0.0505	-1.14	-0.0689	0.10	0.0024	0.09

---

①　股权资本成本模型中，PHCE 和 HCE 在加入 OPINION 后的回归系数与 t 值的绝对值分别为 0.0693 和 4.31、0.0841 和 4.26，分别小于未加入 OPINION 之前的 0.0728 和 4.51、0.1062 和 5.49。

②　股权资本成本模型中 SCE 在加入 OPINION 后的回归系数与 t 值的绝对值分别为 0.0364 和 2.87，大于未加入 OPINION 之前的 0.0299 和 2.36。

③　债务资本成本模型中，PHCE 和 HCE 在加入 OPINION 后的回归系数与 t 值的绝对值分别为 0.0195 和 2.15、0.0226 和 1.86，分别小于未加入 OPINION 之前的 0.2047 和 2.26、0.0302 和 2.53。

④　债务资本成本模型中 SCE 在加入 OPINION 后的回归系数与 t 值的绝对值分别为 0.0033 和 0.44，大于未加入 OPINION 之前的 0.0009 和 0.12。

续表

	因变量=COE				因变量=COD			
	模型7		模型9		模型8		模型10	
	回归系数	t值	回归系数	t值	回归系数	t值	回归系数	t值
DEBT	0.1166***	3.93	0.1156***	3.88	0.0469***	2.82	0.0469***	2.80
YTURNR	−0.0293*	−1.75	−0.0303*	−1.82				
STATE					0.1418**	2.52	0.1377**	2.44
CONSTANT	0.8966***	4.62	0.8495***	4.31	0.7509***	5.73	5.41	6.03
观测值	5571		5571		8690		8690	
年度	控制		控制		控制		控制	
F	47.34***		42.97***		50.74***		44.52***	
R^2	0.1530		0.1592		0.0922		0.0932	
Hausman: Prob>chi2	0.0001***		0.0000***		0.0987*		0.0375**	
模型	固定效应		固定效应		固定效应		固定效应	

注：本表回归系数为标准化后的回归系数；***、**、*分别代表在1%、5%和10%的水平上显著

6.6 稳健性检验

6.6.1 剔除全部金融业后的检验

在主检验的基础上，进一步剔除金融业后的回归结果见表6-18、表6-19和表6-20，得出了和主检验同样的结论。和第5章一样，金融业未对我们的研究结论产生实质性影响。

表6-18 中介效应检验之步骤1：检验c

	因变量=COE				因变量=COD			
自变量	模型1		模型3		模型2		模型4	
	回归系数	t值	回归系数	t值	回归系数	t值	回归系数	t值
VAIC	−0.1069***	−6.35			−0.0228**	−2.24		
PHCE			−0.0724***	−4.46			−0.0204**	−2.25
HCE			−0.1061***	−5.48			−0.0301**	−2.52
SCE			−0.0307**	−2.42			−0.0007	−0.10
INASSET	0.0775	1.61	0.0770	1.61	−0.0295	−1.05	−0.0304	−1.08
FIRST1	−0.2807***	−7.02	−0.2631***	−6.58	−0.1397***	−5.41	−0.1301***	−5.01
FIRST2-9	−0.2905***	−9.29	−0.2803***	−8.98	−0.0696***	−3.58	−0.0665***	−3.42
RIND	−0.0506	−1.13	−0.0479	−1.08	0.0037	0.13	0.0031	0.11
DEBT	0.1541***	5.19	0.1463***	4.90	0.0630***	3.92	0.0602***	3.70
YTURNR	−0.0285*	−1.68	−0.0294*	−1.74				

6 中介效应研究：智力资本、会计信息披露质量与资本成本

续表

自变量	因变量=COE				因变量=COD			
	模型1		模型3		模型2		模型4	
	回归系数	t值	回归系数	t值	回归系数	t值	回归系数	t值
STATE					0.1475***	2.62	0.1414**	2.51
CONSTANT	−0.1240***	−3.14	−0.1228***	−3.12	0.3052***	7.92	0.3122***	8.09
观测值	5514		5514		8688		8688	
年度	控制		控制		控制		控制	
F	48.73***		44.10***		53.80***		46.89***	
R^2	0.1472		0.1542		0.0904		0.0918	
Hausman：Prob>chi2	0.0000***		0.0000***		0.0000***		0.0000***	
模型	固定效应		固定效应		固定效应		固定效应	

注：本表回归系数为标准化后的回归系数；***、**、*分别代表在1%、5%和10%的水平上显著

表6-19 中介效应检验之步骤2：检验 a

	因变量=OPINION			
	模型5		模型6	
	回归系数	z值	回归系数	z值
VAIC	0.2469***	4.37		
PHCE			0.1072***	2.65
HCE			0.3435***	5.54
SCE			−0.1027***	−3.06
INASSET	0.9565***	12.66	0.9239***	11.95
FIRST1	0.3487***	4.40	0.3418***	4.23
FIRST2-10	0.2017**	2.30	0.1939**	2.21
RIND	−0.0106	−0.08	−0.0082	−0.06
BOARD	−0.1356*	−1.92	−0.1246*	−1.70
DEBT	−0.7180***	−17.66	−0.6887***	−16.19
YTURNR	0.1521**	2.29	0.1671**	2.45
SHREFORM	0.2453***	2.76	0.2719***	3.00
GROWTH	0.2993***	5.96	0.2575***	5.20
LISTYEAR	−0.6695***	−5.55	−0.7085***	−5.84
/CUT1	−6.2623		−6.3439	
/CUT2	−5.1231		−5.2021	
/CUT3	−2.9697		−3.0259	
观测值	10302		10302	
年度/行业	控制		控制	
Prob > chi2	0.0000***		0.0000***	
Pseudo R^2	0.3368		0.3472	
模型	有序多值响应模型			

注：本表回归系数为标准化后的回归系数；***、**、*分别代表在1%、5%和10%的水平上显著

表6-20　中介效应检验之步骤3：检验 b 和 c'

	因变量=COE				因变量=COD			
	模型7		模型9		模型8		模型10	
	回归系数	t值	回归系数	t值	回归系数	t值	回归系数	t值
VAIC	-0.0910***	-5.34			-0.0174*	-1.69		
PHCE			-0.0687***	-4.25			-0.0194**	-2.15
HCE			-0.0842***	-4.26			-0.0225*	-1.85
SCE			-0.0370***	-2.92			-0.0032	-0.42
OPINION	-0.2590***	-5.33	-0.2464***	-4.99	-0.1124***	-3.56	-0.1027***	-3.19
INASSET	0.0925*	1.93	0.0922*	1.93	-0.0201	-0.71	-0.0220	-0.78
FIRST1	-0.2744***	-6.89	-0.2598***	-6.52	-0.1335***	-5.17	-0.1255***	-4.83
FIRST2-10	-0.2855***	-9.17	-0.2764***	-8.89	-0.0689***	-3.55	-0.0662***	-3.40
RIND	-0.0491	-1.10	-0.0468	-1.05	0.0025	0.09	0.0021	0.08
DEBT	0.1260***	4.20	0.1237***	4.11	0.0470***	2.82	0.0469***	2.80
YTURNR	-0.0288*	-1.71	-0.0296*	-1.76				
STATE					0.1418**	2.52	0.1377**	2.44
CONSTANT	0.8898***	4.58	0.8415***	4.26	0.7510***	5.73	0.7181***	5.41
观测值	5514		5514		8688		8688	
年度					控制		控制	
F	47.53***		43.11***		50.72***		44.50***	
R²	0.1543		0.1604		0.0922		0.0932	
Hausman：Prob>chi2	0.0088***		0.0000***		0.0000***		0.0000***	
模型	固定效应		固定效应		固定效应		固定效应	

注：本表回归系数为标准化后的回归系数；***、**、*分别代表在1%、5%和10%的水平上显著

6.6.2　剔除金融业、ST、*ST 企业后的检验

在剔除金融业的基础上，本章进一步剔除了 ST、*ST 类企业进行检验，回归结果见表6-21、表6-22、表6-23。表6-21的回归结果显示，股权资本成本无论与企业的智力资本总体水平，还是与企业的分项智力资本增值效率，依然显著负相关，但债务资本成本仅与企业的智力资本总体水平、人力资本增值效率显著负相关，这与第5章稳健性检验中的研究结论是吻合的。进一步剔除 ST、*ST 类企业导致债务资本成本模型中，物质资本增值效率与债务资本成本的关系不再显著。假设3b未得到进一步的验证，但主检验通过的其他假设依然成立。

6 中介效应研究：智力资本、会计信息披露质量与资本成本

表6-21 中介效应检验之步骤1：检验c

	因变量=COE				因变量=COD			
	模型1		模型3		模型2		模型4	
	回归系数	t值	回归系数	t值	回归系数	t值	回归系数	t值
VAIC	-0.1011***	-5.78			-0.0327***	-3.01		
PHCE			-0.0662***	-3.83			-0.0148	-1.54
HCE			-0.0902***	-4.36			-0.0472***	-3.72
SCE			-0.0335***	-2.62			-0.0036	-0.46
INASSET	0.0221	0.45	0.0270	0.55	-0.0227	-0.78	-0.0198	-0.68
FIRST1	-0.2694***	-6.86	-0.2576***	-6.55	-0.1450***	-5.57	-0.1354***	-5.17
FIRST2-10	-0.2795***	-9.03	-0.2723***	-8.81	-0.0750***	-3.82	-0.0714***	-3.63
RIND	-0.0257	-0.58	-0.0232	-0.53	0.0194	0.69	0.0194	0.69
DEBT	0.1645***	5.47	0.1601***	5.29	0.0586***	3.56	0.0541***	3.25
YTURNR	-0.0261	-1.56	-0.0269	-1.62				
STATE					0.1255**	2.17	0.1163**	2.01
CONSTANT	-0.1491***	-3.82	-0.1478***	-3.80	0.3126***	7.94	0.3224***	8.18
观测值	5391		5391		8438		8438	
年度	控制		控制		控制		控制	
F	46.82***		41.75***		53.75***		46.96***	
R^2	0.1448		0.1498		0.0928		0.0945	
Hausman：Prob>chi2	0.0000***		0.0000***		0.0237**		0.0312**	
模型	固定效应		固定效应		固定效应		固定效应	

注：本表回归系数为标准化后的回归系数；***、**、*分别代表在1%、5%和10%的水平上显著

表6-22 中介效应检验之步骤2：检验a

	因变量=OPINION			
	模型5		模型6	
	回归系数	z值	回归系数	z值
VAIC	0.2416***	4.03		
PHCE			0.1147***	2.64
HCE			0.3339***	4.98
SCE			-0.0842**	-2.42
INASSET	0.9631***	12.30	0.9253***	11.67
FIRST1	0.2913***	3.42	0.2802***	3.24
FIRST2-10	0.2100**	2.30	0.1883**	2.06
RIND	-0.1222	-0.85	-0.1196	-0.81
BOARD	-0.1968***	-2.78	-0.1912***	-2.62
DEBT	-0.7401***	-17.52	-0.7110***	-16.12
YTURNR	0.1165*	1.73	0.1258*	1.81
SHREFORM	0.2220**	2.45	0.2360**	2.54

续表

	因变量=OPINION			
	模型 5		模型 6	
	回归系数	z 值	回归系数	z 值
GROWTH	0.3932***	4.37	0.3419***	4.10
LISTYEAR	-0.6174***	-4.76	-0.6504***	-4.96
/CUT1	-6.4122		-6.4682	
/CUT2	-5.2162		-5.2718	
/CUT3	-3.0256		-3.0630	
观测值	9799		9799	
年度/行业	控制		控制	
Prob > chi2	0.0000***		0.0000***	
Pseudo R^2	0.3348		0.3442	
模型	有序多值响应模型			

注：本表回归系数为标准化后的回归系数；***、**、* 分别代表在1%、5%和10%的水平上显著

表6-23 中介效应检验之步骤3：检验 b 和 c′

	因变量=COE				因变量=COD			
	模型 7		模型 9		模型 8		模型 10	
	回归系数	t 值	回归系数	t 值	回归系数	t 值	回归系数	t 值
VAIC	-0.0864***	-4.91			-0.0274**	-2.51		
PHCE			-0.0653***	-3.80			-0.0139	-1.45
HCE			-0.0662***	-3.15			-0.0389***	-3.03
SCE			-0.0402***	-3.15			-0.0064	-0.81
OPINION	-0.2864***	-5.76	-0.2864***	-5.68	-0.1376***	-4.06	-0.1263***	-3.67
INASSET	0.0418	0.86	0.0472	0.97	-0.0123	-0.42	-0.0109	-0.37
FIRST1	-0.2623***	-6.71	-0.2534***	-6.47	-0.1357***	-5.20	-0.1281***	-4.89
FIRST2-10	-0.2748***	-8.92	-0.2682***	-8.72	-0.0741***	-3.78	-0.0709***	-3.61
RIND	-0.0259	-0.59	-0.0233	-0.53	0.0179	0.64	0.0180	0.64
DEBT	0.1315***	4.32	0.1317***	4.31	0.0400**	2.35	0.0386**	2.25
YTURNR	-0.0259	-1.56	-0.0265	-1.60				
STATE					0.1186**	2.05	0.1116*	1.93
CONSTANT	0.9745***	4.90	0.9753***	4.84	0.8587***	6.12	0.8221***	5.79
观测值	5391		5391		8438		8438	
年度	控制		控制		控制		控制	
F	46.19***		41.48***		51.00***		44.81***	
R^2	0.1533		0.1580		0.0952		0.0964	
Hausman：Prob>chi2	0.0000***		0.0000***		0.0000***		0.0000***	
模型	固定效应		固定效应		固定效应		固定效应	

注：本表回归系数为标准化后的回归系数；***、**、* 分别代表在1%、5%和10%的水平上显著

6.6.3 二等级分类法下的检验

在剔除金融业和ST、*ST类企业的基础上，本章进一步对会计信息披露质量按二等级分类法进行检验。被出具标准无保留意见的企业归为优秀，被出具其他审计意见的归为较差之列。检验结果见表6-24。检验结论与6.6.2节中检验一致。

表6-24 二等级分类法下的中介效应检验

变量	步骤2（因变量=OPINION）		步骤3（因变量=COE）		步骤3（因变量=COD）	
	模型5	模型6	模型7	模型9	模型8	模型10
	回归系数 （z值）	回归系数 （z值）	回归系数 （t值）	回归系数 （t值）	回归系数 （t值）	回归系数 （t值）
VAIC	0.2396*** (3.71)		-0.0983*** (-5.63)		-0.0305*** (-2.81)	
PHCE		0.1390*** (2.83)		-0.0644*** (-3.74)		-0.0118 (-1.22)
HCE		0.2971*** (3.56)		-0.0841*** (-4.06)		-0.0434*** (-3.42)
SCE		-0.0668* (-1.72)		-0.0376*** (-2.94)		-0.0063 (-0.80)
OPINION			-0.3223*** (-4.25)	-0.3141*** (-4.12)	-0.2088*** (-4.11)	-0.1937*** (-3.76)
INASSET	1.1763*** (13.43)	1.1310*** (12.86)	0.0467 (0.95)	0.0512 (1.04)	-0.0072 (-0.25)	-0.0055 (-0.19)
FIRST1	0.3720*** (3.96)	0.3499*** (3.67)	-0.2578*** (-6.57)	-0.2473*** (-6.29)	-0.1338** (-5.12)	-0.1263** (-4.81)
FIRST2-10	0.1815* (1.82)	0.1571 (1.59)	-0.2763*** (-8.95)	-0.2693*** (-8.73)	-0.0749*** (-3.82)	-0.0716*** (-3.64)
RIND	-0.1259 (-0.76)	-0.1202 (-0.72)	-0.0248 (-0.57)	-0.0223 (-0.51)	0.0193 (0.69)	0.0194 (0.69)
BOARD	-0.2208*** (-2.85)	-0.2198*** (-2.77)				
DEBT	-1.0550*** (-15.47)	-1.0087*** (-14.62)	0.1351*** (4.39)	0.1334*** (4.32)	0.0371** (2.15)	0.0351** (2.02)
YTURNR	0.2595*** (3.21)	0.2622*** (3.23)	-0.0252 (-1.52)	-0.0260 (-1.56)		
STATE					0.1192** (2.06)	0.1116* (1.93)
SHREFORM	0.3331*** (3.27)	0.3520*** (3.41)				

续表

变量	步骤2（因变量=OPINION）		步骤3（因变量=COE）		步骤3（因变量=COD）	
	模型5	模型6	模型7	模型9	模型8	模型10
	回归系数（z值）	回归系数（z值）	回归系数（t值）	回归系数（t值）		
GROWTH	0.4759*** (4.19)	0.4073*** (3.61)				
LISTYEAR	-0.5328*** (-3.78)	-0.6086*** (-4.34)				
CONSTANT			0.1556* (1.91)	0.1488* (1.82)	0.5162*** (8.16)	0.5100*** (8.03)
观测值	9799	9799	5391	5391	8438	8438
年度	控制	控制	控制	控制	控制	控制
行业	控制	控制				
F			44.83***	40.29***	51.03***	44.86***
Prob>chi2	0.0000***	0.0000***				
R^2			0.1494	0.1542	0.0952	0.0965
Pseudo R^2	0.4334	0.4419				
Hausman: Prob>chi2			0.0000***	0.0000***	0.0000***	0.0560*
模型	有序多值响应模型		固定效应			

注：本表回归系数为标准化后的回归系数；***、**、*分别代表在1%、5%和10%的水平上显著；步骤1的检验不涉及会计信息披露质量变量，结果同表6-21，不予重复列示

6.6.4 以市账差作为智力资本总水平的代理变量进行的检验

本章在剔除金融业和ST、*ST类企业的基础上以市价与账面价值的差额为智力资本总水平的代理变量进行进一步的检验。检验中对股权资本成本模型中进一步加入β作为控制变量①，债务资本成本模型中进一步加入长短期负债比作为控制变量以加强

---

① 在市场有效的前提下，通常β越大，市场风险越高，投资者要求的报酬率应该上升，但根据袁皓（2007）的研究，当市场处于"牛市"时，股票收益率与β系数显著正相关，而当市场处于"熊市"时，则呈现出显著负相关关系。袁皓. 市场状况、β系数与股票收益截面变动：中国市场的证据［C］//. 估值：前沿与挑战—— 第七届会计与财务问题国际研讨会论文集［A］. 厦门大学会计发展研究中心、厦门大学财务管理与会计研究院、厦门大学会计系：316-327, 2007. 本章的研究显示其回归系数为正，符合理论预期，但未发现β的显著影响。

6 中介效应研究：智力资本、会计信息披露质量与资本成本

结果的稳健性①。检验结果见表6-25、表6-26、表6-27、表6-28。检验结果表明，假设1a依然成立。股权资本成本模型无论是否加入β都显著通过了会计信息披露质量的中介效应检验，假设2a依然得到支持。在债务资本成本模型控制了资产规模、第一大股东持股比例、第2~10大股东持股比例、独立董事比例、长期资本负债率、产权性质和长短期负债比等因素之后，会计信息披露质量的中介效应也显著通过了检验，假设3a得到支持。

表6-25 中介效应检验之步骤1：检验c

	因变量=COE			
	PEG 模型		OJ 模型	
	回归系数（t值）	回归系数（t值）	回归系数（t值）	回归系数（t值）
LNMMB	-0.1982*** (-8.96)	-0.1934*** (-8.29)	-0.2588*** (-11.35)	-0.2602*** (-10.44)
INASSET	-0.1022* (-1.71)	-0.1272** (-2.05)	-0.3025*** (-4.44)	-0.2895*** (-10.44)
FIRST1	-0.1200*** (-2.63)	-0.1170** (-2.44)	-0.0540 (-1.02)	-0.0566 (-1.02)
FIRST2-10	-0.1343*** (-3.87)	-0.1244*** (-3.40)	-0.1482*** (-3.90)	-0.1607*** (-3.82)
RIND	-0.0525 (-1.07)	-0.0560 (-1.10)	-0.0059 (-0.11)	0.0256 (0.43)
DEBT	0.1521*** (4.79)	0.1499*** (4.51)	0.0624 (1.56)	0.0547 (1.25)
YTURNR	-0.0059 (-0.34)	-0.0285 (-1.41)	0.0203 (1.32)	0.0076 (0.37)
BETA		0.0298 (1.48)		0.0173 (0.78)
CONSTANT	-0.1573*** (-3.25)	-0.1127** (-2.22)	-0.0177 (-0.31)	0.0751 (1.29)
观测值	3647	3235	5741	4779

---

① 本章在以市账差为智力资本的代理变量研究会计信息质量与智力资本对债务资本影响的中介效应时，在以总资产负债衡量财务风险的情况下，虽然债务资本成本与智力资本总能力在是否加入会计信息质量的作用时都表现出显著负相关性，但加入会计信息质量变量后的LNMMB回归系数及t值的绝对值并未发现下降。考虑到企业短期负债金额的经常变化，本章进而用长期资本负债率代替了总资产负债率进一步去进行研究问题所在。在以长期资本负债率衡量企业的财务风险后，会计信息质量显著通过了中介效应检验。企业的债权人分为短期债权人和长期债权人。为进一步具体考察短期债务和长期债务所占比率对债务资本成本的影响，检验进一步分是否加入长短期负债比进行，回归结果显示，无论是否加入，会计信息质量的中介效应检验均显著通过。假设3a得到支持。

续表

	因变量=COE			
	PEG 模型		OJ 模型	
	回归系数（t值）	回归系数（t值）	回归系数（t值）	回归系数（t值）
年度	控制	控制	控制	控制
F	23.65***	19.43***	37.92***	31.50***
R^2	0.1331	0.1285	0.1102	0.1172
Hausman：Prob>chi2	0.0000***	0.0000***	0.0000***	0.0000***
模型	固定效应	固定效应	固定效应	固定效应

注：本表回归系数为标准化后的回归系数；***、**、*分别代表在1%、5%和10%的水平上显著

表6-26 中介效应检验之步骤2：检验 a

	因变量=OPINION	
	回归系数	z值
LNMMB	0.1418*	1.72
INASSET	0.9787***	8.30
FIRST1	0.3219***	3.01
FIRST2-10	0.2533**	2.23
RIND	0.0560	0.31
BOARD	-0.2062**	-2.02
DEBT	-0.8272***	-14.21
YTURNR	0.1684*	1.90
SHREFORM	0.3754***	3.16
GROWTH	0.3914***	5.90
LISTYEAR	-0.6940***	-4.71
/CUT1	-6.3074	
/CUT2	-4.9726	
/CUT3	-2.9957	
观测值	6828	
年度/行业	控制	
Prob > chi2	0.0000***	
Pseudo R^2	0.3403	
模型	有序多值响应模型	

注：本表回归系数为标准化后的回归系数；***、**、*分别代表在1%、5%和10%的水平上显著

6 中介效应研究：智力资本、会计信息披露质量与资本成本

表6-27 中介效应检验之步骤3：检验b和c'

	因变量=COE			
	PEG 模型		OJ 模型	
	回归系数（t值）	回归系数（t值）	回归系数（t值）	回归系数（t值）
LNMMB	-0.1958*** (-8.89)	-0.1917*** (-8.25)	-0.2587*** (-11.36)	-0.2600*** (-10.44)
OPINION	-0.2372*** (-4.46)	-0.2251*** (-4.02)	-0.2405** (-2.30)	-0.2702** (-2.41)
INASSET	-0.0750 (-1.26)	-0.1010 (-1.63)	-0.2950*** (-4.32)	-0.2820*** (-3.89)
FIRST1	-0.1248*** (-2.75)	-0.1159** (-2.43)	-0.0450 (-0.85)	-0.0442 (-0.79)
FIRST2-10	-0.1303*** (-3.77)	-0.1217*** (-3.34)	-0.1479*** (-3.90)	-0.1605*** (-3.82)
RIND	-0.0438 (-0.90)	-0.0454 (-0.90)	-0.0021 (-0.04)	0.0313 (0.53)
DEBT	0.1170*** (3.59)	0.1180*** (3.46)	0.0520 (1.29)	0.0425 (0.97)
YTURNR	-0.0056 (-0.33)	-0.0291 (-1.45)	0.0199 (1.30)	0.0065 (0.32)
BETA		0.0297 (1.48)		0.0186 (0.84)
CONSTANT	0.7759*** (3.61)	0.7565*** (3.43)	0.0199 (1.30)	1.1466*** (2.56)
观测值	3647	3235	5741	4779
年度	控制	控制	控制	控制
F	23.58	19.36***	35.46***	29.71***
R^2	0.1424	0.1367	0.1115	0.1188
Hausman：Prob>chi2	0.0000***	0.0066***	0.0000***	0.0000***
模型	固定效应	固定效应	固定效应	固定效应

注：本表回归系数为标准化后的回归系数；***、**、*分别代表在1%、5%和10%的水平上显著

表6-28 中介效应检验之步骤1（检验c）和步骤3（检验b和c'）

	因变量=COD			
	不加入 LSRATIO		加入 LSRATIO	
	回归系数（t值）	回归系数（t值）	回归系数（t值）	回归系数（t值）
LNMMB	-0.0303* (-1.78)	-0.0302* (-1.77)	-0.0303* (-1.77)	-0.0302* (-1.77)
OPINION		-0.0868* (-1.79)		-0.0865* (-1.79)

165

续表

	因变量=COD			
	不加入 LSRATIO		加入 LSRATIO	
	回归系数（t 值）	回归系数（t 值）	回归系数（t 值）	回归系数（t 值）
INASSET	-0.0006 (-0.01)	0.0044 (0.09)	-0.0007 (-0.02)	0.0043 (0.09)
FIRST1	-0.1668*** (-4.20)	-0.1612*** (-4.05)	-0.1666*** (-4.19)	-0.1611*** (-4.04)
FIRST2-10	-0.1161*** (-4.08)	-0.1152*** (-4.05)	-0.1160*** (-4.08)	-0.1152*** (-4.05)
RIND	0.0242 (0.58)	0.0237 (0.57)	0.0239 (0.57)	0.0235 (0.56)
LDEBT①	-0.0964*** (-5.03)	-0.0971*** (-5.06)	-0.0964*** (-5.03)	-0.0971*** (-5.06)
STATE	0.1243 (1.47)	0.1212 (1.43)	0.1240 (1.46)	0.1210 (1.43)
LSRATIO			-0.0129 (-0.27)	-0.0098 (-0.20)
CONSTANT	0.3857*** (10.85)	0.6453*** (3.21)	0.2998*** (5.30)	0.6441*** (3.20)
观测值	5206	5206	5206	5206
年度	控制	控制	控制	控制
F	29.30***	27.31***	27.04***	25.36***
R^2	0.0957	0.0965	0.0957	0.0965
Hausman：Prob>chi2	0.0171**	0.0000***	0.0000***	0.0000***
模型	固定效应	固定效应	固定效应	固定效应

注：本表回归系数为标准化后的回归系数；***、**、*分别代表在1%、5%和10%的水平上显著

综上所述，本章的研究结论是比较稳健的。

---

① 与本章前述研究显著不同的是长期资本负债率的回归系数显著为负，而前述有关研究使用总资产负债率的情况下，多数显著为正。本表另一个值的关注的地方是，LSRATIO 的回归系数虽然不显著，但为负。本章进一步根据 Wind 资讯统计了 2000~2014 年我国 A 股企业的长期负债与短期负债的情况发现：长期负债占总负债比率较低，基本在接近于20%的水平，比较稳定，相对短期负债占比较高；总资产负债率除了2006年超过100%以外，其余年份多在40%~60%。因此，本书认为，基于负债对于企业价值的两面性（积极效应如避税、减少在职消费等，消极效应如增加破产风险等），我国长期负债率不高，所以它的升高发挥了积极作用，进而降低债务资本成本；短期负债率太高，所以它的升高发挥了消极作用，进而提升了债务资本成本）。总资产负债水平主要取决于短期负债率，所以前述研究中显现出随着负债比例加大、债务资本成本升高的状况。

6.7 本章小结

本章在上一章研究的基础上,根据我国上市公司 A 股 2007~2013 年的样本数据,检验了会计信息披露质量是否是智力资本对股权资本成本和债务资本成本发挥作用的具体传导路径。检验方法参照温忠麟和叶宝娟(2014)的思想:先进行逐步检验,再进行系数乘积检验法。会计信息披露质量的中介效应检验基于两个主要方面:①智力资本总水平对于股权资本成本和债务资本成本的作用;②智力资本总水平的三个具体构成方面:物质资本增值效率、人力资本增值效率和结构资本增值效率对于股权资本成本和债务资本成本的作用。

检验结果表明:①智力资本不仅对资本成本具有的直接效应,并且能间接通过会计信息披露质量影响企业的资本成本。②物质资本增值效率通过提高企业的会计信息披露质量降低了企业的股权资本成本;所有检验中,除了个别检验外[①],也都表明会计信息披露质量是物质资本增值效率影响企业债务资本成本的传导路径。③人力资本增值效率显著通过了所有检验,其通过影响企业的会计信息披露质量不仅能显著降低企业的股权资本成本,还能降低企业的债务资本成本水平。④结构资本增值效率与会计信息披露质量的总水平成反向关系,会计信息披露质量不是结构资本增值效率影响企业资本成本的有效中介变量。

通过以上研究结果,我们应意识到:

第一,在三类代表企业智力资本水平的具体构成项目中,会计信息披露质量对人力资本增值效率与资本成本的中介效应体现得最明显:通过了主检验和所有的稳健性检验;在相关资本成本模型中加入会计信息披露质量的代理变量后,其回归系数和 t 值的绝对值要比物质资本增值效率下降的程度要大,见表 6-29。由此可见,人力资本增值效率能更大程度上通过改善企业的会计信息披露质量,进而降低企业的资本成本。可以说,这是人力资本核心作用的进一步体现,也更进一步验证了信号传递理论:根据第 3 章的研究以及本章的描述性统计,均发现人力资本增值效率远大于物质资本增值效率,且特定岗位人力资本的价值随着其经验的增加、知识的积累、眼界的开阔是递增的,虽然人力资本也具有生命周期的特点,但是即便员工从生命特征角度而言进入了衰退期,但其为自己和企业已经树立起来的较好品牌和形象使其人力资本的价值通常不是打折,而是倍增,这是物质资本增值效率所无法比拟的。亦即,从资本成本角度而言,人力资本水平较高的企业会计信息披露具有

[①] 指剔除金融业、ST、*ST 类企业后,以 PEG 方法估算股权资本成本情况下检验会计信息披露质量是否是物质资本增值效率对债务资本成本的中介变量。

更强的融资效应。这就要求我们一方面要更重视人力资本的开发和利用,另一方面要加强对人力资本会计体系的建设和信息披露,使资本成本的积极效用得到更好的发挥。

表 6-29 不同检验的回归系数及 t 值对比表

表序	检验方法		检验对象	回归系数（t 值）				下降程度（%）	
	是否剔除金融业	是否剔除 ST 和*ST 类企业	股权还是债务资本成本	加入 OPINION 前		加入 OPINION 后			
				PHCE	HCE	PHCE	HCE	PHCE	HCE
6.15、6.16、6.17	否	否	股权	-0.0728 (-4.51)	-0.1062 (-5.49)	-0.0693 (-4.31)	-0.0841 (-4.26)	4.81 (4.43)	20.81 (22.40)
6.15、6.16、6.17	否	否	债务	-0.0205 (-2.26)	-0.0302 (-2.53)	-0.0195 (-2.15)	-0.0226 (-1.86)	4.88 (4.87)	25.17 (26.48)
6.18、6.19、6.20	是	否	股权	-0.0724 (-4.46)	-0.1061 (-5.48)	-0.0687 (-4.25)	-0.0842 (-4.26)	5.11 (4.71)	20.64 (22.26)
6.18、6.19、6.20	是	否	债务	-0.0204 (-2.25)	-0.0301 (-2.52)	-0.0194 (-2.15)	-0.0225 (-1.85)	4.90 (4.44)	25.25 (26.59)
6.21、6.22、6.23	是	是	股权	-0.0662 (-3.83)	-0.0902 (-4.36)	-0.0653 (-3.80)	-0.0662 (-3.15)	1.36 (0.78)	26.61 (27.75)
6.21、6.22、6.23	是	是	债务	—	-0.0472*** (-3.72)	—	-0.0389*** (-3.03)	—	17.58 (18.55)
6.24	是	是	股权	-0.0662 (-3.83)	-0.0902 (-4.36)	-0.0644*** (-3.74)	-0.0841*** (-4.06)	2.72 (2.35)	6.76 (6.88)
6.24	是	是	债务	—	-0.0472*** (-3.72)	—	-0.0434*** (-3.42)	—	8.05 (8.06)

注：本表中中介效应检验未通过者未予统计

第二，不同的智力资本对企业会计信息披露质量的影响具有差异性。管理者及相关部门在对企业的会计信息披露质量进行监控时，应注意根据企业智力资本的类型对企业的会计信息披露质量进行区别管理，特别是在企业的结构资本比较突出时，应加大监控的力度。

第三，在本章的研究中，结构资本增值效率通过会计信息披露质量降低资本成本的作用未得到显著体现，研究结果更强烈地体现了结构资本信息私密性的一面。但是我们并不能因此忽视结构资本的建设。因为结构资本是吸引人力资本的先决条件，人力资本必须附着于结构资本才能发挥其价值。从会计信息披露质量角度看，似乎产生了"结构资本悖论"。但该悖论背后隐藏的问题实质是，结构资本对于会计信息披露质量的私密效应要大于信号传递的积极效应。那么破解该悖论的途径之一便是加强对企业结构资本信息的披露监督。但国家应该同时出于保护企业商业竞争能力的需要,加大对企业的结构资本信息的产权保护力度,以避免同业的模仿行为给企业带来巨额损失,或者政府给予相应的补贴。这样企业才有披露真实信息的动力和积极性,从而保护投资者的利益,这样也有利于避免过度的技术垄断,从一个国家或地区整体的经济发展角度来看是有利的,才能从根本上解决结构资本对会计信息披露质量的负向效应问题。

7 一个调节效应：企业生命周期、智力资本与资本成本

7.1 引言

企业生命周期理论认为，企业作为一个生命载体，必然存在孕育、成长、成熟至衰退的过程。企业生命周期的长短是一国经济发展的重要体现。由于企业管理方面的原因，企业可能在发展过程中出现停滞不前，甚至最后消亡的情况。据美国《财富》杂志统计，我国中小企业平均寿命仅有 2.5 年，集团企业平均寿命仅 7~8 年，而欧美企业则为 40 年①。这无疑表明我国在企业管理方面与发达国家存在很大差距。我们必须关注如何基于生命周期的不同阶段对企业进行管理的问题。

进入知识经济时代，智力资本在企业价值创造过程中发挥着越来越重要的作用。既然智力资本其实是企业能够控制的、可以在未来为企业带来超额经济利益的经济资源，本质是企业的一种"资产"，而这种"资产"的价值是具有动态性的，会随着企业生命周期的不同阶段而发生升值或贬值的现象，那么从作为投资者未来投资报酬率的保障和基础角度而言，其作用则会存在不同，从而使不同阶段的资本成本也产生差异。因此，本章在前面研究的基础上，加入企业生命周期作为调节变量，进一步研究智力资本与资本成本之间的关系。

本章的研究目的在于通过分析在企业不同发展阶段智力资本对资本成本影响的特点，明确目前投资者在企业不同阶段基于智力资本进行投资决策的过程中存在的问题，并从内部管理角度寻求与企业生命周期特点相适应，并能促进其资本成本降低的智力资本发展模式及管理办法，从而促进企业生命周期的延续，实现企业的可持续发展。

7.2 理论分析与研究假设

一个企业的智力资本水平是其人力资本、物质资本和结构资本三者增值效率的

---

① 刘琼，颜沁. 寻找十年企业的成长基因 [N]. 第一财经日报，2012 - 11 - 19（T01）.

7 一个调节效应:企业生命周期、智力资本与资本成本

综合考量。根据人力资本理论,人力资本是促进经济发展最为重要的因素。在竞争日益激烈的市场经济体制下,人才战略更是企业发展过程中的核心战略。物质资本是人力资本作用得以发挥的前提,结构资本是人力资本作用得以体现的组织保障。人力资本的缺乏,将使物质资本因利用率下降而过早沉淀、贬值,组织也将面临萎缩。智力资本水平的高低无疑是企业非常重要的竞争优势来源,这种竞争优势使企业在未来能够产生超额利润,可以作为投资者未来报酬率高低以及报酬率是否能实现的保证和基础。因此,智力资本水平较高的企业,更能吸引投资者(包括股东和债权人),从而降低企业的资本成本水平。虽然企业不同生命周期阶段不同类型的智力资本增值效率会有所不同,投资者在企业的不同发展阶段对不同类型的智力资本重视程度可能会有所侧重。但这种侧重其实反映了投资者对企业不同生命周期阶段智力资本总体水平的一种判断或认识:即何种类型的智力资本对企业智力资本总水平的提高贡献更大。从理论上讲,无论企业处于生命周期的哪一阶段,企业智力资本整体水平的高低都将对投资者决策产生至关重要的影响,其中尤为关键的,即是投资者的最低报酬率水平。故本章提出:

假设 1a:智力资本整体水平在企业发展的各个阶段与股权资本成本负相关。

假设 1b:智力资本整体水平在企业发展的各个阶段与债务资本成本负相关。

通常,在成长期阶段,企业的市场规模和组织规模逐渐扩大,管理难度提升,迫切需要培育或引进高素质的人才,人力资本的激励力度也会随之提升。且在该阶段,企业面临更多的机遇与挑战,其经营具有较高的不确定性,高素质的人才更能把握市场稍纵即逝的机遇,降低企业的经营风险,有利于企业的长远发展。而这些是物质资本所不能思考和比拟的。

对于股东而言,其投资没有物质方面的保障,且是一种长期的资本性投资,因此,在风险较高的企业成长期阶段,相较于物质资本,股东更关心企业人力资本的价值对自身报酬率的影响。而债权人则不同,债权人投资是一种有固定偿还时间的契约行为,其投资目标在于贷出资金及衍生利息在贷款有效期限内回收的安全性,对超过贷款期限企业的经营收益因与自身无关,通常不会加以更多的关注。相较于股东而言,债权人则可能从企业短期发展的视角去确定自己合适的最低投资报酬率水平。而企业人力资本的投资收益具有较强的滞后性(钱雪亚等,2013;李亚群等,2013),物质资本的投入则相对具有见效快的特征,且比人力资本和结构资本更具有债务抵押性。因此,债权人可能会更关心企业的物质资本增值效率。

关于结构资本,其形成时间较长,诸如企业的经营理念、企业文化、规章制度、创新投入等都需要较长的时间才能体现其作用,且相较于人力资本和物质资本投资具有较高的收益不确定性,特别是在成长期,企业的结构资本还在不断地发展完善

之中，尚不容易被投资者识别和肯定，因此，投资者，无论是股东或债权人可能相对更侧重于基于其他方面的智力资本来确定自己的投资风险。因此，本章提出假设2。

假设2：成长期，股东比较重视企业人力资本的作用，而债权人更关心企业物质资本的增值效率。

企业到了成熟期，相较于成长期，市场趋于稳定，各种资本投资方向比较明确，资本投资绩效也更大程度上易于被投资者作为企业未来期间经营绩效的一种评价依据。并且，在此阶段，组织规章制度比较规范、灵活，组织文化理念经过长期的各种思想交叉碰撞，逐渐达成共识并被奉为一种精神信仰。客户资源充足，人力资本和组织资本经过长期的投资积淀，其效用也逐渐被显性地体现出来并为投资者熟知或认可。相较于成长期，投资者更愿意且较容易广泛地依赖智力资本的各个方面去确定自己的要求报酬率水平。

而到了衰退期，由于长期以来企业的经营思想或理念已被固化于企业的制度及员工的意识之中，故通常管理层思想比较保守，创新意识较弱，组织比较僵硬，改革困难重重等。这都使智力资本各方面的效应通常受到压抑，很难充分发挥出来。一个后果则是：员工对组织的归属感和依赖程度将降低，员工主动离职率会增加，人才的流失继而会引发物质资本未来增值效率的下降。亦即企业智力资本效率的持续性在衰退期会减弱，投资者也就难以全方位地根据企业各个方面的智力资本状况判断自己未来的投资收益水平。因此，本章提出假设3。

假设3：处于成熟期的企业，较之处于成长期和衰退期的企业，更多类型的智力资本表现出对股权资本成本和债务资本成本的显著作用。

7.3 研究设计

7.3.1 样本选择

本章沿用第6章的做法，以2007~2013年作为研究期间，有关数据的筛选、极端值的处理原则、数据来源同第5章与第6章。在以资本成本作为因变量时，仍然滞后一期处理，同第5章与第6章。

7.3.2 变量设计

7.3.2.1 企业生命周期

关于实证研究中企业生命周期的划分，国内外研究文献主要分为两类：一类采

7 一个调节效应：企业生命周期、智力资本与资本成本

用单一变量指标，如张晓玫等（2015）、唐洋等（2014）、曹裕等（2010）根据单一的销售增长率指标划分企业生命周期阶段；另一类采用多变量指标综合估计企业的生命周期阶段。变量指标综合估计的方法相较于单一变量指标的评判方法，考虑得更全面，因此被大多数学者所采用。但多变量指标的确定目前并不统一，本章借鉴目前大多数研究中使用较广的 Anthony 和 Ramesh（1992）① 关于企业生命周期的划分方法并结合我国实际情况进行了改进。

营业收入增长率、资本支出率和企业年龄是我国绝大多数研究都使用的界定企业生命周期的变量，如李云鹤等（2011）、张美丽等（2015）、崔也光和唐玮（2015）等。在企业高速发展时，企业销售收入增长较快，资本投入也会明显增加，企业发展后期则会呈现相反的现象。企业年龄在企业的生命周期内不断增大，其生命周期特点也是比较明显的。但关于股利支付率，目前在我国争议较大，从理论上而言，通常企业在成长阶段，投资机会较多，企业盈利不稳定，会保有较多的利润用于未来投资以避免融资约束问题，因此，该阶段股利支付率通常较低。而在成熟期，企业盈余波动较小，随着生产经营状况趋于稳定，企业风险防范机制不断完善，股利发放力度会增加；进入衰退期，企业经营实力大大下降，成长机会不多，留存收益中会有更多的盈利用于为职工发放股利，股利支付水平也会高于成长期。相关的一些研究也支持了股利生命周期理论，如罗绮和李辉（2015）、李茂良等（2014）的研究支持了股利生命周期理论。但也有学者认为，中国上市公司普遍不发或较少发放股利，使股利的发放与企业的成长性缺少密切的关系（李云鹤等，2011），股利支付率并不具有企业生命周期的特征（宋福铁和屈文洲，2010）。鉴于此，本章不采用股利支付率指标作为企业生命周期的判断标准。

营业收入增长率、资本支出率均是基于企业权责发生制下的指标，并不能完全代表企业的实际发展能力，本章进一步从收付实现制的角度考虑企业生命周期的界定问题，参考周霞（2014）加入投资支出净现金流量比指标综合评判企业的生命周期②。

本章评判企业的生命周期时，具体做法为：先将样本期间营业收入增长率、资本支出率③、企业年龄、投资支出净现金流量比④分别等分为高、中、低（长、中、短）三类；其中营业收入增长率、资本支出率、投资支出净现金流比按升序排列，

---

① 该文用营业收入增长率、企业年龄、资本支出率、股利支付率四个指标综合度量企业的生命周期。
② 企业股利支付的高低通常与企业现金流有密切的关系，当企业的现金流量支付较多时，股利支付也受到限制，因此，投资支出净现金流量比一定程度上可以作为股利支付率的替代指标，但两者关系相反。
③ 资本支出率＝固定资产净增加额/营业收入。
④ 投资支出净现金流量比＝投资活动所支付现金流量净额/资产。

按高、中、低分别赋值为2、1和0，企业年龄按长、中、短逆序排列，分别赋值为0、1和2。然后将企业四个变量的得分相加为企业的总得分。最后总得分从理论上共有9种情况：0、1、2、3、4、5、6、7和8，按得分从高到低排序将企业分为成长期、成熟期和衰退期三个发展阶段①，得分为6~8的归为成长期，得分为3~5的归为成熟期，得分为0~2的归为衰退期②。

7.3.2.2 其他有关变量

本章债务资本成本模型的有关稳健性检验中进一步加入了年化波动率作为控制变量。资本成本模型中其他有关变量同第6章。

有关变量见表7-1。

表7-1 变量定义表

变量类别	变量名称	变量符号	变量计算
因变量	股权资本成本	COE	
	债务资本成本	COD	
自变量	智力资本整体水平1	VAIC	
	智力资本整体水平2	LNMMB	
	物质资本增值系数	PHCE	
	人力资本增值系数	HCE	
	结构资本增值系数	SCE	
控制变量	企业规模	INASSET	同第六章
	股权集中度1	FIRST1	
	股权集中度2	FIRST2-10	
	独立董事占比	RIND	
	财务风险	DEBT	
	股票流动性	YTURNR	
	产权性质	STATE	
	β	BETA	
	会计信息披露质量	OPINION	
	年化波动率	VOLITY	前24个月的月收益率标准差（12^0.5）
	生命周期	LIFECYCLE	1. 衰退期；2. 成熟期；3. 成长期
	年度变量	YEAR	同第6章
	行业变量	INDU	

---

① 关于企业生命周期公认的阶段划分标准，包括初创期、成长期、成熟期和衰退期。但鉴于我国上市公司已经有一定的规模和实力（根据Wind资讯统计，截至2015年6月底在我国沪深两市上市的A股公司，成立日期与上市日期平均相差7.55年）因此不宜再划分初创期。

② 许多文献按得分进行均分以区别成长期、成熟期和衰退期。本书认为，这样使企业的生命周期划分不太符合企业的发展规律和企业特征，按其特征值得分进行评判更符合逻辑性。

7 一个调节效应：企业生命周期、智力资本与资本成本

7.4 研究模型

本章继续沿用第5章的模型1、模型2作为第7章的模型1、模型2进一步验证不同生命周期阶段智力总能力对股权资本成本、债务资本成本的影响，如下：

模型1：

$$COE_{i,t} = \alpha_0 + \alpha_1 VAIC_{i,t-1} + \sum_{i=2}^{n} \alpha_i Control_{i,t-1} + \xi_{i,t-1} \qquad (7-1)$$

模型2：

$$COD_{i,t} = \alpha_0 + \alpha_1 VAIC_{i,t-1} + \sum_{i=2}^{n} \alpha_i Control_{i,t-1} + \xi_{i,t-1} \qquad (7-2)$$

本章继续沿用第5章的模型14、模型15作为第6章的模型3、模型4进一步验证不同生命周期阶段物质资本增值效率、人力资本增值效率和结构资本增值效率分别对股权资本成本、债务资本成本的影响，如下：

模型3：

$$\begin{aligned} COE_{i,t} = & \alpha_0 + \alpha_1 PHCE_{i,t-1} + \alpha_2 HCE_{i,t-1} + \alpha_3 SCE_{i,t-1} + \\ & \sum_{i=4}^{n} \alpha_i Control_{i,t-1} + \xi_{i,t-1} \end{aligned} \qquad (7-3)$$

模型4：

$$\begin{aligned} COD_{i,t} = & \alpha_0 + \alpha_1 PHCE_{i,t-1} + \alpha_2 HCE_{i,t-1} + \alpha_3 SCE_{i,t-1} + \\ & \sum_{i=4}^{n} \alpha_i Control_{i,t-1} + \xi_{i,t-1} \end{aligned} \qquad (7-4)$$

7.5 实证检验与分析

7.5.1 描述性统计和单因素方差分析

7.5.1.1 我国企业生命周期现状

（1）企业成功转型、新上市企业、摘牌与"剪刀"现象。表7-2和表7-3统计了股权资本成本模型和债务资本成本模型中样本企业的生命周期情况。图7-1和图7-2为两个模型中各年不同生命周期阶段企业占当年样本企业总数的比例的年度变化趋势。两个模型中，各年成熟期企业基本稳定在一半左右，成长期企业和衰退期企业数目均出现了"剪刀"现象：大概以2010年末2011年初为界，在此之前，衰退期企业多于成长期企业，而在此之后，出现相反的态势，至2013年，衰退期和成长期企业数量占比渐趋一致。

对于上市公司而言，成长期阶段企业占比提高主要有三个方面的原因：新上市企业的涌入；衰退期企业向成长型企业转型；退市企业的增加。

股权资本成本模型中，在2011年及以后新上市的企业样本数为658个，占2011年及以后样本总数（3047个）的21.60%，新上市企业生命周期阶段平均值为2.53，生命周期四个指标综评分值平均为5.51分。其中成长阶段企业样本数为375个，占2011年及以后样本总数（3047个）的12.31%，企业生命周期四个指标综评分值为6.72分。债务资本成本模型中，在2011年及以后新上市的企业样本数为1372个，占2011年及以后样本总数（5462个）的25.12%，新上市企业生命周期阶段平均值为2.58，生命周期四个指标综评分值平均为5.68分。其中成长阶段企业样本数为836个，占2011年及以后样本总数（5462个）的15.31%，企业生命周期四个指标综评分值为6.74分。

通常新上市公司成长性较好，从理论上而言，新上市的企业一定程度上有利于成长性企业占比的提高。本章两个模型中的新上市公司中成长阶段企业的确占有一定比例，但期限中更多的是成熟期企业，似乎成熟期企业样本数占比应该增加。但总数据显示，成熟期企业样本各年相对稳定，一个原因即是已上市的成熟期阶段企业已转入衰退期，且数量相当于新上市成熟期企业。一个难以避免的问题是，如果原因如斯，衰退期企业样本数应该增加才更合乎逻辑，但2011年之后却是减少，那么一个呼之欲出的答案自然是我们的衰退期企业成功转型或者被退市。

退市似乎不是主要原因，因为根据Wind数据统计，截至2015年7月底，全部被摘牌企业也不到100家，在我们的样本研究期间被摘牌的不到30家，在2010年末2011年后的样本期间内被摘牌的不到20家。在股权资本成本模型中，2011年及以后被摘牌企业为47个，占2010年及以后样本总数（3047个）的1.54%，其企业生命周期阶段平均值为1.72，生命周期四个指标综评分值平均为2.77分。在债务资本成本模型中，2011年及以后被摘牌企业为141个，占2011年及以后样本总数（5462个）的2.58%，其企业生命周期阶段平均值为1.84，生命周期四个指标综评分值平均为3.22分。到此为止，答案似乎揭晓，有相当的衰退期企业成功转型，提高了2011年之后成长阶段企业的比例。

如图7-1和图7-2所示，在我们的样本期间，整个"剪刀"期仅有4~5年。从衰退期企业向成长型企业转型角度考虑，这个"剪刀"期一定程度上其实代表了企业的生命总周期。这意味着我国上市公司生命总周期并不长，也说明市场竞争的激烈程度在不断增加，百年老店的风光已很难再现。尤其是我国大量上市公司刚上市即已进入成熟期阶段，企业必须不断创新经营，不能墨守成规，否则会很快在激烈的市场竞争中被淘汰，进入衰退期，甚至破产。作为具有特殊竞争优势的智力资本无疑对企业生命周期的调整具有重要作用。

表7-2 股权资本成本模型企业生命周期统计

年份		成长期	成熟期	衰退期	合计
2008	样本	163	415	255	833
	占比（%）	19.57	49.82	30.61	100
2009	样本	201	458	286	945
	占比（%）	21.27	48.47	30.26	100
2010	样本	128	362	256	746
	占比（%）	17.16	48.53	34.32	100
2011	样本	212	387	170	769
	占比（%）	27.57	50.33	22.11	100
2012	样本	339	556	238	1133
	占比（%）	29.92	49.07	21.01	100
2013	样本	302	546	297	1145
	占比（%）	26.38	47.69	25.94	100
全样本	样本	1345	2724	1502	5571
	占比（%）	24.14	48.90	26.96	100

表7-3 债务资本成本模型企业生命周期统计

年份		成长期	成熟期	衰退期	合计
2008	样本	251	462	298	1011
	占比（%）	24.83	45.70	29.48	100
2009	样本	193	365	250	808
	占比（%）	23.89	45.17	30.94	100
2010	样本	297	651	461	1409
	占比（%）	21.08	46.20	32.72	100
2011	样本	581	780	285	1646
	占比（%）	35.30	47.39	17.31	100
2012	样本	632	869	346	1847
	占比（%）	34.22	47.05	18.73	100
2013	样本	532	942	495	1969
	占比（%）	27.02	47.84	25.14	100
全样本	样本	2486	4069	2135	8690
	占比（%）	28.61	46.82	24.57	100

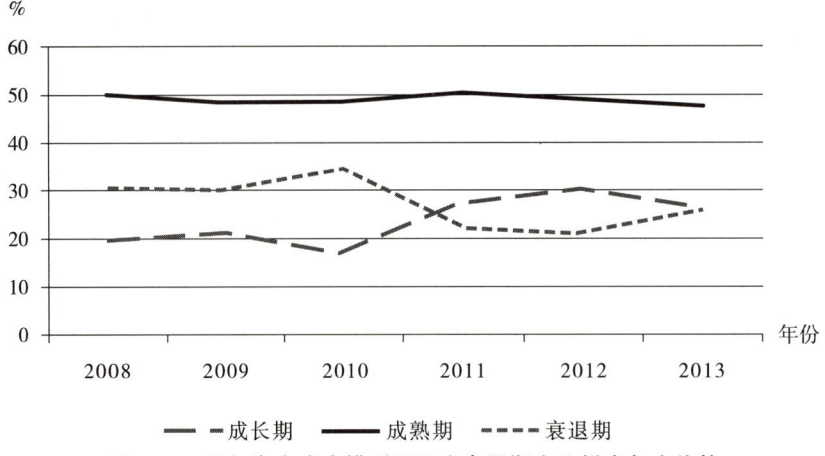

图7-1 股权资本成本模型不同生命周期企业样本年度趋势

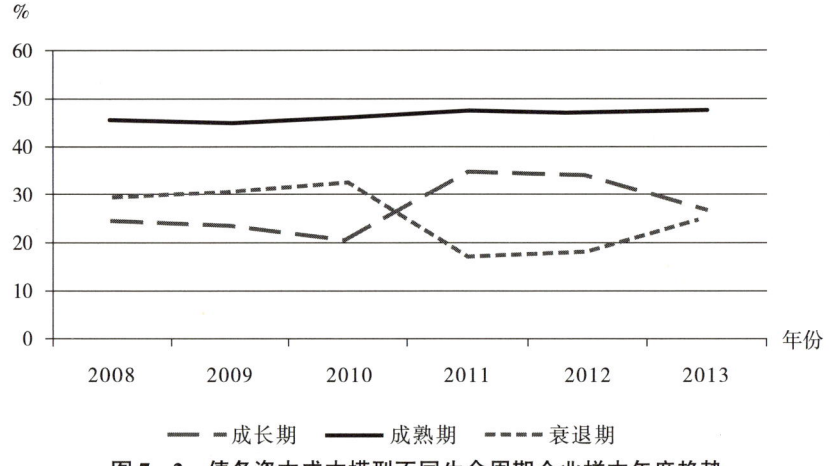

图7-2 债务资本成本模型不同生命周期企业样本年度趋势

(2)企业生命周期构成指标特征。表7-4列示了本章评定企业生命周期所需四个指标在样本期间不同企业生命周期阶段的情况。

从公司年龄来看,样本企业普遍较大,接近于20年,这比较正常,因为我国企业上市至少要有三年无重大违法行为的记录。企业成长期与成熟期年龄平均相差约三年,成熟期与衰退期企业年龄平均相差也接近三年,从成长期到衰退期平均约六年的时间,与上文"剪刀"期几近一致,再一次说明上市公司生命周期并不长。企业必须勇于创新,才能适应市场的需要和发展,也才有机会在一个生命周期末开创一个新局面。

比较资本支出率和投资支出净现金流量比两个指标,虽然基本都符合企业生命周期预期(成长期高,后期低),但是从资本支出率来看,在企业衰退期是负的,甚

7 一个调节效应：企业生命周期、智力资本与资本成本

至在股权资本成本模型中，在成熟期即大大缩减了固定资产投资规模。但从投资支出净现金流量来看，企业又发生了大量购建固定资产、无形资产等其他的长期资产活动。这表明在发展后期，企业可能在考虑投资转型，即一方面缩减某些固定资产投资规模，另一方面增加新的固定资产投资项目，这也是企业寻求长期发展的必经之路。

从投资支出净现金流量比来看，无论在哪个阶段，企业都会发生购建固定资产、无形资产等其他长期资产行为，但是在衰退阶段，投资的增加并不如其他两个阶段那样能带来企业营业收入的膨胀，也表明，企业在衰退期投资效率较低。

总之，四个指标除了企业年龄外，其余三个指标在不同的企业生命周期阶段均具有显著的差异，且分布趋势具有相似的规律，我们的样本期间的分布整体上是符合理论预期的①，即这四个指标之间具有密切的关系，能反映企业的生命周期特征。

表 7-4 企业生命周期构成指标统计

模型	生命周期阶段	营业收入增长率（%）	资本支出率（%）	企业年龄（年）	投资支出净现金流量比（%）
股权资本成本模型	成长期	40.03	30.82	16.31	10.55
	成熟期	11.71	-219.19	19.39	6.74
	衰退期	-74.64	-19.81	22.03	0.50
	全样本	-8.10	-115.30	19.36	5.98
债务资本成本模型	成长期	43.81	23.41	16.10	11.18
	成熟期	8.38	9.68	19.19	6.51
	衰退期	-223.86	-26.05	21.82	0.54
	全样本	-44.32	3.52	18.95	6.37

7.5.1.2 不同生命周期阶段有关变量关系描述性统计

表 7-5 和表 7-6 报告了本章股权资本成本模型和债务资本成本模型的有关变量描述性统计。可以看出：①不同生命周期阶段，企业的 COE 和 COD 根据均值方差检验和 Kwallis 中位数检验，均存在显著差异，随着企业由成长阶段——成熟阶段——衰退阶段的演进企业的资本成本越来越高；企业的 VAIC 在不同企业生命周期阶段也显著通过了均值方差检验和 Kwallis 中位数检验，且随着企业由成长阶段——成熟阶段——衰退阶段的演进，VAIC 越来越低。这从侧面反映出，企业的资本成本和智力资本整体水平会因企业生命周期阶段的不同而存在显著差异，且智力资本总体水平越高，企业资本成本水平越低，再一次印证了前述章节的结论。②企业的各项智力

---

① 唯一例外的是，股权资本成本模型中，资本支出率衰退期相较于成熟期并未减少，但成熟期和衰退期总体是显著低于成长期水平的。

资本构成中,其中 HCE 随着企业由成长阶段——成熟阶段——衰退阶段的演进,越来越低,与各生命周期阶段的资本成本均值水平趋势相反。在股权资本成本模型中,PHCE 的均值与中位数皆在成熟阶段达到最高水平,在债务资本成本模型中,PHCE 中位数在成熟期达到最高,但 PHCE 均值水平随着企业发展越来越低,和资本成本均值水平趋势完全相反。两个资本成本模型中,SCE 的均值水平均是成熟期最低,但中位数是越来越小。③PHCE、HCE 和 SCE 在两个资本成本模型中,均显著通过了均值方差检验和 Kwallis 中位数检验,表明人力资本增值效率、物质资本增值效率和结构资本增值效率因企业生命周期不同存在较大差异。④从其他有关变量的特征来看,随着企业的发展,企业的规模到衰退期最小;负债规模越来越大;处于成熟期和衰退期的企业多属于国有企业,民营企业在成长阶段的较多;企业的股权无论是第一大股东持股比例还是前 2~10 大股东持股比例随着生命周期的推进,均越来越低。这个通常也比较符合现实,在企业发展初期,通常是内部人持股较多,股权集中度相对较高,随着企业日趋成熟,会吸引更多的投资者,所有权与经营权分离度也会不断加大,故而股权集中度会有所下降;企业的换手率在成熟期最低,而在成长期和衰退期较高,可能是在成熟期,企业业绩比较稳定,股东对企业充满信心,从而使意欲长期持有股票的投资者增加,致使股票交易量下降;而在成长期和衰退期,企业风险较大,不乏投机者存在,从而推动基于资本利得目的的投资者交易量上升,但是整体上各生命周期阶段的 YTURNR 并无显著差别(未通过均值方差检验和 Kwallis 中位数检验)。总体而言,各有关控制变量的分布比较符合实际。

表 7-5　股权资本成本模型中有关变量分生命周期阶段描述性统计(观测值=5571)①

变量	成长期(n=1345)			成熟期(n=2724)			衰退期(n=1502)			均值方差检验(p值)	Kwallis中位数检验(p值)
	均值	中位数	标准差	均值	中位数	标准差	均值	中位数	标准差		
COE	0.1117	0.0907	0.0884	0.1267	0.0983	0.1034	0.1485	0.1132	0.1237	0.0000***	0.0001***
VAIC	3.8325	3.2177	2.8472	3.7765	2.9855	3.7713	3.4774	2.7194	4.6557	0.0214**	0.0001***
PHCE	0.2624	0.2277	0.1916	0.2655	0.2358	0.2277	0.2433	0.2113	0.3001	0.0138**	0.0001***
HCE	2.9470	2.3570	2.4975	2.9150	2.1290	3.2454	2.6438	1.8648	3.7852	0.0153**	0.0001***
SCE	0.5878	0.5894	0.3987	0.5506	0.5516	0.4537	0.5566	0.5272	0.6340	0.0743*	0.0001***
INASSET	21.9730	21.6402	1.5194	21.7207	21.5482	1.2233	21.4933	21.4239	1.2200	0.0000***	0.0001***
FIRST1	0.3987	0.3888	0.1578	0.3609	0.3442	0.1536	0.3339	0.2998	0.1496	0.0000***	0.0001***

---

① 股权资本成本模型全样本有关变量描述性统计见表 6-8。

续表

变量	成长期（n=1345）			成熟期（n=2724）			衰退期（n=1502）			均值方差检验（p值）	Kwallis 中位数检验（p值）
	均值	中位数	标准差	均值	中位数	标准差	均值	中位数	标准差		
FIRST2-10	0.2443	0.2317	0.1427	0.2016	0.1837	0.1291	0.1615	0.1373	0.1125	0.0000***	0.0001***
RIND	0.3701	0.3333	0.0562	0.3634	0.3333	0.0492	0.3663	0.3333	0.0524	0.0005***	0.0868*
DEBT	0.4301	0.4287	0.2287	0.4779	0.4800	0.2314	0.5428	0.5347	0.2771	0.0000***	0.0001***
YTURNR	6.7683	5.6970	4.5430	6.6386	5.5551	4.4304	6.7245	5.6590	4.2975	0.6448	0.4752

注：***、**、*分别代表在1%、5%和10%的水平上显著

表7-6 债务资本成本模型中有关变量分生命周期阶段描述性统计（观测值=8690）①

变量	成长期（n=2486）			成熟期（n=4069）			衰退期（n=2135）			均值方差检验（p值）	Kwallis 中位数检验（p值）
	均值	中位数	标准差	均值	中位数	标准差	均值	中位数	标准差		
COD	0.0436	0.0423	0.0244	0.0447	0.0435	0.0245	0.0461	0.0446	0.0277	0.0037***	0.0204**
VAIC	3.9510	3.3481	2.8590	3.7605	3.0330	3.6253	3.7061	2.7999	4.9174	0.0588*	0.0001***
PHCE	0.2757	0.2348	0.1910	0.2733	0.2414	0.2326	0.2465	0.2180	0.3187	0.0000***	0.0001***
HCE	3.0721	2.4573	2.5850	2.8917	2.1601	3.0916	2.7362	1.9242	3.9541	0.0017***	0.0001***
SCE	0.5900	0.6022	0.3573	0.5581	0.5566	0.4480	0.5960	0.5478	0.6839	0.0045***	0.0001***
INASSET	21.8573	21.5594	1.4838	21.8072	21.6633	1.2098	21.5189	21.5019	1.2054	0.0000***	0.0001***
FIRST1	0.3960	0.3928	0.1545	0.3655	0.3523	0.1516	0.3366	0.3007	0.1490	0.0000***	0.0001***
FIRST2-10	0.2519	0.2469	0.1446	0.2009	0.1819	0.1311	0.1646	0.1414	0.1162	0.0000***	0.0001***
RIND	0.3702	0.3333	0.0575	0.3650	0.3333	0.0512	0.3653	0.3333	0.0533	0.0004***	0.0448**
DEBT	0.4300	0.4214	0.2185	0.4954	0.4940	0.2261	0.5823	0.5577	0.2979	0.0000***	0.0001***
STATE	0.4372	0.0000	0.4961	0.5711	1.0000	0.4950	0.6136	1.0000	0.4870	0.0000***	0.0001***

注：***、**、*分别代表在1%、5%和10%的水平上显著

7.5.2 相关性分析

本章股权资本成本模型与债务资本成本模型全样本相关性分析表同表6-13和表6-14，此处不再列示。由于两个模型同第6章模型，本章无须担心多重共线性问题。

7.5.3 回归分析

7.5.3.1 假设1的检验

表7-7和表7-8分别列示了股权资本成本模型和债务资本成本模型在企业不同

---

① 债务资本成本模型全样本有关变量描述性统计见表6-9。

生命周期的回归结果。从表7-7的模型1看，在成长期和成熟期，企业智力资本整体水平均值与企业的股权资本成本在1%的水平上显著负相关，但在企业的衰退期，两者之间关系并不显著，但也为负，假设1a得到了支持。表7-8中，企业智力资本整体水平在成熟期与企业的债务资本成本在1%的水平上显著负相关，在企业的成长期和衰退期两者关系不显著，但均为负，支持了假设1b。

在表6-15的全样本回归结果中，企业智力资本整体水平在1%的水平上显著降低了企业整个生命周期的股权资本成本，在5%的水平上显著降低了企业整个生命周期的债务资本成本。亦即，从整个生命周期来看，投资者是非常关注企业的智力资本总水平对自身报酬率的影响的，但在企业的不同生命周期阶段，其关注度存在差异。从回归结果看，股东在衰退期对企业智力资本整体上的重视程度不如成长期和成熟期①，债权人在衰退期对企业智力资本整体上的重视程度也最低②。

为什么在衰退期企业智力资本对于企业资本成本的效应会弱化？相关研究表明，从投资者角度分析，是因为投资者不愿意或不能依赖于企业目前的智力资本状况判断企业未来的绩效水平，即智力资本对企业绩效水平的效应不再显著，曹裕等(2010)则发现，在衰退期末，企业智力资本整体水平与市场绩效虽正相关，但并不显著。李平(2006)认为，企业在衰退期，虽然智力资本总量较大，但增量较弱，即企业的核心竞争力具有刚性，在成熟期由于不能及时更新，反而会制约企业的发展。企业到了衰退期，通常人浮于事，组织僵化，官僚作风较甚，这都会抑制企业智力资本作用的发挥。由于以上种种情况，投资者无法准确估算智力资本对自己未来投资报酬率的影响，从而较其他企业生命周期阶段更低或不再依赖企业的智力资本状况做出投资决策。这应该引起我们的重视，即在衰退期，企业更需要智力资本开拓新的市场，寻找企业发展的新空间，否则将在市场竞争中被淘汰出局，企业更应该在此阶段重视人才，不能默守陈规，必须充分调动各方面的智力资本要素以保持企业的持续经营与不断发展。

---

① 成长期与成熟期股权资本成本与智力资本总体水平的关系均显著，而在衰退期不显著。

② 成长期与衰退期均不显著。由于成长期与衰退期分属于两个不同的模型：固定效应和随机效应，本章进一步比较了这两个时期的p值，成长期为0.216，而衰退期为0.842，表明衰退期债务资本成本与智力资本总体水平的关系弱于成长期两者之间的关系。但后文在剔除金融业与ST和*ST类企业样本后，发现成长期债务资本成本与智力资本总体水平的回归系数是显著的。但整体回归结果表明，可以认为智力资本总体水平对企业债务资本成本的作用在成长期与成熟期要大于衰退期。

7 一个调节效应：企业生命周期、智力资本与资本成本

表7-7 股权资本成本模型回归结果①

变量	成长期		成熟期		衰退期	
	模型1	模型3	模型1	模型3	模型1	模型3
VAIC	-0.2133*** (-6.94)		-0.1168*** (-3.93)		-0.0295 (-0.90)	
PHCE		-0.0051 (-0.10)		-0.1080*** (-3.83)		-0.0568* (-1.71)
HCE		-0.3778*** (-4.60)		-0.0931*** (-2.77)		-0.0200 (-0.51)
SCE		-0.0247 (-0.78)		-0.0234 (-1.06)		-0.0171 (-0.66)
INASSET	0.1090*** (4.57)	0.0206 (0.15)	-0.1075 (-1.40)	-0.1094 (-1.43)	0.0668 (0.52)	0.0507 (0.40)
FIRST1	-0.0712*** (-2.88)	-0.3350** (-2.44)	-0.2928*** (-4.84)	-0.2796*** (-4.64)	-0.2534*** (-2.73)	-0.2487*** (-2.67)
FIRST2-10	-0.0491** (-2.11)	-0.1882** (-2.54)	-0.2898*** (-5.83)	-0.2754*** (-5.56)	-0.2868*** (-3.38)	-0.2763*** (-3.25)
RIND	-0.0674 (-1.55)	-0.1200 (-1.00)	-0.1569** (-2.31)	-0.1422** (-2.10)	0.0679 (0.66)	0.0734 (0.71)
DEBT	0.1831*** (6.65)	0.2368*** (3.21)	0.1251** (2.34)	0.1325** (2.44)	0.1354** (2.03)	0.1314* (1.94)
YTURNR	0.0102 (0.56)	0.0327 (0.93)	-0.0894*** (-3.42)	-0.0933*** (-3.59)	0.0243 (0.55)	0.0283 (0.64)
CONSTANT	-0.1454 (-0.94)	-0.1062 (-0.92)	-0.0694 (-1.18)	-0.0614 (-1.04)	-0.2242** (-2.26)	-0.2364** (-2.38)
观测值	1345	1345	2724	2724	1502	1502
年度	控制	控制	控制	控制	控制	控制
行业	控制	—	控制	—	控制	—
F/CHI2	342.49***	8.87***	22.25***	20.37***	8.16***	7.24***
R^2	0.2010	0.2137	0.1758	0.1857	0.1351	0.1395
Hausman: Prob>chi2	0.1045	0.0484**	0.0002***	0.0000***	0.0929*	0.0428**
模型	随机效应	固定效应	固定效应	固定效应	固定效应	固定效应

注：本表回归系数为标准化后的回归系数；***、**、*分别代表在1%、5%和10%的水平上显著；括号内为固定效应模型下的t值或随机效应下的z值。

---

① 全样本结果见表6-15中的模型1与模型3。

表7-8 债务资本成本模型回归结果①

变量	成长期		成熟期		衰退期	
	模型2	模型4	模型2	模型4	模型2	模型4
VAIC	-0.0317 (-1.24)		-0.0514*** (-2.90)		-0.0038 (-0.20)	
PHCE		-0.0866*** (-2.73)		0.0289* (1.82)		-0.0279* (-1.66)
HCE		-0.0326 (-0.75)		-0.0943*** (-4.62)		-0.0048 (-0.21)
SCE		0.0120 (0.55)		-0.0098 (-0.76)		0.0041 (0.28)
INASSET	-0.0122 (-0.51)	-0.0265 (-0.37)	0.0314 (0.67)	0.0479 (1.02)	-0.0714 (-0.99)	-0.0754 (-1.05)
FIRST1	-0.0377 (-1.53)	0.0162 (0.21)	-0.1700*** (-4.19)	-0.1609*** (-3.95)	-0.1762*** (-2.79)	-0.1674*** (-2.64)
FIRST2-10	-0.0315 (-1.42)	-0.0369 (-0.84)	-0.0539* (-1.76)	-0.0495 (-1.62)	-0.1485*** (-2.80)	-0.1446*** (-2.73)
RIND	-0.0383 (-1.00)	0.0717 (1.16)	0.0318 (0.70)	0.0352 (0.77)	-0.0495 (-0.77)	-0.0516 (-0.80)
DEBT	0.0838*** (3.43)	0.0649 (1.60)	0.0756*** (2.57)	0.0570* (1.90)	0.1072*** (3.03)	0.1026 (2.86)
STATE	-0.0729 (-1.40)	0.1786 (0.96)	0.0303 (0.34)	0.0259 (0.29)	0.1856 (1.61)	0.1918* (1.66)
CONSTANT	0.7066*** (4.70)	0.2119** (2.00)	0.3590*** (5.76)	0.3649*** (5.84)	0.2412*** (2.63)	0.2419*** (2.62)
观测值	2486	2486	4069	4069	2135	2135
年度	控制	控制	控制	控制	控制	控制
行业	控制	—	—	—	—	—
F/CHI2	171.91***	8.17***	27.16***	24.40***	10.36***	9.12***
R^2	0.0765	0.0802	0.1183	0.1234	0.0954	0.0979
Hausman: Prob>chi2	0.1172	0.0000***	0.0526*	0.0000***	0.0000***	0.0000***
模型	随机效应	固定效应	固定效应	固定效应	固定效应	固定效应

注：本表回归系数为标准化后的回归系数；***、**、*分别代表在1%、5%和10%的水平上显著；括号内为固定效应模型下的t值或随机效应下的z值。

---

① 全样本结果见表6-15中的模型2与模型4。

7.5.3.2 假设 2 的检验

表 7-7 中，企业在成长期，股权资本成本与人力资本增值效率在 1%的水平上显著负相关，而与物质资本增值效率的回归系数虽为负，但并不显著；在表 7-8 中，债务资本成本与物质资本增值效率在 1%的水平上显著负相关，而与人力资本增值效率的回归系数虽为负，但并不显著。无论是股权资本成本还是债务资本成本，在成长期，均与企业的结构资本增值效率关系不显著。该结果表明在成长阶段，股东主要根据企业的人力资本情况、债权人主要根据企业的物质资本增值效率确定各自的要求报酬率水平，假设 2 成立。这其实也反映出：中小企业在成长期融资难的原因。中小企业在成长期因没有过多的物质资本作为抵押，而债权人在企业的成长期又过于看重物质资本的作用，从而使中小企业发展出现"瓶颈"。

7.5.3.3 假设 3 的检验

表 7-7 中，通过比较不同智力资本在企业各生命周期阶段与股权资本成本的关系，发现：在成长期，股权资本成本仅与人力资本增值效率具有显著相关性；在衰退期也仅与物质资本增值效率显著相关；而在成熟期，与人力资本增值效率和物质资本增值效率均具有显著相关性。这表明，在成熟期，有更多方面的智力资本会影响到企业股东的决策。

进而比较表 7-8 中不同智力资本在各生命周期阶段与债务资本成本的关系发现：在成长期与衰退期，债务资本成本都仅与物质资本增值效率具有显著相关性；而在成熟期，与人力资本增值效率和物质资本增值效率均具有显著相关性。这表明，在成熟期，与股权资本成本类似，有更多方面的智力资本会影响到企业债权人的决策。

虽然在成熟期物质资本增值效率在 1%的水平与企业的债务资本成本相关，但是回归系数符号为负。即在成熟期出现了企业的物质资本增值效率对企业的债务资本成本具有显著负面影响的现象。这是值得深思的一个问题。从经济学的角度讲，物质资本具有沉淀性，该沉淀性的缘由之一为企业物质资本的专用性。当物质资本的边际产品价值较高时，物质资本处于正投资状态，边际产品价值较低时处于负投资状态，介于两者之间时投资者可能处于观望状态，原因之一则是有沉淀成本的存在。在成熟期，由于企业此前经历了大规模的投资，资产达到饱和状态，继续投资则很可能出现投资过剩，从而导致沉淀成本的发生，物质资本的增加并不会使其增值效率得到很好的发挥，反而会使企业的资金因投资于物质资本而产生更大的机会成本。那么对于债权人，在此阶段，当企业的物质资本增加时，投资风险不是降低而是上升，物质资本价值创造额增加，但企业总价值可能下降。由此使物质资本增值效率与企业的债务资本成本产生正相关关系。等到衰退期，企业大规模压缩其物质资本投资规模（如处置固定资产等）至边际产品价值较高区域后，则物质资本增值效率与企业的债务资本成本可能回归至负相关关系。

这里值得一提的是，在股权资本成本模型中，在成熟阶段，股权资本成本与物质资本则是正常的负相关关系。为何两个模型出现相反的情况？从表7-4可发现，股权资本成本模型和债务资本成本模型中虽然投资支出净现金流量比均为正，但是前者的样本企业在成熟期的资本支出率是负的，为-219.19%，而后者的样本企业在成熟期的资本支出率是正值，为9.68%。这表明，股权资本成本模型中的样本企业从成熟期即大量减少固定资产投资，或转行新的产品，而债务资本成本模型中的企业虽然放慢了速度，但仍在大量增加固定资产投资。可以推测，在债务资本成本模型中更多的企业出现了沉淀成本现象。至此，在成熟阶段，股权资本成本与企业的物质资本增值效率负相关，而债务资本成本与企业的物质资本增值效率正相关，从经济学"沉淀成本"的角度可以得到合理的解释。

以上表明，无论是股东还是债权人，在企业成熟阶段会比其他生命周期阶段考虑更多的智力资本因素去确定最低报酬率水平，假设3得到支持。

7.6 稳健性检验

7.6.1 剔除全部金融企业后的检验

在主检验的基础上，进一步剔除了全部金融企业后，回归结果见表7-9和表7-10。股权资本成本依旧在成长期与成熟期阶段与企业的智力资本整体水平在1%的水平上显著负相关，在衰退期不显著，但回归系数符号仍为负。债务资本成本与企业的智力资本整体水平在成熟期仍在1%的水平上显著负相关，在企业的成长期和衰退期两者关系不显著，但均为负。表明假设1a和假设1b依然成立。且企业的智力资本整体水平对债务资本成本的关系依旧在衰退期最弱[①]。

在成长期，股权资本成本与人力资本增值效率在1%的水平上显著负相关，而与物质资本增值效率的回归系数虽为负，但并不显著；债务资本成本与物质资本增值效率在1%的水平上显著负相关，而与人力资本增值效率的回归值虽为负，但并不显著。表明假设2依然成立。

在成长期阶段，股权资本成本仅与人力资本增值效率具有显著相关性；在衰退

---

① 衰退期债务资本成本与智力资本总体水平的回归系数的t值低于成熟期，成长期与成熟期均不显著。由于成长期与衰退期分属于两个不同的模型：固定效应和随机效应，本章进一步比较了这两个时期的p值，成长期为0.216，而衰退期为0.512，表明衰退期债务资本成本与智力资本总体水平的关系也弱于成长期两者之间的关系。

7 一个调节效应：企业生命周期、智力资本与资本成本

期仅与物质资本增值效率显著相关；而在成熟期，与人力资本增值效率和物质资本增值效率均具有显著相关性。而债务资本成本在成长期与衰退期都仅与物质资本增值效率具有显著相关性；在成熟期，与人力资本增值效率和物质资本增值效率均具有显著相关性。这表明，在成熟期，相较于企业的其他生命周期阶段，依旧有更多类型的智力资本会显著影响到股东或债权人的决策，假设3依然成立。

综上，金融业未对我们的研究结论产生实质性影响，是否完全剔除金融企业与主检验的结论都完全一致。

表7-9 股权资本成本模型回归结果①

变量	成长期		成熟期		衰退期	
	模型1	模型3	模型1	模型3	模型1	模型3
VAIC	-0.2121*** (-6.85)		-0.1148*** (-3.86)		-0.0292 (-0.89)	
PHCE		-0.0051 (-0.10)		-0.1066*** (-3.77)		-0.0556* (-1.67)
HCE		-0.3779*** (-4.60)		-0.0915*** (-2.71)		-0.01945 (-0.50)
SCE		-0.0247 (-0.78)		-0.0233 (-1.06)		-0.0177 (-0.68)
INASSET	0.1091*** (4.52)	0.0206 (0.15)	-0.1061 (-1.38)	-0.1080 (-1.41)	0.0702 (0.55)	0.0546 (0.42)
FIRST1	-0.0683*** (-2.72)	-0.3350** (-2.44)	-0.2930*** (-4.84)	-0.2801*** (-4.64)	-0.2632*** (-2.82)	-0.2585*** (-2.76)
FIRST2-10	-0.0457* (-1.94)	-0.1882** (-2.54)	-0.2904*** (-5.82)	-0.2759*** (-5.54)	-0.2871*** (-3.37)	-0.2768*** (-3.24)
RIND	-0.0695 (-1.58)	-0.1200 (-1.00)	-0.1492** (-2.18)	-0.1355** (-1.99)	0.0655 (0.63)	0.0706 (0.68)
DEBT	0.1882*** (6.72)	0.2368*** (3.21)	0.1315** (2.43)	0.1379** (2.52)	0.1428** (2.13)	0.1391** (2.05)
YTURNR	0.0110 (0.59)	0.0327 (0.93)	-0.0896*** (-3.42)	-0.0933*** (-3.58)	0.0259 (0.58)	0.0299 (0.67)
CONSTANT	-0.0933 (-0.60)	-0.1050 (-0.91)	-0.0701 (-1.18)	-0.0625 (-1.06)	-0.2236** (-2.24)	-0.2360** (-2.36)
观测值	1328	1328	2704	2704	1482	1482
年度	控制	控制	控制	控制	控制	控制

---

① 全样本结果见表6-18中的模型1与模型3。

续表

变量	成长期		成熟期		衰退期	
	模型1	模型3	模型1	模型3	模型1	模型3
行业	控制	—	—	—	—	—
F/CHI2	338.03***	8.87***	22.16***	20.25***	8.21***	7.27***
R^2	0.2010	0.2137	0.1758	0.1855	0.1371	0.1414
Hausman：Prob>chi2	0.1636	0.0357**	0.0001***	0.0511*	0.0290**	0.0492**
模型	随机效应	固定效应	固定效应	固定效应	固定效应	固定效应

注：本表回归系数为标准化后的回归系数；***、**、*分别代表在1%、5%和10%的水平上显著；括号内为固定效应模型下的 t 值或随机效应下的 z 值。

表 7-10　债务资本成本模型回归结果①

变量	成长期		成熟期		衰退期	
	模型2	模型4	模型2	模型4	模型2	模型4
VAIC	-0.0317 (-1.24)		-0.0514*** (-2.90)		-0.0038 (-0.20)	
PHCE		-0.0866*** (-2.73)		0.0289* (1.82)		-0.0279* (0.098)
HCE		-0.0326 (-0.75)		-0.0943*** (-4.62)		-0.0048 (-0.21)
SCE		0.0120 (0.55)		-0.0098 (-0.76)		0.0041 (0.28)
INASSET	-0.0122 (-0.51)	-0.0265 (-0.37)	0.0314 (0.67)	0.0479 (1.02)	-0.0714 (-0.99)	-0.0754 (-1.05)
FIRST1	-0.0377 (-1.53)	0.0162 (0.21)	-0.1701*** (-4.19)	-0.1609*** (-3.95)	-0.1762*** (-2.79)	-0.1674*** (-2.64)
FIRST2-10	-0.0315 (-1.42)	-0.0369 (-0.84)	-0.0539* (-1.76)	-0.0495 (-1.62)	-0.1485*** (-2.80)	-0.1446*** (-2.73)
RIND	-0.0383 (-1.00)	0.0717 (1.16)	0.0318 (0.70)	0.0352 (0.77)	-0.0495 (-0.77)	-0.0516 (-0.80)
DEBT	0.0838*** (3.43)	0.0649 (1.60)	0.0756*** (2.57)	0.0570* (1.90)	0.1072*** (3.03)	0.1026*** (2.86)
STATE	-0.0729 (-1.40)	0.1786 (0.96)	0.0303 (0.34)	0.0259 (0.29)	0.1856 (1.61)	0.1918* (1.66)

① 全样本结果见表 6-18 中的模型 2 与模型 4。

续表

变量	成长期		成熟期		衰退期	
	模型2	模型4	模型2	模型4	模型2	模型4
CONSTANT	0.7066*** (4.70)	0.2119** (2.00)	0.3588*** (5.76)	0.3647*** (5.83)	0.2410*** (2.63)	0.2418*** (2.62)
观测值	2486	2486	4068	4068	2134	2134
年度	控制	控制	控制	控制	控制	控制
行业	控制	—	—	—	—	—
F/CHI2	171.91***	8.17***	27.16***	24.40***	10.36***	9.12***
R^2	0.0765	0.0802	0.1183	0.1234	0.0954	0.0979
Hausman: Prob>chi2	0.1172	0.0000***	0.0000***	0.0000***	0.0000***	0.0000***
模型	随机效应	固定效应	固定效应	固定效应	固定效应	固定效应

注：本表回归系数为标准化后的回归系数；***、**、*分别代表在1%、5%和10%的水平上显著；括号内为固定效应模型下的t值或随机效应下的z值

7.6.2 剔除金融业、ST、*ST企业后的检验

在主检验的基础上剔除了金融类企业后，进一步剔除了ST和*ST类企业，回归结果见表7-11和表7-12。股权资本成本在成长期与成熟期阶段与企业的智力资本整体水平仍然在1%的水平上显著负相关，在衰退期不显著，但回归系数为负。与前面检验不同的是，债务资本成本与企业的智力资本整体水平不仅在成熟期而且在成长期均在1%的水平上显著负相关，在衰退期两者关系依旧不显著，但均为负。表明假设1a和假设1b依然成立。且衰退期企业的智力资本整体水平对股权资本成本及债务资本成本的关系依旧均最弱，且体现得更为明显。

在成长期，股权资本成本与人力资本增值效率在1%的水平上显著负相关，而与物质资本增值效率关系不显著；债务资本成本与物质资本增值效率在1%的水平上显著负相关，但与人力资本增值效率的回归系数并不显著。假设2检验结果不变。

在成长期，股权资本成本仅与人力资本增值效率具有显著相关性；在衰退期与代表智力资本成本水平的各组成部分关系均不显著；而在成熟期，与人力资本增值效率、物质资本增值效率和结构资本增值效率均表现出显著的负相关性。在成长期阶段，债务资本成本仅与物质资本增值效率具有显著相关性；而在成熟期，债务资本成本与人力资本增值效率和物质资本增值效率均具有显著相关性；在衰退期与代表智力资本水平的各组成部分关系均不显著。更多类型的智力资本在成熟期影响到了股东或债权人要求的最低报酬率水平，假设3检验依然通过。

表 7-11 股权资本成本模型回归结果①

变量	成长期		成熟期		衰退期	
	模型 1	模型 3	模型 1	模型 3	模型 1	模型 3
VAIC	-0.1782*** (-5.74)		-0.1412*** (-4.57)		-0.0064 (-0.19)	
PHCE		0.0019 (0.04)		-0.0879*** (-3.03)		-0.0508 (-1.47)
HCE		-0.2631*** (-3.09)		-0.0828** (-2.36)		0.0169 (0.39)
SCE		-0.0437 (-1.36)		-0.0459** (-2.03)		-0.0117 (-0.47)
INASSET	0.1100*** (4.48)	0.0406 (0.29)	-0.1241 (-1.63)	-0.1289* (-1.69)	-0.2472* (-1.72)	-0.2636* (-1.83)
FIRST1	-0.0701*** (-2.85)	-0.3337** (-2.47)	-0.2709*** (-4.53)	-0.2690*** (-4.49)	-0.1683* (-1.85)	-0.1694* (-1.86)
FIRST2-10	-0.0449* (-1.94)	-0.1890*** (-2.59)	-0.2666*** (-5.38)	-0.2567*** (-5.18)	-0.2305*** (-2.76)	-0.2221*** (-2.65)
RIND	-0.0571 (-1.32)	-0.1168 (-0.98)	-0.1390** (-2.06)	-0.1210* (-1.79)	0.1482 (1.50)	0.1523 (1.54)
DEBT	0.1832*** (6.12)	0.2482*** (3.37)	0.1105** (2.05)	0.1392** (2.55)	0.2347*** (3.35)	0.2412*** (3.36)
YTURNR	0.0119 (0.66)	0.0330 (0.95)	-0.0837*** (-3.24)	-0.0855*** (-3.30)	0.0480 (1.13)	0.0506 (1.19)
CONSTANT	-0.1456 (-0.96)	-0.1080 (-0.94)	-0.0802 (-1.36)	-0.0823 (-1.40)	-0.3388*** (-3.49)	-0.3509*** (-3.60)
观测值	1310	1310	2654	2654	1427	1427
年度	控制	控制	控制	控制	控制	控制
行业	控制	—	—	—	—	—
F/CHI2	315.88***	7.65***	21.72***	18.87***	8.59***	7.52***
R^2	0.1919	0.1916	0.1747	0.1770	0.1476	0.1508
Hausman: Prob>chi2	0.2039	0.0787*	0.0001***	0.0000***	0.0130**	0.0000***
模型	随机效应	固定效应	固定效应	固定效应	固定效应	固定效应

注：本表回归系数为标准化后的回归系数；***、**、*分别代表在1%、5%和10%的水平上显著；括号内为固定效应模型下的t值或随机效应下的z值。

---

① 全样本结果见表 6-21 中的模型 1 与模型 3。

7 一个调节效应：企业生命周期、智力资本与资本成本

表 7-12 债务资本成本模型回归结果①

变量	成长期		成熟期		衰退期	
	模型 2	模型 4	模型 2	模型 4	模型 2	模型 4
VAIC	-0.0757** (-1.98)		-0.0565*** (-3.10)		-0.0134 (-0.64)	
PHCE		-0.0996*** (-2.90)		0.0302* (1.85)		-0.0215 (-1.20)
HCE		-0.0298 (-0.65)		-0.0946*** (-4.61)		-0.0300 (-1.16)
SCE		0.0110 (0.49)		-0.0105 (-0.78)		0.0063 (-0.43)
INASSET	-0.0090 (-0.12)	-0.0484 (-0.63)	0.0426 (0.90)	0.0588 (1.24)	-0.0384 (-0.50)	-0.0363 (-0.47)
FIRST1	0.0046 (0.06)	0.0149 (0.19)	-0.1823*** (-4.47)	-0.1745*** (-4.27)	-0.1806*** (-2.82)	-0.1705*** (-2.65)
FIRST2-10	-0.0444 (-1.00)	-0.0419 (-0.94)	-0.0640** (-2.09)	-0.0602** (-1.97)	-0.1579*** (-2.96)	-0.1534*** (-2.87)
RIND	0.0692 (1.10)	0.0719 (1.14)	0.0403 (0.88)	0.0453 (0.99)	0.0058 (0.09)	0.0053 (0.08)
DEBT	0.0350 (0.86)	0.0714* (1.67)	0.0635** (2.13)	0.0452 (1.48)	0.1149*** (3.17)	0.1092*** (2.97)
STATE	0.1644 (0.81)	0.1475 (0.73)	0.0011 (0.01)	0.0008 (0.01)	0.1802 (1.55)	0.1746 (1.49)
CONSTANT	0.2185* (1.94)	0.2352** (2.09)	0.3672*** (5.79)	0.3689*** (5.79)	0.2226** (2.40)	0.2339** (2.50)
观测值	2444	2444	3962	3962	2032	2032
年度	控制	控制	控制	控制	控制	控制
F	8.56***	8.03***	26.96***	24.14***	10.59***	9.30***
R^2	0.0736	0.0801	0.1201	0.1249	0.1024	0.1048
Hausman: Prob>chi2	0.0000***	0.0000***	0.0533*	0.0000***	0.0000***	0.0000***
模型	固定效应	固定效应	固定效应	固定效应	固定效应	固定效应

注：本表回归系数为标准化后的回归系数；***、**、*分别代表在1%、5%和10%的水平上显著；括号内为 t 值

在剔除金融业及 ST、*ST 类企业的情况下，本章的假设得到全部支持。

---

① 全样本结果见表 6-21 中的模型 2 与模型 4。

7.6.3 以市账差作为智力资本总水平的代理变量进行的检验

本章在剔除金融业和ST、*ST类企业的基础上以市价与账面价值的差额为智力资本总水平的代理变量进行进一步的检验。检验中对股权资本成本模型进一步加入β作为控制变量,债务资本成本模型进一步加入年化波动率以加强结果的稳健性①。回归结果(见表7-13和表7-14)表明:股权资本成本在企业的三个生命周期阶段均与智力资本总体水平显著负相关;债务资本成本在成熟期与企业的智力资本总体水平在5%的水平上显著负相关,但在其他两个阶段与企业的智力资本总体水平回归系数不显著,但均为负。以上表明,在以市账差作为智力资本总水平的代理变量的情况下,假设1a和假设1b依然得以成立。

表7-13 股权资本成本模型回归结果②

变量	成长期		成熟期		衰退期	
	回归系数 (t值)	回归系数 (t值)	回归系数 (t值)	回归系数 (t值)	回归系数 (t值)	回归系数 (t值)
LNMMB	-0.1330*** (-3.11)	-0.1018** (-2.18)	-0.1558*** (-8.18)	-0.2079*** (-6.16)	-0.1465** (-2.31)	-0.1135*** (-3.60)
INASSET	-0.0965 (-0.68)	-0.1740 (-1.13)	0.0115 (0.44)	-0.1023 (-1.12)	-0.1636 (-0.88)	-0.1178*** (-2.99)
FIRST1	-0.0735 (-0.60)	-0.0410 (-0.31)	-0.0572*** (-2.77)	-0.1002 (-1.29)	-0.1525 (-1.39)	-0.0152 (-0.47)
FIRST2-10	-0.0907 (-1.28)	-0.0265 (-0.32)	-0.0495** (-2.45)	-0.1310** (-2.26)	-0.1237 (-1.24)	-0.0205 (-0.58)
RIND	0.0344 (0.27)	0.0458 (0.34)	-0.0516 (0.04)	-0.0545 (-0.71)	0.0642 (0.54)	0.0027 (0.04)
DEBT	0.2381*** (3.56)	0.2332*** (3.15)	0.1700*** (7.69)	0.0191 (0.33)	0.2501*** (3.20)	0.2430*** (9.41)
YTURNR	0.0229 (0.75)	0.0196 (0.46)	-0.0261* (-1.68)	-0.0550* (-1.84)	-0.0206 (-0.38)	-0.0247 (-0.76)
BETA		0.0352 (0.87)		0.0422 (1.38)		0.0259 (0.74)
CONSTANT	-0.2514* (-1.96)	-0.2858** (-2.25)	0.3683*** (2.56)	-0.0712 (-0.98)	-0.2460 (-1.85)	-0.0632 (-0.44)
观测值	928	697	1808	1646	911	892

---

① 收益率的波动是企业经营风险的一种表现,但企业经营风险可以转化为财务风险,但又不完全相同,经营风险的增加同样提高了债权人的投资风险,会导致债务资本成本上升。

② 全样本结果见表6-25中PEG模型回归结果。

7 一个调节效应：企业生命周期、智力资本与资本成本

续表

变量	成长期		成熟期		衰退期	
	回归系数（t值）	回归系数（t值）	回归系数（t值）	回归系数（t值）	回归系数（t值）	回归系数（t值）
年度	控制	控制	控制	控制	控制	控制
行业	—	—	—	—	—	控制
F/CHI2	6.78***	4.93***	296.86***	6.96***	4.10***	229.60***
R^2	0.2539	0.2513	0.1688	0.1260	0.1424	0.2226
Hausman：Prob>chi2	0.0000***	0.0003***	0.3386	0.0018***	0.0001***	0.4794
模型	固定效应	固定效应	随机效应	固定效应	固定效应	随机效应

表7-14 债务资本成本模型回归结果

变量	全样本		成长期		成熟期		衰退期	
	回归系数	t值	回归系数	t值	回归系数	t值	回归系数	z值
LNMMB	-0.0425**	-2.24	-0.0281	-0.57	-0.0635**	-2.29	-0.0107	-0.34
INASSET	-0.1048**	-2.14	0.0204	0.12	0.03888	0.53	-0.0515	-1.29
FIRST1	-0.1500***	3.66	0.0640	0.41	-0.2552***	4.07	-0.1061***	3.25
FIRST2-10	-0.0780**	-2.55	-0.1313	-1.54	-0.1154**	-2.47	-0.0996***	2.94
RIND	0.0412	0.95	0.0042	0.03	0.1003	1.45	-0.0017	-0.03
DEBT	0.0669**	2.53	0.0712	0.96	0.0123	0.26	0.1130***	4.49
STATE	0.1524	1.75	0.0911	0.12	-0.1078	-0.81	-0.0054	-0.09
VOLITY	0.0184	0.99	0.0089	0.16	-0.0259	-0.91	0.0632*	1.95
CONSTANT	0.2804***	4.32	0.2447	0.59	0.5268***	5.26	-0.2877	-1.16
观测值	4440		927		2251		1262	
年度	控制		控制		控制		控制	
行业	—		—		—		控制	
F/CHI2	25.72***		2.30***		14.87***		147.57***	
R^2	0.1047		0.0775		0.1473		0.1036	
Hausman：Prob>chi2	0.0000***		0.0000***		0.0000***		0.6923	
模型	固定效应		固定效应		固定效应		随机效应	

注：本表回归系数为标准化后的回归系数；***、**、*分别代表在1%、5%和10%的水平上显著；括号内为固定效应模型下的t值或随机效应下的z值。

7.6.4 CAPM模型下的检验

考虑到企业在不同生命周期阶段的风险性具有显著差异，本章改用风险报酬估值技术的经典模型——CAPM模型重新估算企业的股权资本成本，在主检验的基础上剔除金融业和ST、*ST类企业的基础上重新进行了研究，回归结果见表7-15。

股权资本成本在成长期、成熟期与衰退期阶段与企业的智力资本整体水平分别在5%、1%与10%的水平上显著负相关,假设1a检验结果不变。且依然是在衰退期企业的智力资本整体水平对企业的股权资本成本影响从显著性水平上看最弱。

在成长期,股权资本成本与人力资本增值效率在5%的水平上显著负相关,而与其他智力资本关系不显著,即在成长阶段股东更重视人力资本增值效率的作用。这依然给假设2提供了支持证据。

在成长期阶段,股权资本成本仅与人力资本增值效率具有显著相关性;在衰退期与人力资本增值效率、结构资本增值效率均显著负相关;而在成熟期,与人力资本增值效率、物质资本增值效率和结构资本增值效率均表现出显著的负相关性。更多类型的智力资本在成熟期显著影响了股东最低报酬率水平,假设3依然通过检验。

表7-15 股权资本成本模型回归结果

变量	全样本 模型1	全样本 模型3	成长期 模型1	成长期 模型3	成熟期 模型1	成熟期 模型3	衰退期 模型1	衰退期 模型3
VAIC	-0.0672*** (-5.91)		-0.1108** (-2.47)		-0.0804*** (-3.82)		-0.0344* (-1.88)	
PHCE		-0.0235** (-2.19)		-0.0010 (-0.02)		-0.0438** (-2.26)		-0.0120 (-0.73)
HCE		-0.0657*** (-5.03)		-0.1316** (-2.48)		-0.0575** (-2.36)		-0.0433** (-2.03)
SCE		-0.0254*** (-3.01)		-0.0071 (-0.28)		-0.0326** (-2.17)		-0.0296** (-2.16)
INASSET	0.2210*** (6.64)	0.2238*** (6.72)	0.4131*** (4.08)	0.4087*** (4.02)	0.1593*** (2.88)	0.1549*** (2.79)	0.2434*** (3.41)	0.2460*** (3.45)
FIRST1	-0.1638*** (-5.81)	-0.1535*** (-5.42)	-0.1225 (-1.32)	-0.1186 (-1.27)	-0.1615*** (-3.64)	-0.1551*** (-3.48)	-0.0923 (-1.56)	-0.0831 (-1.39)
FIRST2-10	-0.2085*** (-9.34)	-0.2044*** (-9.16)	-0.2739*** (-4.82)	-0.2712*** (-4.76)	-0.1773*** (-4.99)	-0.1765*** (-4.97)	-0.1640*** (-3.23)	-0.1605*** (-3.16)
RIND	-0.0397 (-1.28)	-0.0387 (-1.25)	-0.0131 (-0.17)	-0.0039 (-0.05)	-0.0778 (-1.50)	-0.0752 (-1.45)	0.0105 (0.17)	0.0105 (0.17)
DEBT	-0.1532*** (-7.69)	-0.1545*** (-7.69)	-0.2639*** (-4.40)	-0.2655*** (-4.41)	-0.1147*** (-3.33)	-0.1059*** (-3.03)	-0.1556*** (-4.33)	-0.1573*** (-4.30)
YTURNR	0.0231* (1.85)	0.0234* (1.88)	-0.0649* (-1.95)	-0.0659** (-1.98)	0.0184 (0.95)	0.0174 (0.90)	0.0778*** (2.93)	0.0779*** (2.93)
CONSTANT	-0.2216*** (-7.91)	-0.2171*** (-7.74)	-0.1767** (-2.23)	-0.1744** (-2.20)	-0.1774*** (-4.12)	-0.1711*** (-3.95)	-0.3148*** (-5.04)	-0.3078*** (-4.92)
观测值	8811	8811	1833	1833	4409	4409	2569	2569
年度	控制	控制	控制	控制	控制	控制	控制	控制
F	739.05***	635.05***	117.37***	100.57***	303.57***	260.89***	170.82***	147.16***

续表

变量	全样本		成长期		成熟期		衰退期	
	模型1	模型3	模型1	模型3	模型1	模型3	模型1	模型3
R^2	0.5612	0.5619	0.5919	0.5923	0.5571	0.5579	0.5696	0.5711
Hausman: Prob>chi2	0.0000***	0.0000***	0.0000***	0.0000***	0.0000***	0.0000***	0.0000***	0.0000***
模型	固定效应	固定效应	固定效应	固定效应	固定效应	固定效应	固定效应	固定效应

注：本表回归系数为标准化后的回归系数；***、**、*分别代表在1%、5%和10%的水平上显著；括号内为t值

7.6.5 加入会计信息披露质量变量后的检验

根据第6章的结果，会计信息披露质量可能对资本成本产生重要影响，故进一步将会计信息披露质量作为控制变量进行了检验。检验剔除了金融业、ST、*ST类企业，同时用PEG和CAPM两种股权资本成本方法检验①。同时对债务资本成本模型亦加入会计信息披露质量作为控制变量进行了检验。回归结果见表7-16、表7-17、表7-18。检验结果依然支持本章的假设。

表7-16 PEG股权资本成本模型回归结果

变量	成长期		成熟期		衰退期	
	模型1	模型3	模型1	模型3	模型1	模型3
VAIC	-0.2799*** (-4.58)		-0.1154*** (-5.99)		-0.0324 (-1.41)	
PHCE		-0.0016 (-0.03)		-0.0913*** (-3.14)		-0.0499 (-1.44)
HCE		-0.2378*** (-2.80)		-0.0732** (-2.06)		0.0337 (0.78)
SCE		-0.0590* (-1.82)		-0.0495*** (-2.18)		-0.0129 (-0.52)
INASSET	0.0855 (0.64)	0.0711 (0.51)	0.0328 (1.48)	-0.1195 (-1.56)	-0.0183 (-0.56)	-0.2303 (-1.59)
FIRST1	-0.2709** (-2.03)	-0.2847** (-2.11)	-0.0579*** (-2.92)	-0.2677*** (-4.47)	-0.0431 (-1.47)	-0.1784** (-1.96)
FIRST2-10	-0.1824** (-2.55)	-0.1702** (-2.37)	-0.0601*** (-3.03)	-0.2550*** (-5.14)	-0.0726** (-2.25)	-0.2228*** (-2.66)
RIND	-0.1411 (-1.21)		-0.0826** (-2.12)	-0.1195* (-1.77)	0.0204 (0.37)	0.1486 (1.50)

---

① 需要注意的是，在表7-16回归结果的检验中，虽然在成长期HCE和SCE均显著，但系数具有显著差异（系数差异性检验下p值为0.0484）。故仍表明在成长期，股东更关心企业的人力资本增值能力。

续表

变量	成长期		成熟期		衰退期	
	模型1	模型3	模型1	模型3	模型1	模型3
DEBT	0.1597** (2.11)	0.1805** (2.35)	0.2105*** (9.57)	0.1328** (2.43)	0.2157*** (8.06)	0.1985*** (2.66)
YTURNR	0.0257 (0.75)	0.0317 (0.92)	-0.0440*** (-2.65)	-0.0865*** (-3.34)	0.0438 (1.56)	0.0507 (1.19)
OPINION	-0.6788*** (-3.61)	-0.5135*** (-2.66)	-0.4717*** (-8.52)	-0.1347 (-1.64)	-0.3739*** (-6.06)	-0.2253** (-1.98)
CONSTANT	2.5407*** (3.44)	1.8321** (2.42)	0	0.4487 (1.36)	0	0.5374 (1.17)
观测值	1310	1310	2654	2654	1427	1427
年度	控制	控制	控制	控制	控制	控制
行业	控制	—	控制	—	控制	—
F/CHI2	351.45***	8.19***	637.82***	17.82***	395.04***	7.32***
R^2	0.1338	0.2024	0.2213	0.1788	0.2308	0.1564
Hausman: Prob>chi2	0.3239	0.0685*	0.9933	0.0000***	0.2044	0.0198**
模型	随机效应	固定效应	随机效应	固定效应	随机效应	固定效应

注：本表回归系数为标准化后的回归系数；***、**、*分别代表在1%、5%和10%的水平上显著；括号内为固定效应模型下的t值或随机效应下的z值

表7-17 CAPM股权资本成本模型回归结果

变量	成长期		成熟期		衰退期	
	模型1	模型3	模型1	模型3	模型1	模型3
VAIC	-0.0989** (-2.21)		-0.0836*** (-3.93)		-0.0336* (-1.83)	
PHCE		-0.0106 (-0.25)		-0.0430** (-2.22)		-0.0118 (-0.71)
HCE		-0.0919* (-1.66)		-0.0622** (-2.50)		-0.0427** (-1.99)
SCE		-0.0133 (-0.52)		-0.0312** (-2.07)		-0.0296** (-2.15)
INASSET	0.4106*** (4.07)	0.4111*** (4.05)	0.1537*** (2.77)	0.1505*** (2.70)	0.2449*** (3.43)	0.2471*** (3.45)
FIRST1	-0.0926 (-0.99)	-0.0918 (-0.98)	-0.1647*** (-3.70)	-0.1576*** (-3.53)	-0.0923 (-1.56)	-0.0833 (-1.40)
FIRST2-10	-0.2621*** (-4.62)	-0.2622*** (-4.61)	-0.1770*** (-4.98)	-0.1762*** (-4.96)	-0.1641*** (-3.23)	-0.1606*** (-3.16)

7 一个调节效应：企业生命周期、智力资本与资本成本

续表

变量	成长期		成熟期		衰退期	
	模型 1	模型 3	模型 1	模型 3	模型 1	模型 3
RIND	-0.0140 (-0.18)	-0.0095 (-0.12)	-0.0782 (-1.51)	-0.0756 (-1.46)	0.0095 (0.16)	0.0098 (0.16)
DEBT	-0.2734*** (-4.57)	-0.2736*** (-4.55)	-0.1092*** (-3.13)	-0.1019*** (-2.90)	-0.1601*** (-4.22)	-0.1605*** (-4.17)
YTURNR	-0.0708** (-2.13)	-0.0700** (-2.10)	0.0188 (0.97)	0.0177 (0.92)	0.0776*** (2.92)	0.0777*** (2.92)
OPINION	-0.3694*** (-2.89)	-0.3370*** (-2.52)	0.0625 (1.05)	0.0551 (0.91)	-0.0232 (-0.37)	-0.0169 (-0.27)
CONSTANT	1.2851** (2.51)	1.1574** (2.16)	-0.4247* (-1.78)	-0.3886 (-1.61)	-0.2230 (-0.88)	-0.2410 (-0.95)
观测值	1833	1833	4409	4409	2569	2569
年度	控制	控制	控制	控制	控制	控制
F/CHI2	109.81***	94.81***	280.31***	243.54***	157.60***	137.28***
R^2	0.5954	0.5950	0.5573	0.5581	0.5696	0.5712
Hausman: Prob>chi2	0.0000***	0.0000***	0.0000***	0.0000***	0.0000***	0.0000***
模型	固定效应	固定效应	固定效应	固定效应	固定效应	固定效应

注：本表回归系数为标准化后的回归系数；***、**、* 分别代表在 1%、5% 和 10% 的水平上显著；括号内为固定效应模型下的 t 值或随机效应下的 z 值

表 7-18 债务资本成本模型回归结果

变量	成长期		成熟期		衰退期	
	模型 2	模型 4	模型 2	模型 4	模型 2	模型 4
VAIC	-0.0722* (-1.89)		-0.0483*** (-2.62)		-0.0088 (-0.42)	
PHCE		-0.1026*** (-2.99)		0.0286* (1.75)		-0.0762 (-1.07)
HCE		-0.0122 (-0.26)		-0.0828*** (-3.92)		-0.0063 (-0.91)
SCE		0.0044 (0.20)		-0.0144 (-1.05)		-0.0161 (-0.55)
INASSET	-0.0028 (-0.04)	-0.0425 (-0.56)	0.0599 (1.26)	0.0720 (1.51)	-0.0215 (-0.28)	-0.0207 (-0.27)
FIRST1	0.0347 (0.43)	0.0418 (0.51)	-0.1735*** (-4.25)	-0.1677*** (-4.10)	-0.1795*** (-2.81)	-0.1709*** (-2.66)

续表

变量	成长期		成熟期		衰退期	
	模型2	模型4	模型2	模型4	模型2	模型4
FIRST2-10	-0.0351 (-0.78)	-0.0353 (-0.79)	-0.0653** (-2.13)	-0.0617** (-2.01)	-0.1570*** (-2.95)	-0.1531*** (-2.87)
RIND	0.0630 (1.00)	0.0649 (1.03)	0.0428 (0.94)	0.0473 (1.04)	-0.0121 (-0.19)	0.0115 (-0.18)
DEBT	0.0283 (0.70)	0.0671 (1.57)	0.0490 (1.62)	0.0356 (1.16)	0.0721* (1.82)	0.0702* (1.75)
STATE	0.1650 (0.82)	0.1443 (0.71)	-0.0087 (-0.10)	-0.0057 (-0.06)	0.1771 (1.53)	0.1734 (1.49)
OPINION	-0.1858* (-1.80)	-0.1690 (-1.57)	-0.1383*** (-2.75)	-0.1189** (-2.31)	-0.2121*** (-2.58)	-0.2016** (-2.43)
CONSTANT	0.9443** (2.26)	0.8972** (2.06)	0.9198*** (4.36)	0.8421*** (3.92)	1.0681*** (3.13)	1.0806*** (3.16)
观测值	2444	2444	3962	3962	2032	2032
年度	控制	控制	控制	控制	控制	控制
F/CHI2	8.17***	7.67***	25.53***	22.93***	10.33***	9.11***
R^2	0.0759	0.0819	0.1229	0.1269	0.1077	0.1096
Hausman: Prob>chi2	0.0000***	0.0000***	0.0867*	0.0000***	0.0000***	0.0000***
模型	固定效应	固定效应	固定效应	固定效应	固定效应	固定效应

注：本表回归系数为标准化后的回归系数；***、**、*分别代表在1%、5%和10%的水平上显著；括号内为固定效应模型下的t值或随机效应下的z值

7.7 本章小结

本章根据我国上市公司A股2007~2013年的样本数据，从企业生命周期的角度进一步研究了智力资本对企业资本成本的动态效应。本章主要借鉴了Anthony和Ramesh（1992）以及周霞（2014）关于企业生命周期的划分方法，并结合我国的实际情况进行了改进，最后使用营业收入增长率、资本支出率、企业年龄、投资支出净现金流量比四个指标对样本公司的生命周期进行了划分，在此基础上对我国上市公司不同企业生命周期的智力资本对股权资本成本和债务资本成本的影响进行了实证研究。

本章研究结果表明：①企业的不同生命周期阶段，整体而言，智力资本水平的提高有益于股权资本成本和债务资本成本的降低。但不同条件下的绝大多数回归结

7 一个调节效应：企业生命周期、智力资本与资本成本

果都表明，这种积极影响显著作用于企业的成长期和成熟期，而在衰退期最弱。②在企业成长期，股东对企业的人力资本增值效率更关注，而债权人更多考虑了企业的物质资本水平对其投资的影响。③企业各类智力资本对股权资本成本和债务资本成本的显著作用在企业的成熟期较之其他发展阶段得到了更全面的体现。

通过研究，我们应该关注以下问题：

第一，由于不同类型的智力资本在企业不同发展阶段对投资者的影响具有明显差异，故企业要结合企业生命周期特点对智力资本进行有针对性地开发和管理，发挥智力资本的优势，抑制其劣势，以促进智力资本对资本成本降低效应的最大发挥。

第二，不仅要从制度上，更要从意识上扭转目前债权人在成长阶段轻"智力"重"物质"的现象，以促进中小企业的健康发展。由于债权人在企业成长期更重视物质资本的作用，而中小企业在成长阶段缺乏雄厚的固定资本作为债务担保，使中小企业融资难的问题成为一个非常普遍的社会问题。目前阶段，之所以出现债权人重视物质资本的现象，与中小企业较高的成长风险不无关系。另外，智力资本评估体系及担保机制不完善也是一个非常重要的原因。智力资本的担保功能是可以通过制度设计得以提升的，忽视企业的智力资本，会使投资者低估有价值的公司，公司的一些危机也可能被表面的繁荣所掩盖（徐冬根，2009），这将误导债权人的投资决策。

第三，企业应注意物质资本的沉淀效应问题，防止投资不足或过剩，以促进物质资本增值效率对资本成本积极作用的发挥。其实，所有投资成本皆可能存在沉淀成本（汤吉军，2013）。只不过在本章的有关回归检验中，并没有显著地体现出来，但是也存在某些阶段，人力资本增值效率、结构资本增值效率与资本成本回归系数为正的现象，但并不显著。企业应特别予以关注，防止该现象的扩大。

第四，从成长期债务人更重视物质资本增值效率可以明显看出，物质资本对债权人的投资决策影响非常重大。这似乎和前两章的研究在剔除ST和*ST类企业后的结果矛盾（物质资本增值效率与债务资本成本回归结果不显著）。但进一步分析发现，由于本章债务资本成本模型的回归结果中，在成熟期虽然显著，但系数为正，由于成熟期样本量较其他两个阶段较大，因此可能抵消了其他两个阶段的积极效应，从而使全样本下，物质资本增值效率的显著作用未能体现出来。本章的研究进一步将物质资本增值效率对于债权人的影响通过加入生命周期调节变量更明确、具体地体现出来。

第五，由于债权人不参与企业的收益分配及公司治理，其自身利益很难和股东一样与企业利益密切相关，且信息不对称情况可能更为严重，对企业智力资本的掌握情况也就逊于股东。出于私人利益及智力资本评估风险的考虑，债权人则可能更

重视物质资本增值效率对自身报酬率的影响。如何使债权人利益与企业的长期利益协调一致？沈晨光（2012）认为，债权人参与企业的公司治理具有非常重要的意义，在"股权治理"模型下，企业负债率越高，绩效水平越低，债权人的权利就越难以得到保障。目前这方面的研究相对缺乏，但就其意义而言，应是我们未来的研究方向之一。

第六，结构资本增值效率在全样本及企业不同生命周期阶段在所有检验中均未表现出对债权人的显著影响，表明债权人非常不重视企业的组织能力。作为人力资本和物质资本作用得以发挥的基础平台，债权人必须对结构资本的作用给予应有的关注。

8 结论、启示与展望

8.1 研究结论

本书以我国沪深两市 A 股公司为研究对象，在对我国智力资本与资本成本的现状进行剖析的基础之上，对智力资本对于资本成本的效应进行了研究，包括智力资本对资本成本的直接效应、会计信息披露质量的中介作用以及企业生命周期的调节作用。本书主要研究结论如下：

（1）我国智力资本发展状况极不均衡，行业、地区差异较大。从行业看，智力资本总水平具有显著差异性及稳定性；从智力资本总水平看，房地产业以及政府管制较严的交通运输业和电力、热力、燃气业较高，而住宿和餐饮业以及信息传输、软件和信息技术服务业、科学研究和技术服务业较低；人力资本和结构资本水平与行业智力资本总水平情况类似；物质资本增值能力方面，租赁和商务服务业，文化、体育和娱乐业，建筑业较高；而金融业，水利、环境和公共设施管理业、农、林、牧、渔业较低。从地区看，不同经济区域智力资本水平东北部最高，东部大于中部，西部近几年智力资本水平有所上升，从位居末位逐渐超越东部和中部至前列，区域智力资本差异在逐渐减小。

（2）智力资本水平越高，资本成本越低，但不同类型的智力资本对资本成本的影响存在差异：智力资本增值效率对资本成本的影响要大于物质资本增值效率对资本成本的影响，且两者对股权资本成本的作用要大于对债务资本成本的作用；人力资本增值效率能显著降低企业的股权、债务及加权平均资本成本，但结构资本增值效率仅能显著降低企业的股权资本成本；人力资本是影响企业资本成本的核心智力资本因素。

（3）智力资本总水平及其人力资本增值效率和物质资本增值效率的提高均有助于显著提升企业的会计信息披露质量，从而降低其股权及债务资本成本，但结构资本增值效率与会计信息披露质量呈反向关系，会计信息披露质量不是结构资本增值效率影响资本成本的有效中介变量。

（4）企业不同生命周期阶段智力资本与资本成本的关系存在显著差异，成长期和成熟期较强，衰退期较弱；成长期，股东对企业的人力资本增值效率更为关注，而债权人更多考虑了企业的物质资本水平对其投资的影响；成熟期，更多类型的智力资本对资本成本的显著作用得到了体现。

8.2 启示与建议

（1）以智力资本，特别是人力资本增值效率为核心优化企业资本投资结构，促进各种资本有比例地协调发展。无论是从上市公司整体还是从行业或地区看，整体上人力资本增值效率>结构资本增值效率>物质资本增值效率。人力资本对于企业资本成本的积极作用整体上也优于其他资本。但从投资规模看，虽然不同资本的投资规模都呈逐年递增趋势，但物质资本投资占比远大于智力资本投资占比，结构资本从投资规模上并不低于且很多年份高于人力资本投资。企业应根据资本价值创造效率的特征适度、合理调整资本投资比例，以提升智力资本总水平，从而切实促进我国企业经济由粗放型向集约型转变。

（2）加强行业管控，实现智力资本的行业差异化管理。行业智力能力的差异性及稳定性，说明行业特征对企业智力资本有明显的影响，如规制行业的垄断性和我国特殊的土地产权制度一定程度上导致房地产行业的暴利性、科学研究行业的非营利性和风险性等，从理论上而言都能一定程度地影响企业各种资本的增值能力。政府应针对行业的特殊性，适当调整产业政策和行业政策，对微利行业或风险较高的行业给予适当的政策倾斜，从而盘活其各种资本，实现对不同行业智力资本的差异化管理，以全面提高整个社会的智力资本水平。

（3）智力资本增值效率与投资规模并重。行业智力能力与资本的投资规模具有密切的联系，投资规模力度的加大通常伴随着智力总能力的提升，如在智力能力较高且相对稳定的房地产业和电力、热力、燃气业即是如此。但相关行业投资效率低下的问题也不容忽视。如科学研究和技术服务业，物质资本、人力资本和结构资本投资额年均增长率基本都高于样本行业上市公司平均水平，但其智力能力除了物质资本增值能力以外，其他方面均为行业较低水平，物质资本增值能力也不突出。相关行业应注意合理调整其投资规模，不唯"要素驱动"、"规模驱动"，完善其投资政策，避免资金浪费，从而提高其智力资本水平。

（4）促进区域智力资本能力的协调发展。虽然近几年各区域智力资本水平的差距在不断缩小，但部分是建立在一些经济区域智力资本水平下降的基础之上的，我们必须在加强各区域智力资本开发与管理，提高其智力资本水平的基础之上，逐渐缩小各区域的差距，以此促进经济的可持续发展。

(5) 考虑企业的智力资本状况对企业会计信息质量进行监管。相关部门在对企业的会计信息披露质量进行监控时，应注意根据企业智力资本的类型对企业的会计信息披露质量进行区别管理，特别是在企业的结构资本比较突出时，应加大监控的力度。基于一些企业结构资本私密性较强的特征，国家可通过加大对企业结构资本信息的产权保护力度，以避免同业的模仿行为给企业带来巨额损失，或者政府给予相应的补贴，这样企业才有披露信息的动力和积极性，从而保护投资者的利益。

(6) 企业要结合其生命周期特点对智力资本有针对性地开发和管理。在企业的不同生命周期阶段，不同类型的智力资本的资本成本效应存在差异，对智力资本进行分级、分类、分阶段管理有助于提升企业竞争力，促进企业智力资本融资功能的最大发挥。

(7) 建全相关制度体系建设，提高债权人对智力资本的重视程度。结构资本在全样本及企业不同生命周期阶段在所有检验中均未表现出对债权人的显著影响，以及债权人在成长阶段轻"智力"重"物质"的现象均表明债权人对智力资本的重视程度不够。这相当程度上会导致融资企业的价值被低估，从而影响企业，尤其是中小企业的融资能力。政府应加强智力资本的评估与担保体系建设，或建立债权人参与企业管理制度等，在保护债权人利益的基础上为企业融资提供更便利的条件。

8.3 局限性和未来研究方向

智力资本与资本成本关系的研究，目前尚属于一个崭新的领域。本书基于相关理论的分析，在对我国智力资本与资本成本现状进行调查的基础之上，进一步对智力资本对于资本成本的效应研究进行了大胆、有益的尝试。虽然本书针对该方面的研究得出了一些有益的结论，但鉴于个人能力及数据所限，仍然存在一些局限性，这也是未来我们应继续努力的研究方向。

(1) 智力资本估算方法问题。智力资本的估算是一个复杂的问题，鉴于非财务角度衡量智力资本的方法在调查研究过程中样本的局限性，本书主要使用了传统且应用相对普遍的以财务数据估算智力资本的 VAIC 法对企业智力资本水平进行了衡量，兼用市值账面差进行了稳健性研究。但该方法仅是对企业智力资本水平高低的衡量，对智力资本类型的界定并不具体，特别是结构资本更是一个整体而宽泛的概念，而不是特指企业某一方面的组织能力、先进的生产方法、有哪些优质的客户资源、某一类无形资产等。本书的研究旨在从企业智力资本水平角度探讨其对资本成本的影响效应问题，未来的研究我们可以尝试其他非财务计量方法，对某一具体的智力资本进行深入探讨。

（2）股权资本成本估算方法问题。股权资本成本的估算目前相对比较成熟。本书基于普遍适用性的原则，并考虑研究对象的不同，分别选择了折现现金流估值技术中使用较为广泛的PEG、OJ和GLS三种方法，以及风险报酬估值技术中的经典模型CAPM方法进行了估算及实证研究。但鉴于股权资本成本估算方法众多，本书无法用所有的估算方法进行研究，而不同的估算方法结果具有差异性，未来我们可以通过其他方法进一步对本书研究结论的合理性进行验证。

（3）非上市公司问题。鉴于数据可获得性，本书仅对我国上市公司进行了研究，非上市公司在我国企业中占绝大多数，且面临更严重的融资问题，如何有效使用、开发和管理其智力资本更具有深意。未来我们将通过对非上市公司的研究，对我国企业智力资本对于资本成本的作用机理进一步深入挖掘和剖析，以全面了解我国企业智力资本状况，寻找提高我国企业智力资本水平的有益举措，以促进社会资本的合理配置，提高社会资本总效率。

（4）内生性问题。资本成本的影响因素众多，本书根据理论分析和对有关文献总结，从公司层面、外部环境层面选用了目前普遍使用的一些变量作为控制变量进行研究。但鉴于现有研究的局限性和对未来的不可预测性，不能保证将所有影响资本成本的重要因素都引入我们的研究模型之中。为此，本书使用了固定效应面板以试图缓减内生性问题。另外，对因变量采用滞后一期的方法以期避免因变量对自变量及控制变量产生影响所引发的内生性问题。上述种种做法，仅能在一定程度上缓减，但并不能完全避免内生性问题。随着未来资本成本研究的进一步深入和技术处理方法的不断进步，本书的研究将进一步改进和丰富。

（5）中介和调节变量问题。本书通过对现有文献的总结研究以及理论上的分析，认为企业会计信息披露质量在智力资本对资本成本的影响过程中起着中介作用，企业生命周期对于智力资本对资本成本的影响具有重要的调节作用。限于本书理论分析与文献研究的局限性，或许存在其他重要的中介和调节变量未被引入本书的研究之中，今后将进一步关注该问题。

（6）债权人管理问题。本书研究整体表明，智力资本对于债权人的影响一定程度上弱于对股东的影响。固然，长期以来我国推行利率管制会对智力资本于债权人的影响有一定的抑制作用，但智力资本信用担保制度及体系的欠缺、债权人自身的特点等从理论上与该现象也存在密切的联系。本书重点研究智力资本对于资本成本的效应，包括路径及影响程度，仅针对该现象从理论上提出了解决的思路与方向，如何具体实施，是我们今后研究的课题之一。

8 结论、启示与展望

  对于智力资本与资本成本两者关系的研究涉及的问题很多,以上仅为作者考虑到的一些方面。资本成本是一个广阔的研究领域,尤其是"究竟是谁以及如何影响了资本成本"的问题。吸引了众多的学者在该领域畅想遨游。智力资本如何影响企业的资本成本是一个曼妙而复杂的问题,本书只是做了初步探讨,希望本书的研究成果能为未来学者的研究起到抛砖引玉的作用。

参考文献

[1] [美] 爱德华·德-博诺. 超越竞争 [M]. 沈健译. 北京: 新华出版社, 1996: 3-4.

[2] [美] 奥利弗·E. 威廉姆森. 市场与层级制——分析与反托拉斯含义 [M]. 蔡晓月, 孟俭译. 上海: 上海财经大学出版社, 2011: 24-46.

[3] [美] 鲍·埃里克森, 杰斯珀·米克尔森. 企业竞争优势与核心能力理论 [A] // [丹] 尼古莱. J. 福斯, [丹] 克里斯第安. 克努森著. 企业万能——面向企业能力理论 [M]. 李东红译. 大连: 东北财经大学出版社, 1998: 79-107.

[4] [美] 欧文·费雪. 利息理论 [M]. 陈彪如译. 北京: 商务印书馆, 2013: 25.

[5] [美] 伊查克·爱迪思. 企业生命周期 [M]. 赵睿译. 北京: 华夏出版社, 2004: 1-470.

[6] [美] 约瑟夫·阿洛伊斯·熊彼特. 经济发展理论: 对利润、资本、信贷、利息和经济周期的探究 [M]. 叶华译. 北京: 九州出版社, 2007: 1-306.

[7] [英] 阿弗里德·马歇尔. 经济学原理(第8版) [M]. 廉运杰译. 北京: 华夏出版社, 2005: 416-417.

[8] [英] 约翰·梅纳德·凯恩斯. 就业、利息和货币通论 [M]. 高鸿业译. 北京: 商务印书馆, 2014: 28.

[9] Aboody D., Lev B. Information Asymmetry, R&D, and Insider Gains [J]. Journal of Finance, 2000, 55 (6): 2747-2766.

[10] Acharya V., Davydenko S. A., Strebulaev I. A. Cash Holdings and Cedit Risk [J]. Review of Financial Studies, 2012, 25 (12): 3572-3609.

[11] Admati A. R., Pfleiderer P. The "Wall Street Walk" and Shareholder Activism: Exit as a Form of Voice [J]. Review of Financial Studies, 2007 (7): 2645-2685.

[12] Admati A. A Noisy Rational Expectations Equilibrium for Multi-Asset Security Markets [J]. Econometrica, 1985, 53 (3): 629-658.

[13] Aggarwal R., Klapper L., Wysocki P. D. Portfolio Preferences of Foreign Institutional Investors [J]. Journal of Banking & Finance, 2005, 29 (12): 2919-2946.

[14] Akerloff G. A. The Market for Lemons: Quality and the Market Mechanism [J].

The Quarterly Journal of Economics, 1970, 84 (3): 488-500.

[15] Alipour M. The Effect of Intellectual Capital on Firm Performance: An Investigation of Iran Insurance Companies [J]. Measuring Business Excellence, 2012, 16 (1): 53-66.

[16] Al-Musalli M. A. K., Ismail K. N. I. K. Corporate Governance, Bank Specific Characteristics, Banking Industry Characteristics, and Intellectual Capital (IC) Performance of Banks in Arab Gulf Cooperation Council (GCC) Countries [J]. Asian Academy of Management Journal of Accounting and Finance, 2012, 8 (Supp. 1): 115-135.

[17] Anthony J. H., Ramesh K. Association between Accounting Performance Measures and Stock Prices: A Test of the Life Cycle Hypothesis [J]. Journal of Accounting and Economics, 1992, 15 (2): 203-227.

[18] Armstrong C. S., Core J. E., Taylor D. J., Verrecchia R. E. When Does Information Asymmetry Affect the Cost of Capital? [J]. Journal of Accounting Research, 2011, 49 (1): 1-40.

[19] Audretsch D. B., Feldman M. P. Innovative Clusters and the Industry life Cycle [J]. Review of Industrial Organization, 1996, 11 (2): 253-273.

[20] Bachelier L. Théorie de la spéculation [J]. Annales Scientifiques De Lcole Normale Supérieure, 1900 (3): 21-86.

[21] Ball R., Brown P. An Empirical Evaluation of Accounting Income Numbers [J]. Journal of Accounting Research. 1968, 6 (2): 159-178.

[22] Barney J. Firm Resources and Sustained Competitive Advantage [J]. Journal of Management, 1991, 17 (1): 99-120.

[23] Baron R. M., Kenny D. A. The Moderator-Mediator Variable Distinction in Social Psychological Research: Conceptual, Strategic, and Statistical Considerations [J]. Journal of Personality and Social Psychology, 1986, 51 (6): 1173-1182.

[24] Barsky N. P., Marchant G. The Most Valuable Resource Measuring and Managing Intellectual Capital [J]. Strategic Finance, 2000, 81 (8): 51-62.

[25] Barth M. E., Konchitchki Y., Landsman W. R. Cost of Capital and Earnings Transparency [J]. Journal of Accounting and Economics, 2013, 55 (2): 206-224.

[26] Barton D. L. Core Capabilities and Core Rigidities: A Paradox in Managing New Product Development [J]. Strategic Management Journal, 1992, 13 (2): 111-125.

[27] Beaver W. H. The Information Content of Annual Earnings Announcements [J]. Journal of Accounting Research, 1968 (6): 67-92.

[28] Bharath S. T., Jayanthi S., Sunder S. V. Accounting Quality and Debt Contracting [J]. The Accounting Review, 2008, 83 (1): 1-28.

[29] Bontis N., Chong W. C., Richardson S. Intellectual Capital and Business Performance in Malaysian Industries [J]. Journal of Intellectual Capital, 2000, 1 (1): 85-100.

[30] Bontis N. Intellectual Capital: An Exploratory Study that Develops Measures and Models [J]. Management Decision, 1998, 36 (2): 63-76.

[31] Botosan C. A., Plumlee M. A Re-Examination of Disclosure Level and Expected Cost of Equity Capital [J]. Journal of Accounting Research, 2002, 40 (1): 21-40.

[32] Botosan C. A.. Disclosure Level and the Cost of Equity Capital [J]. Accounting Review, 1997, 72 (3): 323-349.

[33] Boujelbene M. A., Affes H. The Impact of Intellectual Capital Disclosure on Cost of Equity Capital: A Case of French Firms [J]. Journal of Economics, Finance & Administrative Science, 2013, 18 (34): 45-53.

[34] Bozzolan S., Favotto F., Ricceri F. Italian Annual Intellectual Capital Disclosure: An Empirical Analysis [J]. Journal of Intellectual Capital, 2003, 4 (4): 543-558.

[35] Chang S. L. Valuing Intellectual Capital and Firms' Performance: Modifying Value Added Intellectual Coefficient (VAIC (TM)) in Taiwan IT Industry [D]. Golden Gate University, 2007.

[36] Chang W., Hsieh J., Wei C. The Growth of Intellectual Capital: An Observation from the Organizational Lifecycle [C] //Proceedings of the European Conference on Intellectual Capital, 2009: 135-144.

[37] Chen Goh P. Intellectual Capital Performance of Commercial Banks in Malaysia [J]. Journal of Intellectual Capital, 2005, 6 (3): 385-396.

[38] Chen M. C., Cheng S. J., Hwang Y. An Empirical Investigation of the Relationship between Intellectual Capital and Firms' Market Value and Financial Performance [J]. Social Science Electronic Publishing, 2005, 6 (2): 159-176.

[39] Chu S. Y. T. Ultimate Ownership and the Cost of Capital [D]. The Chinese University of Hong Kong, 2008.

[40] Clare A., Priestley R. Estimating the Cost of Capital of the UK's Newly Privatized Utilities [J]. Applied Economics Letters, 1996, 3 (10): 653-657.

[41] Clarke M., Seng D., Whiting R. H. Intellectual Capital and Firm Performance in

Australia [J]. Journal of Intellectual Capital, 2011, 12 (4): 505 – 530.

[42] Claus J., Thomas J. Equity Premia as Low as Three Percent? Evidence from Analysts' Earnings Forecasts for Domestic and International Stock Markets [J]. The Journal of Finance, 2001, 56 (5): 1629 – 1666.

[43] Coase R. H. The Nature of the Firm [J]. Economica, 1937, 4 (16): 386 – 405.

[44] Coulton J. J., Ruddock C. Corporate Payout Policy in Australia and a Test of the Life – cycle Theory [J]. Accounting & Finance, 2011, 51 (2): 381 – 407.

[45] Crook T. R., Todd S. Y., Combs J. G., Woehr D. J., Ketchen Jr D. J. Does Human Capital Matter? A Meta – Analysis of the Relationship between Human Capital and Firm Performance [J]. Journal of Applied Psychology, 2011, 96 (3): 443 – 456.

[46] Curado C., Henriques L., Bontis N. Intellectual Capital Disclosure Payback [J]. Management Decision, 2011, 49 (7): 1080 – 1098.

[47] Dahlman C. J. The Problem of Externality [J]. Journal of Law & Economics, 1979, 22 (1): 141 – 62.

[48] Deangelo H., Deangelo L., Stulz R. M. Dividend Policy and the Earned/Contributed Capital Mix: A Test of the Life – cycle Theory [J]. Journal of Financial Economics, 2006, 81 (2): 227 – 254.

[49] Deeds D. L. The Role of R&D Intensity, Technical Development and Absorptive Capacity in Creating Entrepreneurial Wealth in High Technology Start – Ups [J]. Journal of Engineering and Technology Management, 2001, 18 (1): 29 – 47.

[50] Demsetz H., Lehn K. The Structure of Corporate Ownership: Causes and Consequences [J]. Journal of Political Economy, 1985, 93 (6): 1155 – 1177.

[51] Demsetz H. Structure of Ownership and the Theory of the Firm [J]. The Journal of Law & Economics, 1983, 26 (2): 375 – 390.

[52] Dhaliwal D. S., Li O. Z., Tsang A., Yang Y. G. Voluntary Nonfinancial Disclosure and the Cost of Equity Capital: The Initiation of Corporate Social Responsibility Reporting [J]. The Accounting Review, 2011, 86 (1): 59 – 100.

[53] Díez J. M., Ochoa M. L., Prieto M. B., Santidrián A. Intellectual Capital and Value Creation in Spanish Firms [J]. Journal of Intellectual Capital, 2010, 11 (3): 348 – 367.

[54] Easley D., O'hara M. Information and the Cost of Capital [J]. The Journal of Finance, 2004, 59 (4): 1553 – 1583.

[55] Easton P. D. PE Ratios, PEG Ratios, and Estimating the Implied Expected Rate of Return on Equity Capital [J]. The Accounting Review, 2004, 79 (1): 73-95.

[56] Ebihara T., Kubota K., Takehara H., Yokota E. Market Liquidity, Private Information, and the Cost of Capital: Microstructure Studies on Family Firms in Japan [C] // 25th Australasian Finance and Banking Conference, 2012: 1-46.

[57] Eckles D. L., Halek M., Zhang R. Information Risk and the Cost of Capital [J]. Journal of Risk and Insurance, 2013, 81 (4): 861-882.

[58] Edvinsson L., Malone M. S. Intellectual Capital: Realizing Your Company's True Value by Finding its Hidden Brainpower [M]. New York, NY: Harper Business, 1997: 1-230.

[59] Edvinsson L., Sullivan P. Developing a Model for Managing Intellectual Capital [J]. European Management Journal, 1996, 14 (4): 356-364.

[60] El Ghoul S., Guedhami O., Kwok C. C. Y., Mishra D. R. Does Corporate Social Responsibility Affect the Cost of Capital? [J]. Journal of Banking & Finance, 2011, 35 (9): 2388-2406.

[61] Fallahi S., Abbaszadeh M. R., Vadiei Nowghabi M. H., Nooghabi M. J. An Investigation of Intellectual Capital Changes during Company's Life Cycle: Evidence from Tehran Stock Exchange [J]. Interdisciplinary Journal of Contemporary Research in Business, 2013, 5 (3): 15-24.

[62] Fama E. F., French K. R. A Five Factor Asset Pricing Model [J]. Journal of Financial Economics, 2015, 116 (1): 1-22.

[63] Fama E. F., French K. R. Common Risk Factors in the Returns on Stocks and Bonds [J]. Journal of Financial Economics, 1993, 33 (1): 3-56.

[64] Fama E. F., French K. R. The Cross-section of Expected Stock Returns [J]. Journal of Finance, 1992, 47 (2): 427-465.

[65] Fama E. F. Efficient Capital Markets: A Review of Theory and Empirical Work [J]. The Journal of Finance, 1970, 25 (2): 383-417.

[66] Fama E. F. The Behavior of Stock-market Prices [J]. Journal of Business, 1965, 38 (1): 34-105.

[67] Fama F. E., French K. R. Disappearing Dividends: Changing Firm Characteristics or Lower Propensity to Pay? [J]. Journal of Financial Economics, 2001, 60 (1): 3-63.

[68] Fama E. F., Jensen M. C. Separation of Owenership and Control [J]. Journal of Law and Economics, 1983, 26 (2): 301-325.

[69] Fatma T., Abdelwahed O. Earnings Quality and Cost of Equity Capital: Evidence from Tunisia [J]. International Journal of Managerial and Financial Accounting, 2010, 2 (2): 161-176.

[70] Fields L. P., Fraser D. R., Subrahmanyam A. Board Quality and the Cost of Debt Capital: The Case of Bank Loans [J]. Journal of Banking & Finance, 2010, 36 (5): 1536-1547.

[71] Fijałkowska J. Value Added Intellectual Coefficient ($VAIC^{TM}$) as a Tool of Performance Measurement [J]. Przedsiebiorczosc i Zarzadzanie, 2014, 15 (1): 129-140.

[72] Fisher I. The Nature of Capital and Income [M]. New York: The Macmillan Company, 1906: 184.

[73] Francis J., Lafond R., Olsson P., Schipper K. The Market Pricing of Accruals Quality [J]. Journal of Accounting & Economics, 2005, 39 (2): 295-327.

[74] Gardner J. W. How to Prevent Organizational Dryrot [J]. Harper's Magazine, 1965, 53 (5): 52-56.

[75] Gebhardt W. R., Lee C., Swaminathan B. Toward an Implied Cost of Capital [J]. Journal of Accounting Research, 2001, 39 (1): 135-176.

[76] Gordon M. J. The Investment, Financing, and Valuation of the Corporation [M]. Homewood, Illinois: RD Irwin, 1962.

[77] Grant R. M. Toward a Knowledge-based Theory of the Firm [J]. Strategic Management Journal, 1996, 17 (Winter Special Issue): 109-122.

[78] Gregory A., Michou M. Industry Cost of Equity Capital: UK Evidence [J]. Journal of Business Finance & Accounting, 2009, 36 (5) & (6): 679-704.

[79] Greiner L. E. Evolution and Revolution as Organizations Grow [J]. Harvard Business Review, 1972, 50 (4): 37-46.

[80] Grullon G., Michaely R., Swaminathan B. Are Dividend Changes a Sign of Firm Maturity? [J]. Journal of Business, 2002, 75 (3): 387-424.

[81] Guedhamio O., Mishra D. Excess Control Corporate Governance and Implied Cost of Equity International Evidence [J]. The Financial Review, 2009, 44 (4): 489-524.

[82] Guthrie J., Petty R. Intellectual Capital: Australian Annual Reporting Practices [J]. Journal of Intellectual Capital, 2000, 1 (3): 241-251.

[83] Guthrie J., Ricceri F., Dumay J. Reflections and Projections: A Decade of Intellectual Capital Accounting Research [J]. British Accounting Review, 2012, 44 (2):

68 – 82.

[84] Hail L., Leuz C. International Difference in Cost of Equity Capital: Do Legal Institution and Securities Matter? [J]. Journal of Accounting Research, 2006, 44 (3): 485 – 531.

[85] Hamada R. S. Portfolio Analysis, Market Equilibrium and Corporation Finance [J]. The Journal of Finance, 1969, 24 (1): 13 – 31.

[86] Hamel G., Prahalad C. K. The Core Competence of the Corporation [J]. Harvard Business Review, 1990, 68 (3): 79 – 91.

[87] Harrison S., Sullivan Sr P. H. Profiting from Intellectual Capital: Learning from Leading Companies [J]. Journal of Intellectual Capital, 2000, 1 (1): 33 – 46.

[88] Hassan O. A. G., Romilly P., Giorgioni G., Power D. The Value Relevance of Disclosure: Evidence from the Emerging Capital Market of Egypt [J]. The International Journal of Accounting, 2009, 44 (1): 79 – 102.

[89] He W. P., Lepone A., Leung H. Information Asymmetry and the Cost of Equity Capital [J]. International Review of Economics & Finance, 2013 (27): 611 – 620.

[90] Healy P. M., Palepu K. G. The Effect of Firms' Financial Disclosure Strategies on Stock Prices [J]. Accounting Horizons, 1993, 7 (1): 1 – 11.

[91] Henry N. B. Social Forces Influencing American Education [M]. Chicago: University of Chicago Press, 1961.

[92] Hierzenberger M. Price Regulation and Risk: The Impact of Regulation System Shifts on Risk Components [M]. Springer Science & Business Media, 2010: 20.

[93] Ho C. A., Williams S. M. International Comparative Analysis of the Association between Board Structure and the Efficiency of Value Added by a Firm From its Physical Capital and Intellectual Capital Resources [J]. The International Journal of Accounting, 2003, 38 (4): 465 – 491.

[94] Ho S. S. M., Shun Wong K. A Study of the Relationship between Corporate Governance Structures and the Extent of Voluntary Disclosure [J]. Journal of International Accounting, Auditing and Taxation, 2001, 10 (2): 139 – 156.

[95] Hodges C. W., Lin B., Lin C. M. Product Market Competition, Corporate Governance, and Cost of Capital [J]. Applied Economics Letters, 2014, 21 (13): 906 – 913.

[96] Hope O. K., Kang T., Thomas W. B., Yoo Y. K. Impact of Excess Auditor Remuneration on Cost of Equity Capital around the World [J]. Journal of Accounting, Auditing and Finance, 2009, 24 (2): 177 – 210.

[97] Hormiga E., Batista–Canino R. M., SÁNchez–Medina A. The Impact of Relational Capital on the Success of New Business Start–ups [J]. Journal of Small Business Management, 2011, 49 (4): 617–638.

[98] Hotelling H. A General Mathematical Theory of Depreciation [J]. Journal of the American Statistical Association, 1925, 20 (151): 340–353.

[99] Hsu L. C., Wang C. H. Clarifying the Effect of Intellectual Capital on Performance: The Mediating Role of Dynamic Capability [J]. British Journal of Management, 2012, 23 (2): 179–205.

[100] Hwang L. S., Lee W. J., Lim S. Y., Park K. H. Does Information Risk Affect the Implied Cost of Equity Capital? An Analysis of PIN and Adjusted PIN [J]. Journal of Accounting and Economics, 2013, 55 (2–3): 148–167.

[101] Ismail K., Karem M. A. Intellectual Capital and the Financial Performance of Banks in Bahrain [J]. Journal of Business Management and Accounting, 2011, 1 (1): 63–77.

[102] Jensen M. C., Meckling W. H. Theory of the Firm: Managerial Behavior, Agency Costs and Ownership Structure [J]. Journal of Financial Economics, 1976, 3 (4): 305–360.

[103] Johnstone D. J. Information and the Cost of Capital in a Mean–Variance Efficient Market [J]. Journal of Business Finance & Accounting, 2015, 42 (1) & (2): 79–100.

[104] Johnstone D. The Effect of Information on Uncertainty and the Cost of Capital [R]. Contemporary Accounting Research Conference, 2013: 1–22.

[105] Judd C. M., Kenny D. A. Process Analysis Estimating Mediation in Treatment Evaluations [J]. Evaluation Review, 1981, 5 (5): 602–619.

[106] Kamath G. B. The Intellectual Capital Performance of the Indian Banking Sector [J]. Journal of Intellectual Capital, 2007, 8 (1): 96–123.

[107] Kaplan R. S., Norton D. P. The Balanced Scorecard: Measures That Drive Performance [J]. Harvard Business Review, 1992, 70 (1): 71–79.

[108] Kim J. B., Sohn B. C. Real Earnings Management and Cost of Capital [J]. Journal of Accounting and Public Policy, 2013, 32 (6): 518–543.

[109] Kyle A. S., Vila J. L. Noise Trading and Takeovers [J]. Rand Journal of Economics, 1991, 22 (1): 54–71.

[110] Lambert R. A., Leuz C., Verrecchia R. E. Information Asymmetry, Information

Precision, and the Cost of Capital [J]. Review of Finance, 2012, 16 (1): 1 – 29.

[111] Lambert R. A., Verrecchia R. E. Information, Illiquidity, and Cost of Capital [J]. Contemporary Accounting Research, 2015, 32 (2): 438 – 454.

[112] Lara J. M. G., Osma B. G., Penalva F. Conditional Conservatism and Cost of Capital [J]. Review of Accounting Studies, 2011, 16 (2): 247 – 271.

[113] Lee A., Cummins J. Alternative Models for Estimating the Cost of Equity Capital for Property/Casualty Insurers [J]. Review of Quantitative Finance and Accounting, 1998, 10 (3): 235 – 267.

[114] Lee Y. M., Whiting R. H., Wynn – Williams K. Technology, Intellectual Capital Disclosure and Cost of Capital [J]. GSTF Business Review (GBR), 2011, 1 (1): 51.

[115] Li X. Accounting Conservatism and the Cost of Capital: An International Analysis [J]. Journal of Business Finance & Accounting, 2015, 42 (5) & (6): 555 – 582.

[116] Liang C. J., Lin Y. L. Which IC is More Important? A Life – Cycle Perspective [J]. Journal of Intellectual Capital, 2008, 9 (1): 62 – 76.

[117] Lintner J. The Valuation of Risk Assets and the Selection of Risky Investments in Stock Portfolios and Capital Budgets [J]. The Review of Economics and Statistics, 1965, 47 (1): 13 – 37.

[118] Loren B., Hongbin L. Bank Discrimination in Transition Economies: Ideology, Information, or Incentives? [J]. Journal of Comparative Economics, 2003, 31 (3): 387 – 413.

[119] Lucas R. E. On the Mechanics of Economic Development [J]. Journal of Monetary Econmics, 1988, 22 (88): 3 – 42.

[120] Lui A. K. H., Ngai E. W. T., Lo C. K. Y. Disruptive Information Technology Innovations and the Cost of Equity Capital: The Moderating Effect of CEO Incentives and Institutional Pressures [J]. Information & Management, 2015, 42 (1) & (2): 79 – 100.

[121] MacKinnon D. P., Lockwood C. M., Hoffman J. M., West S. G., Sheets V. A Comparison of Methods to Test Mediation and Other Intervening Variable Effects [J]. Psychological Methods, 2002, 7 (1): 83 – 104.

[122] Maditinos D., Chatzoudes D., Tsairidis C., Theriou D. The Impact of Intellectual Capital On Firms' Market Value and Financial Performance [J]. Journal of Intellectual Capital, 2011, 12 (1): 132 – 151.

[123] Marie D. C. D., Deeds D. L. The Impact of Stocks and Flows of Organizational

Knowledge on Firm Performance: An Empirical Investigation of the Biotechnology Industry [J]. Strategic Management Journal, 1999, 20 (10): 953-968.

[124] Merton R. C. A Simple Model of Capital Market Equilibrium with Incomplete Information [J]. The Journal of Finance, 1987, 42 (3): 483-510.

[125] Milgrom P. R. Good News and Bad News: Representation Theorems and Applications [J]. The Bell Journal of Economics, 1981, 12 (2): 380-391.

[126] Miller M. H., Modigliani F. Some Estimates of the Cost of Capital to the Electric Utility Industry, 1954-1957 [J]. The American Economic Review, 1966, 56 (3): 333-391.

[127] Minnis M. The Value of Financial Statement Verification in Debt Financing: Evidence from Private US Firms [J]. Journal of Accounting Research, 2011, 49 (2): 457-506.

[128] Minton B. A., Schrand C. The Impact of Cash Flow Volatility on Discretionary Investment and the Costs of Debt and Equity Financing [J]. Journal of Financial Economics, 1999, 54 (3): 423-460.

[129] Modigliani F., Miller M. H. Corporate Income Taxes and the Cost of Capital: A Correction [J]. The American Economic Review, 1963, 53 (3): 433-443.

[130] Modigliani F., Miller M. H. The Cost of Capital, Corporate Finance and the Theory of Investment [J]. American Economic Review, 1958, 48 (3): 261-297.

[131] Morck R., Shleifer A., Vishny R. W. Management Ownership and Market Valuation: An Empirical Analysis [J]. Journal of Financial Economics, 1988 (20): 293-315.

[132] Mosavi S. A., Nekoueizadeh S., Ghaedi M. A Study of Relations between Intellectual Capital Components, Market Value and Finance Performance [J]. African Journal of Business Management, 2012, 6 (4): 1396-1403.

[133] Mossin J. Equilibrium in A Capital Asset Market [J]. Econometrica, 1966, 34 (4): 768-783.

[134] Nazari J. A., Herremans I. M. Extended VAIC Model: Measuring Intellectual Capital Components [J]. Journal of Intellectual Capital, 2007, 8 (4): 595-609, 615.

[135] Ohlson J. A., Juettner-Nauroth B. E. Expected EPS and EPS Growth as Determinants of Value [J]. Review of Accounting Studies, 2005, 10 (2-3): 349-365.

[136] O'Rand A. M., Krecker M. L. Concepts of the Life Cycle: Their History, Meanings, and Uses in the Social Sciences [J]. Annual Review of Sociology, 2003, 16 (4): 241-262.

[137] Orens R., Aerts W., Lybaert N. Intellectual Capital Disclosure, Cost of Finance and Firm Value [J]. Management Decision, 2009, 47 (10): 1536-1554.

[138] Ortiz-Molina H., Phillips G. M. Real Asset Illiquidity and the Cost of Capital [J]. Journal of Financial and Quantitative Analysis, 2014, 49 (1): 1-32.

[139] Palazzo B. Cash Holdings, Risk, and Expected Returns [J]. Journal of Financial Economics, 2012, 104 (1): 162-185.

[140] Patricia Ordóñez de Pablos. Intellectual Capital Reporting in Spain: A Comparative View [J]. Journal of Intellectual Capital, 2003, 4 (1): 61-81.

[141] Paul M. Romer. Increasing Returns and Long-Run Growth [J]. The Journal of Political Economy, 1986, 94 (5): 1002-1037.

[142] Peteraf M. A. The Cornerstones of Competitive Advantage: A Resource-based View [J]. Strategic Management Journal, 1993, 14 (3): 179-191.

[143] Pittman J. A., Fortin S. Auditor Choice and the Cost of Debt Capital for Newly Public Firms [J]. Journal of Accounting and Economics, 2004, 37 (1): 113-136.

[144] Porta R., Lopez-de-Silanes F., Shleifer A. Corporate Ownership around the World [J]. The Journal of Finance, 1999, 54 (2): 471-517.

[145] Prahald C. K., Hamel G. The Core Competence of the Corporation [J]. Harvard Business Review, 1990, 68 (3): 79-91.

[146] Preacher K. J., Hayes A. F. Asymptotic and Resampling Strategies for Assessing and Comparing Indirect Effects in Multiple Mediator Models [J]. Behavior Research Methods, 2008, 40 (3): 879-891.

[147] Pulic A. Measuring the Performance of Intellectual Potential in Knowledge Economy [C]. Presented in 1998 at the 2nd McMaster World Congress on Measuring and Managing Intellectual Capital by the Austrian Team for Intellectual Potential.

[148] Pulic A. Intellectual Capital-Does It Create or Destroy Value? [J]. Measuring Business Excellence, 2004, 8 (1): 62-68.

[149] Pulic A. VAIC^{TM}-An Accounting Tool for IC Management [J]. International Journal of Technology Management, 2000, 20 (5/6/7/8): 702-714.

[150] Pulic A. Intellectual Capital-Does It Create or Destroy Value? [J]. Measuring Business Excellence, 2004, 8 (1): 62-68.

[151] Reese W. A., Weisbach M. S. Protection of Minority Shareholder Interests, Cross-Listings in the United States, and Subsequent Equity Offerings [J]. Journal of Financial Economics, 2002, 66 (1): 65-104.

[152] Riahi - Belkaoui A. Intellectual Capital and Firm Performance of US Multinational Firms: A Study of the Resource - based and Sakeholder Views [J]. Journal of Intellectual Capital, 2003, 4 (2): 215 - 226.

[153] Rolf W. Banz. The Relationship between Return and Market Value of Common Stocks [J]. Journal of Financial Economics, 1981, 9 (1): 3 - 18.

[154] Roos G., Roos J. Measuring Your Company's Intellectual Performance [J]. Long Range Planning, 1997, 30 (97): 413 - 426.

[155] Roos J. Exploring the Concept of Intellectual Capital (IC) [J]. Long Range Planning, 1998, 31 (1) : 150 - 153.

[156] Ross S. A. The Determination of Financial Structure: The Incentive - signalling Approach [J]. The Bell Journal of Economics, 1977, 8 (1): 23 - 40.

[157] Ross S. A. The Arbitrage Theory of Capital Asset Pricing [J]. Journal of Economic Theory, 1976, 13 (3): 341 - 360.

[158] Rumelt R. P. How Much does Industry Matter? [J]. Strategic Management Journal, 1991, 12 (3): 167 - 185.

[159] Rumelt R. P. Theory, Strategy, and Entrepreneurship [C] // Handbook of Entrepreneurship Research [A]. Springer US, 2005: 11 - 32.

[160] Samuelson P. A. Proof That Properly Anticipated Prices Fluctuate Randomly [J]. Industrial Management Review, 1965, 6 (2): 41 - 49.

[161] Sengupta P. Corporate Disclosure Quality and the Cost of Debt [J]. The Accounting Review, 1998, 73 (4): 459 - 474.

[162] Sharpe W. F. Capital Asset Prices: A Theory of Market Equilibrium under Conditions of Risk [J]. The Journal of Finance, 1964, 19 (3): 425 - 442.

[163] Shen C. H., Huang Y. L. Effects of Earnings Management on Bank Cost of Debt [J]. Accounting & Finance, 2013, 53 (1): 265 - 300.

[164] Shleifer A., Vishny R. W. Large Shareholders and Corporate Control [J]. The Journal of Political Economy, 1986, 94 (3): 461 - 488.

[165] Sobel M. E. Asymptotic Confidence Intervals for Indirect Effects in Structural Equation Models [J]. Sociological Methodology, 1982 (13): 290 - 312.

[166] Solomon E. Measuring a Company's Cost of Capital [J]. The Journal of Business, 28 (4): 240 - 252.

[167] Steward T. A. Intellectual Capital: The New Wealth of Organization [M]. New York: Doubleday Currency, 1997 (222): 226 - 230.

[168] Stewart T. A. Brainpower: How Intellectual Capital is Becoming American's Most Valuable Asset [J]. Fortune, 1991 (3): 44-60.

[169] Sveiby K. E. The New Organizational Wealth: Managing & Measuring Knowledge-Based Assets [M]. Berrett-Koehler Publishers, 1997: 168-184.

[170] Sydler R., Haefliger S., Pruksa R. Measuring Intellectual Capital with Financial Figures: Can We Predict Firm Profitability? [J]. European Management Journal, 2014, 32 (2): 244-259.

[171] Talbi D., Omri M. A. Voluntary Disclosure Frequency and Cost of debt: An analysis in the Tunisian Context [J]. International Journal of Managerial & Financial Accounting, 2014, 6 (2): 167-174.

[172] Tapia J. The "Duty to Finance", the Cost of Capital and the Capital Structure of Regulated Utilities: Lessons from the UK [J]. Utilities Policy, 2012 (22): 8-21.

[173] Teece D., Pisano G. The Dynamic Capabilities of Firms: An Introduction [R]. Working Papers for International Institute for Applied Systems Analysis, 1994: 1-28.

[174] Tim J. Regulation and the Cost of Capital [M]. Cheltenham: Edward Elgar Publishing, Inc., 2006.

[175] Tseng K. A., Lan Y. W., Lu H. C., Chen P. Y. Mediation of Strategy on Intellectual Capital and Performance [J]. Management Decision, 2013, 51 (7): 1488-1509.

[176] Ulum I., Ghozali I., Purwanto A. Intellectual Capital Performance of Indonesian Banking Sector: A Modified VAIC (M-VAIC) Perspective [J]. Asian Journal of Finance & Accounting, 2014, 6 (2): 103-123.

[177] Wernerfelt B. A Resource-based View of the Firm [J]. Strategic Management Journal, 1984, 5 (2): 171-180.

[178] Williamson O. E., The Economic Institutions of Capitalism [M]. New York: The Free Press, 1985: 20-21.

[179] Zalesna A. Intellectual Capital and the SME Life Cycle Model: A Proposed Theoretical Link [C]//European Conference on Intellectual Capital [A]. Academic Conferences International Limited, 2012.

[180] Zéghal D., Maaloul A. The Accounting Treatment of Intangibles-A Critical Review of the Literature [J]. Accounting Forum, 2011, 35 (4): 262-274.

[181] 曹裕, 陈晓红, 李喜华. 企业不同生命周期阶段智力资本价值贡献分析 [J]. 管理科学学报, 2010, 13 (5): 21-32, 90.

[182] 曾洁琼, 张婷. 智力资本、会计信息质量和高技术企业绩效 [J]. 中南财

经政法大学学报, 2014 (4): 97-102, 150.

[183] 陈德萍, 陈永圣. 股权集中度、股权制衡度与公司绩效关系研究——2007~2009年中小企业板块的实证检验 [J]. 会计研究, 2011 (1): 38-43.

[184] 陈佳贵. 关于企业生命周期与企业蜕变的探讨 [J]. 中国工业经济, 1995 (11): 5-13.

[185] 陈少华, 陈菡, 陈爱华. 债务资本成本与资本结构动态调整——基于市场化程度差异视角 [J]. 审计与经济研究, 2013 (6): 44-53.

[186] 陈晞. 智力资本与区域性银行经营模式转型 [J]. 金融论坛, 2012 (4): 31-36.

[187] 程新生, 刘建梅, 张正好, 亓佳文. 审计委员会信息权对会计信息质量的影响 [J]. 财贸研究, 2015 (3): 142-149.

[188] 崔也光, 唐玮. 生命周期对R&D投入的影响——基于创新驱动视角 [J]. 中央财经大学学报, 2015 (9): 46-54.

[189] 邓永勤, 张水娟. 信息披露质量对权益资本成本的影响实证研究 [J]. 财政研究, 2010 (3): 60-63.

[190] 方军雄. 所有制、制度环境与信贷资金配置 [J]. 经济研究, 2007 (12): 82-92.

[191] 方旺贵. 委托代理关系中的谈判力基础——基于物质资本与人力资本的分析 [J]. 经济体制改革, 2008 (6): 79-83.

[192] 冯阳. 财务报告信息质量、风险与权益资本成本 [J]. 财经问题研究, 2015 (9): 80-84.

[193] 傅传锐. 增值税转型对企业智力资本价值创造效率的影响 [J]. 经济管理, 2015, 37 (1): 98-108.

[194] 高芳, 傅仁辉. 会计准则改革、股票流动性与权益资本成本——来自中国A股上市公司的经验证据 [J]. 中国管理科学, 2012, 20 (4): 27-36.

[195] 高明华. 中国上市公司信息披露指数报告 [M]. 北京: 经济科学出版社, 2012: 132-149.

[196] 关勇军, 洪开荣. 基于企业不同生命周期的研发投资绩效研究——来自深圳中小板高新技术企业的证据 [J]. 经济经纬, 2012 (2): 81-85.

[197] 何玉, 唐清亮, 王开田. 碳信息披露、碳业绩与资本成本 [J]. 会计研究, 2014 (1): 79-86, 95.

[198] 胡苏. 制度环境、独立董事与长期借款融资——来自中国上市公司的经验证据 [J]. 山西财经大学学报, 2011, 33 (4): 106-114.

[199] 胡汀兰. 基于企业生命周期的智力资本与企业绩效相关性研究 [D]. 湘潭大学硕士学位论文, 2011.

[200] 黄辉. 企业特征、融资方式与企业融资效率 [J]. 预测, 2009, 28 (2): 21-27.

[201] 黄娟娟, 肖珉. 信息披露、收益不透明度与权益资本成本 [J]. 中国会计评论, 2006, 4 (1): 69-84.

[202] 黄越, 杨乃定, 张宸璐. 高层管理团队异质性对企业绩效的影响研究——以股权集中度为调节变量 [J]. 管理评论, 2011, 23 (11): 120-125.

[203] 计小青, 曹啸. 国有股权的替代性投资者保护效应: 理论与经验证据 [J]. 经济学家, 2009 (12): 48-60.

[204] 姜付秀, 朱冰, 唐凝. CEO 和 CFO 任期交错是否可以降低盈余管理 [J]. 管理世界, 2013 (1): 158-167.

[205] 姜南, 单晓光, 漆苏. 知识产权密集型产业对中国经济的贡献研究 [J]. 科学学研究, 2014, 32 (8): 1157-1165.

[206] 蒋弘, 刘星. 股权制衡, 并购信息披露质量与主并公司价值——基于中国上市公司的模型与实证研究 [J]. 管理工程学报, 2012, 26 (4): 17-25.

[207] 蒋琰. 权益成本、债务成本与公司治理: 影响差异性研究 [J]. 管理世界, 2009 (11): 144-155.

[208] 蒋艳辉, 李林纯. 智力资本多源化信息披露、分析师跟踪与企业价值的关系——来自 A 股主板高新技术企业的经验证据 [J]. 财贸研究, 2014 (5): 138-146.

[209] 柯剑, 谢易颖. 机构投资者持股对上市公司信息披露质量的影响 [J]. 北京工商大学学报 (社会科学版), 2014, 29 (2): 70-77.

[210] 李朝. 安全信息披露与企业价值相关性研究——基于高危行业上市公司 2009 年会计数据 [J]. 经济管理, 2012, 34 (5): 123-130.

[211] 李冬琴. 智力资本与企业绩效关系研究 [D]. 杭州: 浙江大学博士学位论文, 2004.

[212] 李冬伟, 李建良. 基于企业生命周期的智力资本对企业价值影响研究 [J]. 管理学报, 2012, 9 (5): 706-714.

[213] 李冬伟, 汪克夷. 智力资本与高科技企业绩效关系研究——环境的调节作用 [J]. 科学学研究, 2009, 27 (11): 1700-1707, 1640.

[214] 李海洪, 王博. 高技术企业智力资本对财务绩效影响的实证研究 [J]. 经济问题, 2011 (9): 110-113.

[215] 李经路. 耦合视角下的企业智力资本价值贡献研究 [J]. 软科学, 2013, 27

(6): 108-113.

[216] 李礼, 王曼舒, 齐寅峰. 股利政策由谁决定及其选择动因——基于中国非国有上市公司的问卷调查分析 [J]. 金融研究, 2006 (1): 74-84.

[217] 李琳. 基于我国资本市场的会计稳健性与债务资本成本关系研究 [J]. 武汉科技大学学报 (社会科学版), 2010, 12 (4): 68-73.

[218] 李茂良, 李常青, 魏志华. 中国上市公司股利政策稳定吗——基于动态面板模型的实证研究 [J]. 山西财经大学学报, 2014, 36 (3): 33-42.

[219] 李明毅, 惠晓峰. 上市公司信息披露与资本成本: 来自中国证券市场的经验证据 [J]. 管理学报, 2008, 5 (1): 88-95, 127.

[220] 李平. 基于生命周期理论的企业智力资本开发策略 [J]. 统计与决策, 2006 (11): 171-173.

[221] 李姝, 赵颖, 童婧. 社会责任报告降低了企业权益资本成本吗?——来自中国资本市场的经验证据 [J]. 会计研究, 2013 (9): 64-70, 97.

[222] 李小荣, 董红晔. 高管权力、企业产权与权益资本成本 [J]. 经济科学, 2015 (4): 67-80.

[223] 李晓东. 公开信息、共同知识与上市公司股权资本成本 [J]. 中南财经政法大学学报, 2010 (3): 113-118.

[224] 李亚群, 段万春, 孙永河, 杜元伟. 欠发达地区人力资本投资主要影响因素的辨识与分析 [J]. 软科学, 2013, 27 (6): 69-78.

[225] 李业. 企业生命周期的修正模型及思考 [J]. 南方经济, 2000 (2): 47-50.

[226] 李云鹤, 李湛, 唐松莲. 企业生命周期、公司治理与公司资本配置效率 [J]. 南开管理评论, 2011, 14 (3): 110-121.

[227] 梁英, 李清. 公司治理对上市公司信息披露及时性的影响研究 [J]. 当代经济研究, 2014 (9): 92-96.

[228] 林斌, 孙烨, 刘瑾. 内部控制、信息环境与资本成本——来自中国上市公司的研究 [J]. 证券市场导报, 2012 (11): 26-31.

[229] 林钟高, 郑军, 卜继栓. 环境不确定性、多元化经营与资本成本 [J]. 会计研究, 2015 (2): 36-43, 93.

[230] 刘浩, 唐松, 楼俊. 独立董事: 监督还是咨询?——银行背景独立董事对企业信贷融资影响研究 [J]. 管理世界, 2012 (1): 141-156.

[231] 刘焕鹏, 严太华. 智力资本、风险投资与高端装备制造企业效率——基于DSBM方法与Tobit模型的实证研究 [J]. 山西财经大学学报, 2015, 37 (5):

63-72.

[232] 刘孟晖,高友才. 现金股利的异常派现、代理成本与公司价值——来自中国上市公司的经验证据[J]. 南开管理评论, 2015, 18 (1): 152-160.

[233] 刘孟晖. 内部人控制、股权特征与异常派现[J]. 财贸研究, 2011 (6): 124-132.

[234] 刘琼, 颜沁. 寻找十年企业的成长基因[N]. 第一财经日报, 2012-11-19.

[235] 刘婉立,朱红. 基于公司治理视角的企业社会责任信息披露质量研究[J]. 北京工商大学学报, 2013, 28 (6): 74-80.

[236] 刘晓华,王华. 市场环境、会计准则国际趋同与会计信息质量[J]. 山西财经大学学报, 2015, 37 (7): 111-124.

[237] 刘章胜. 我国上市公司股利政策:现实选择与理论诠释[J]. 海南大学学报(人文社会科学版), 2011, 29 (4): 108-114.

[238] 罗劲博. 公司治理环境、准则变迁与股权资本成本——基于沪深A股市场的经验证据[J]. 证券市场导报, 2014 (3): 24-32.

[239] 罗绮,李辉. 企业生命周期、股利决策与投资效率[J]. 经济评论, 2015 (2): 115-125.

[240] 马箭,陈子华. 人力资本、物质资本对文化产业增长影响的实证研究[J]. 财经理论与实践, 2014, 35 (5): 108-114.

[241] 毛新述,叶康涛,张顿. 上市公司权益资本成本的测度与评价——基于我国证券市场的经验检验[J]. 会计研究, 2012 (11): 12-22, 94.

[242] 孟晓俊,肖作平,曲佳莉. 企业社会责任信息披露与资本成本的互动关系——基于信息不对称视角的一个分析框架[J]. 会计研究, 2010 (9): 25-29, 96.

[243] 南星恒. 中国上市公司智力资本的会计度量——兼论智力资本四要素的相关性[J]. 南京审计学院学报, 2013 (3): 72-81.

[244] 潘克勤. 独立董事比例、产权性质与长期债务融资契约[J]. 经济经纬, 2010 (1): 68-71.

[245] 钱雪亚,李雪艳,赵吟佳. 人力资本投资的社会收益估算[J]. 统计研究, 2013, 30 (6): 3-10.

[246] 秦莹,丁帅. 我国上市公司股权结构对债务代理成本影响的实证研究[J]. 税务与经济, 2014 (4): 53-56.

[247] 沈晨光. 债权人参与公司治理问题研究[D]. 首都经济贸易大学博士学位论文, 2012.

[248] 施继坤,张广宝. 自愿性内部控制审计披露与债务资本成本——基于深市

银行信贷市场的经验研究 [J]. 投资研究, 2014, 33 (8): 28-42.

[249] 宋丹宁, 田昆儒. 基于生命周期视角的智力资本定价变化分析 [J]. 财会通讯, 2013 (10): 6-7.

[250] 宋福铁, 屈文洲. 基于企业生命周期理论的现金股利分配实证研究 [J]. 中国工业经济, 2010 (2): 140-149.

[251] 苏冬蔚, 熊家财. 股票流动性、股价信息含量与 CEO 薪酬契约 [J]. 经济研究, 2013 (11): 56-70.

[252] 孙羡. 科技型中小企业智力资本与融资能力关系研究 [J]. 吉林工商学院学报, 2012, 28 (4): 32-36.

[253] 孙枭飞, 晏超. 会计准则变革对股权资本成本的影响研究——基于会计敏感性和经济敏感性视角的实证检验 [J]. 财经问题研究, 2015 (2): 102-109.

[254] 谭兴民, 宋增基, 蒲勇健. 公司治理影响信息披露了吗?——对中英资本市场的实证比较研究 [J]. 金融研究, 2009 (8): 171-181.

[255] 汤吉军. 马克思经济学与新古典经济学: 沉淀成本比较与综合 [J]. 财经问题研究, 2013 (10): 3-10.

[256] 唐洋, 宋平, 唐国平. 企业生命周期、债务融资与企业绩效——来自我国制造业上市公司的经验证据 [J]. 财经论丛, 2014 (11): 49-56.

[257] 田丁石, 肖俊超. 异质风险, 市场有效性与 CAPM 异象研究——基于沪深股市横截面收益分析 [J]. 南开经济研究, 2012 (5): 136-153.

[258] 万希. 企业智力资本开发与管理 [M]. 北京: 中国社会科学出版社, 2009: 233.

[259] 万希. 智力资本对我国运营最佳公司贡献的实证分析 [J]. 南开管理评论, 2006, 9 (3): 55-60.

[260] 汪平, 袁光华, 李阳阳. 我国企业资本成本估算及其估算值的合理界域: 2000-2009 [J]. 投资研究, 2012 (11): 101-114.

[261] 汪平, 邹颖. 公用事业的政府规制与资本运作: 以水、电、燃气行业为例 [J]. 改革, 2014 (9): 123-134.

[262] 汪平. 财务估价论 [M]. 上海: 上海财经大学出版社, 2000: 33, 48, 80, 83, 111.

[263] 汪炜, 蒋高峰. 信息披露、透明度与资本成本 [J]. 经济研究, 2004 (7): 107-114.

[264] 王国刚. 中国 A 股上市公司现金分红的效应分析 [J]. 经济学动态, 2012 (12): 32-37.

[265] 王含春,秦曦,郑凯. 我国电力上市公司股权融资成本的测算与分析——基于三阶段剩余收益贴现模型 [J]. 管理现代化, 2014 (1): 81-83.

[266] 王静郝,东洋,张天西. 稳健会计信息、权益资本成本与公司投资效率——基于中国A股市场的经验性证据 [J]. 经济与管理研究, 2013 (2): 52-61.

[267] 王俊秋. 政治关联、盈余质量与权益资本成本 [J]. 管理评论, 2013, 25 (10): 80-90.

[268] 王克敏,陈井勇. 股权结构、投资者保护与企业绩效 [J]. 管理世界, 2004 (7): 127-133, 148.

[269] 王明海. 演化经济学视角下的区域智力资本发展研究 [D]. 天津大学博士学位论文, 2013.

[270] 王曙,程李梅. 成长型企业智力资本与绩效相关性研究 [J]. 科技管理研究, 2013 (5): 220-222, 245.

[271] 王小明. 高校智力资本评价模型与实证研究 [J]. 清华大学教育研究, 2005, 26 (5): 81-86.

[272] 王晓鸿. 区域智力资本对区域经济发展的影响研究 [D]. 兰州大学博士学位论文, 2012.

[273] 王艺霖,王爱群. 内控缺陷披露、内控审计对权益资本成本的影响——来自沪市A股上市公司的经验证据 [J]. 宏观经济研究, 2014 (2): 123-130, 143.

[274] 王艺霖,王爱群. 内控缺陷披露、内控审计与债务资本成本——来自沪市A股上市公司的经验证据 [J]. 中国软科学, 2014 (2): 150-160.

[275] 王月欣. 企业智力资本价值与评价研究 [M]. 北京: 新华出版社, 2010: 52-53, 135-147.

[276] 温忠麟,叶宝娟. 中介效应分析:方法和模型发展 [J]. 心理科学进展, 2014, 22 (5): 731-745.

[277] 温忠麟,张雷,侯杰泰,刘红云. 中介效应检验程序及其应用 [J]. 心理学报, 2004, 36 (5): 614-620.

[278] 吴红军. 环境信息披露、环境绩效与权益资本成本 [J]. 厦门大学学报(哲学社会科学版), 2014 (3): 129-138.

[279] 吴克平,于富生. 制度环境、政治关联与会计信息质量 [J]. 山西财经大学学报, 2013, 35 (11): 116-124.

[280] 吴孝灵,周晶,王冀宁,洪巍. 基于CAPM的BOT项目"有限追索权"融资决策模型 [J]. 管理工程学报, 2012, 26 (2): 175-183.

[281] 伍利娜,高强,彭燕. 中国上市公司"异常高派现"影响因素研究 [J].

经济科学, 2003 (1): 31-42.

[282] 夏若江. 我国中小民营企业信贷融资的市场失灵与企业组织重构 [J]. 当代财经, 2003 (8): 75-77.

[283] 夏维力, 陈晨, 姜继娇. 中国制造业以技术创新为中心的知识资本测度研究 [J]. 科学学与科学技术管理, 2009 (2): 78-83.

[284] 夏雯婷. 智力资本对企业绩效的影响——基于生命周期理论的实证分析 [J]. 科技管理研究, 2012 (19): 173-177.

[285] 徐冬根. 关于智力资本出资的法学思考 [J]. 上海财经大学学报, 2006, 8 (2): 26-33.

[286] 徐晟. 会计信息质量影响权益资本成本的实证分析 [J]. 经济管理, 2013, 35 (10): 100-108.

[287] 徐星美, 李晏墅. 金字塔结构和权益资本成本: 理论分析与经验证据 [J]. 财贸经济, 2010 (5): 20-25.

[288] 许慧. 上市公司应计质量与信息风险和权益资本成本之关系 [J]. 现代财经 (天津财经大学学报), 2013 (1): 118-129.

[289] 许小年. 以法人机构为主体建立公司治理机制和资本市场 [J]. 改革, 1997 (5): 28-34.

[290] 闫春. 知识密集型企业智力资本管理 H-S-C-E 模型及实证研究 [J]. 科技管理研究, 2008 (5): 192-195.

[291] 闫华红, 张明. 准则变更、盈余质量与资本成本关系研究 [J]. 财政研究, 2012 (9): 78-80.

[292] 杨世忠. 企业会计信息质量的评价与鉴定 [J]. 上海立信会计学院学报, 2008 (4): 18-22.

[293] 杨晓丹. 智力资本对企业价值贡献的有效性研究——基于中国上市公司的经验证据 [J]. 财经理论与实践, 2014, 35 (1): 91-95.

[294] 杨晓明. 大学智力资本与创新绩效关系实证研究 [J]. 科学学与科学技术管理, 2010 (1): 103-106.

[295] 杨照江, 蔡正毅. 多元化经营对公司资本成本的影响——基于盈余质量的分析 [J]. 云南财经大学学报, 2011 (1): 139-146.

[296] 姚志存. 国有股权对上市公司绩效的影响 [J]. 求索, 2012 (5): 25-27.

[297] 伊迪斯·彭罗斯. 企业成长理论 [M]. 赵晓译. 上海: 上海人民出版社, 2007: 8 (序言), 79.

[298] 游家兴, 刘淳. 嵌入性视角下的企业家社会资本与权益资本成本——来自

我国民营上市公司的经验证据 [J]. 中国工业经济, 2011 (6): 109-119.

[299] 于团叶, 张逸伦, 宋晓满. 自愿性信息披露程度及其影响因素研究——以我国创业板公司为例 [J]. 审计与经济研究, 2013 (2): 68-78.

[300] 余光胜. 一种全新的企业理论（上）——企业知识理论 [J]. 外国经济与管理, 2000, 22 (2): 8-10.

[301] 余力, 邓旭升, 李沂. 我国集合信托产品定价规律研究 [J]. 当代经济科学, 2013, 35 (1): 56-62, 162.

[302] 郁玉环. 基于公司治理视角的信息披露影响因素分析 [J]. 数量经济技术经济研究, 2012 (8): 64-78.

[303] 袁放建, 冯琪, 韩丹. 内部控制鉴证、终极控制人性质与权益资本成本——基于沪市A股的经验证据 [J]. 审计与经济研究, 2013 (4): 34-42.

[304] 袁放建, 王梅, 韩丹. 金融生态环境、外部审计与债务资本成本 [J]. 经济与管理, 2013, 27 (10): 58-63.

[305] 原毅军, 李宜, 高微. 智力资本投资与企业资本化发展——基于软件上市公司的实证研究 [J]. 大连理工大学学报（哲学社会科学版）, 2009, 30 (2): 16-21.

[306] 原毅军, 孙晓华, 柏丹. 我国软件企业智力资本价值创造潜力的评估 [J]. 中国工业经济, 2005 (3): 44-50.

[307] 张军华. 产品市场竞争、制度环境与权益资本成本 [J]. 山西财经大学学报, 2014, 36 (4): 58-68.

[308] 张军华. 产品市场竞争对股权资本成本的影响研究——以异质性风险为中介变量 [J]. 财经理论与实践, 2013, 34 (5): 68-73.

[309] 张军华. 行业竞争、信息质量与股权资本成本 [J]. 经济与管理研究, 2012 (8): 47-54.

[310] 张梅. 独立董事、控股股东代理成本与企业价值 [J]. 东南学术, 2013 (3): 88-98.

[311] 张美丽, 石春生, 贾云庆. 不同生命周期阶段企业OI与TI的匹配关系实证研究——以高技术制造企业为例 [J]. 研究与发展管理, 2015, 27 (2): 77-88.

[312] 张敏, 李延喜. 企业家声誉对债务融资影响研究 [J]. 大连理工大学学报（哲学社会科学版）, 2014, 35 (1): 52-57.

[313] 张淑惠, 史玄玄, 文雷. 环境信息披露能提升企业价值吗？——来自中国沪市的经验证据 [J]. 经济社会体制比较, 2011 (6): 166-173.

[314] 张文, 王昊, 苑珺. 信息质量与证券分析师预测精度 [J]. 江西财经大学学报, 2015 (2): 50-58.

[315] 张晓东. 政治成本、盈余管理及其经济后果 [J]. 中国工业经济, 2008 (8): 109-119.

[316] 张晓玫, 马文睿, 宋卓霖. 企业生命周期, 银行贷款与现金持有行为——基于非上市民营中小微企业的实证研究 [J]. 中国经济问题, 2015 (1): 63-76.

[317] 张学勇, 何姣, 陶醉. 会计师事务所声誉能有效降低上市公司权益资本成本吗? [J]. 审计研究, 2014 (5): 86-93.

[318] 赵海林. 高科技行业的智力资本多重绩效研究 [J]. 财经理论与实践, 2014, 35 (3): 130-134.

[319] 赵鹏, 唐齐鸣. Markov 区制转换模型在行业 CAPM 分析中的应用 [J]. 数量经济技术经济研究, 2008, 25 (10): 87-97.

[320] 郑伟光, 高洁, 陆强. 新会计准则、盈余透明度与资本成本 [J]. 经济与管理研究, 2014 (5): 118-128.

[321] 支晓强, 何天芮. 信息披露质量与权益资本成本 [J]. 中国软科学, 2010 (12): 125-131.

[322] 支晓强. 信息披露与资本成本: 影响路径与机理 [J]. 价格理论与实践, 2010 (12): 60-61.

[323] 周冬华. 中国上市公司信息披露质量与股权资本研究 [M]. 南昌: 江西人民出版社, 2014: 110-133.

[324] 周嘉南, 雷霆. 股权激励影响上市公司权益资本成本了吗? [J]. 管理评论, 2014, 26 (3): 39-52, 176.

[325] 周三多, 邹统纤. 战略管理思想史 [M]. 上海: 复旦大学出版社, 2003: 100.

[326] 周霞. 我国上市公司的政府补助绩效评价——基于企业生命周期的视角 [J]. 当代财经, 2014 (2): 40-49.

[327] 邹颖, 杨晓玮. 政治关联、金融生态环境与股权资本成本——基于 2005~2012 年的数据分析 [J]. 华东经济管理, 2014, 28 (10): 98-104.

后 记

冬，夜，寂静的窗外偶尔传来几声犬吠。

终于在书稿上重重地画上了最后一个句号。起身，长长地伸了个懒腰。轻轻拉开窗帘的一角，夜空中依稀散落着几颗小星星，一眨一眨的。斜对面的马路上，间或有车辆驶过，很快消失在沉沉的黑夜中。一时间，思绪万千。

最初在将"智力资本的资本成本效应研究"这个研究题目确定下来时，不少朋友表示担心：一是因为该方面的研究目前在国内外尚属于比较前沿的内容，相关的文献研究寥寥无几，研究具有较大的不可预知性；二是智力资本与资本成本两个指标的相关数据库均尚无现成的数据可供参考，这都需要我亲自估算，数据工作量较大。另外，如何估算、如何筛选适合不同样本研究的估算方法都是尚有争议的问题。

写还是不写，着实有过犹豫。在此，我还要感谢我的博士生导师汪平教授。汪老师博学多识，言谈中无不饱含着对学术的热爱和追求。老师做学问一丝不苟，对学生要求颇严，这使我少走了许多弯路，也使我懂得做研究不能抱着一丝一毫之侥幸。与老师相处，使我懂得，做学问要踏踏实实，不畏艰险。"书山有路勤为径"，科学研究的乐趣，正在于"无限风光在险峰"。

写作的日子虽然漫长而单调，但却充实而愉快。每当我把日渐增厚的书稿中的内容讲给我周围的朋友们听，当我看到他（她）们中许多人的眼神日渐从茫然到兴奋，从最初的漠然到每遇到一篇新的智力资本或资本成本的文献会大呼我"快看"时，我的心情无比欢畅！

历经一年多的时光，几番修订之后，书稿终于即将付梓。在此，再次对写作过程中关心、支持、帮助过我的朋友们表示诚挚的谢意！

回首写作过程，光标依旧在屏幕上不停地跳跃。我知道，前面的路还很长。资本成本是一个经典的研究话题，知识经济时代又赋予了智力资本之于资本成本效应研究的特殊意义。研究是一个不断探索、不断修正的过程。资本的特征随着环境的变化、科学技术的发展在不同的时代表现也不尽相同。围绕着智力资本与资本成本，未来也必将产生很多我们目前尚无法预知的问题等待我们进一步深入研究。路漫漫其修远兮，吾将上下而求索！生命，是大自然赋予人类去精心雕琢的美玉，我将继续前行！

苏明

2016年10月于郑州